와인 *wine* 테루아와 품종

고 종 원 저

wine terroir and variety

Preface

로마시대 전 기원전부터 와인의 역사는 시작되었다고 한다. 혹자는 6~7천년의 역사라고 하고 적어도 3천년이상의 와인의 역사로 평가되고 있다. 신이 인간에게 주신 최고의 선물이라는 찬사를 받을 만큼, 와인은 서구인들에게 없어서는 안 되는 음식이고 문화이고 필수적인 요소로 인식되고 있는 것이 사실이다.

우리나라의 국과 같은 역할을 하는 것이 와인으로 식사시 매끄럽게 먹게 하는 윤활유의 역할을 한다. 우리나라 사람들의 식단에도 국을 찾는 것은 밥과 반찬 외에 부드럽게 하는 역할이 있어서 국을 찾는 것처럼, 서구인들 식단에도 빵, 야채, 고기, 스프만으로는 무엇인가 부족한 바, 와인이 이러한 역할을 한다고 생각한다.

세상에 많은 사람들이 제각기 스타일, 생각, 외모, 취향, 분위기가 다른 것처럼 와인도 저마다 자기의 색과 향을 갖고 있는 것이 흥미롭다. 와인의 다양성이야 말로 와인의 매력으로 생각된다.

특히 와인은 현지의 날씨와 기후, 강수량, 토양, 바람, 일조량 등의 특징에 따라 잘 자라는 품종이 있다. 현지의 상황에 가장 잘 적응하는 품종이 가장 잘 재배되고 재배면적도 넓다. 소위 떼루아(Terroir)에 적합한 와인품종, 즉 Cepage가 해당지역에서는 가장 경쟁력 있고 적응성이 좋은 것이다 할 수 있다. 여기에 인간의 노력이 더해 진 것이 테루아의 완성이다. 인고의 세월이 필요한 와인의 표현에는 땀과 노력 그리고 기다림의 깊은 의미가 있을 수밖에 없다.

어느 나라 와인보다도 인정받고 자부심을 얻고 있는 교과서와 같은 정석의 프랑스와인, 오랜 역사 만큼 다양하고 자신들의 와인에 대한 고집이 인정될 만큼의 이탈리아 와인, 광활한 대지위에 강렬한 퍼포먼스를 지닌 구세계의 다크호스 스페인, 파리의 심판의 주역 미국과 추후 대상국가로 손꼽아지는 컬러티가 좋은 와인 생산국 아르헨티나, 민트와 허브 그리고 강한 임팩트로 어필하는 칠레와인, 신세계의 보고로 끊임없는 창조성을 추구하는 호주와인, 화이트와인의 밸류와 바디감과 개성을 창조한 뉴질랜드 와인 등 국가별로, 산지별로, 품종별로 다양한 내용을 선보이고 있는 와인의 세계이다.

구세계의 정교함과 역사에 비교해서 도전과 창조적인 흐름을 추구하는 신세계 와인의 비교는 매우 흥미롭다. 각 군에 속한 나라들을 하나하나 살펴보며 알아가는 것은 세계에 대한 이해이자 역사와 문화에 대한 탐구로도 생각된다.

본 교재에서는 언급한 주요한 국가를 대상으로 호텔관광외식분야의 전공자에게 있어서 와인의 기초, 와인의 주요한 내용을 학습토록, 와인과 관련된 사회 진출자 그리고 전문가를 지향하는 매니아들을 위한 차원에서 핵심내용을 기반으로 저술하게 되었다.

와인은 많은 공부와 시음을 병행해야 하는 분야이다. 와인 숙성이 많은 시간을 소요하는 것처럼, 서서히 조금씩 알아가고 경험하려고 한다면 와인이 친숙하게 다가올 것이다. 너무 어렵게 생각하지 말고 즐기는 마음으로 와인을 공부하며 문화적으로 접근한다면 좋은 친구처럼 와인을 통해 삶의 행복을 만나게 될 것이다.

본서는 와인의 전반적인 환경에 대한 이해 차원에서 품종의 중요성을 인식하여 제호를 '와인떼루아와 품종'으로 정하였다. 부족하지만 독자들에게 도움이 되는 교재가 되기를 소원하며 도서출판 신화전산기획의 편집진께도 감사말씀을 드리는 바이다. 아울러 출간의 결과를 바라보며 노력의 중요성을 늘 말씀하시던 고인이 되신 아버님을 추모하며 사랑하는 어머님과 장인 장모님께도 감사말씀을 올리는 바이다.

2020년 12월24일 예수님의 탄생을 축하하며

저자 고 종 원

Contents

Chapter 01
와인 개요

1. 와인 상식

(1) 와인이란

세상에는 수천가지 이상의 와인품종이 존재한다. 그리고 하루에도 약 600종 이상의 와인이 출시되고 있다. 와인이란 포도를 발효하여 만든 하늘이 내린 산물이라고 한다. 간혹 다른 과일을 가지고 만들기도 하지만 가장 대표적인 과일을 포도로 만든다.

와인을 만드는 포도는 Vitis Vinifera[1]와 Vitis Labrusca[2]가 있다. 포도는 일년의 농사를 지어야 한다. 포도를 숙성시키는 주요기간은 8~10월이다. 계절이 다른 남반부의 경우에는 2~4월이다. 이 기간에는 일조량이 포도의 완숙을 도모하는 기간이다.

와인은 기후[3]에 많은 영향을 받는다. 또한 테루아[4]로 표현되는 총체적인 영향을 받는다. 토양의 영향을 받는다. 기후에 영향이란 서늘한 곳에서는 산도가 상대적으로 높다. 반면 더운 지역에서는 과일이 잘 익은 느낌을 감지하게 된다.

토양이란 예를 들면 배수가 잘되는 자갈밭의 경우, 미네랄의 느낌을 많이 받게 된다. 진흙질의 토양에서는 와인의 색이 짙고 강건하고 토양의 진한 느낌을 받게 된다. 그래서 신세계보다도 구세계 국가의 경우, 이러한 차원에서 테루아를 매우 중요하게 여긴다. 이에 관련하여 빈티지도 매

---

1) 크기가 작다. 양조용으로 포도씨로서 역할을 한다.
2) 크기가 크다. 식용으로 양조용 포도보다는 달다.
3) 일조량이 매우 중요하다. 포도의 숙성을 위해서는 년간 1200~1600시간이 요구된다. 일조량은 기후에서 있어서도 매우 필요하며 중요한 요소로 보아야 한다. 일조량이 적은 지역은 와인재배가 매우 어려워 여러 가지 보조적인 요소를 보완한다. 예를 들면 가파른 지형에 포도를 심어 최대한 일조량을 받기 쉬운 조건으로 만든다던지, 일조량이 부족해도 재배할 수 있는 조생종 품종 등을 선택하여 식재한다.
4) 테루아(Terroir)는 포도를 수확한 년도의 작황상황의 총제적 결과를 의미한다. 일조량, 강수량, 기후변화, 와이너리 재배자와 와인마스터의 노력 등 모든 요소가 반영된다.

우 중요한 와인의 평가요소로 작용한다. 또한 포도의 단일품종이냐 또는 블랜딩이냐의 차이도 와인의 형성과 내용에 의미와 작용하는 바가 다르게 평가될 수 있다.

(2) 빈티지(Vintage)

수확연도의 총체적인 평가이다. 특히 프랑스의 경우, 날씨의 변화가 많아 작황년도의 일조량, 강수량, 일교차, 서리피해, 폭우 등 자연의 변화와 환경을 평가하여 해당년도의 재배상황을 지역별로 평가하고 있다.

(3) 단일포도(A single-varietal wine)

피노누아와 같이 단일품종으로만 생산하고 포도를 발효하여 완성시키는 것이다. 피노누아는 특히 다른 품종과는 잘 어울리거나 결합되지 않은 독특한 품종으로 서늘한 지역에서 잘 자라는 완성도가 높은 고귀하고 멋진 품종으로 평가되고 있다.

(4) 와인블랜딩

더 좋은 와인을 위해 품종을 블랜딩한다. 특히 프랑스 보르도 지역의 경우에는 전통적으로 블랜딩하는 것을 가치있는 조합으로 여기고 블랜딩 기술을 발전시켜 오고 있다. 레드와인의 경우, 까베르네 소비뇽, 까베르네프랑, 메를로가 가장 기본적인 블랜딩 조합이며 화이트는 세미용, 소비뇽블랑의 블랜딩 조합이 많다.

참고 하루 건강한 와인 시음 권장량

> 전문가들이 권장하는 일일 와인량은 150ml(5OZ)이다. 일반적인 와인병 750ml기준으로 1/5병이다. 이렇게 매일 마시면 일생동안 약 4천병정도를 시음할 수 있는 양이라고 한다. 일반적으로 와인을 300병 이상 마시면 아마추어 전문가, 3,000병 이상 마시면 전문가가 될 수 있다고 하는데, 평생 와인을 마시게 될 경우 시간이 지나면 모두 전문가가 된다고 하겠다. 건강을 위해 적절하게 시음하는 것이 필요하다. 우리가 와인을 시음할 때 건강을 위하여(A votre sante!)라고 건배 제의를 하는 것처럼, 건강을 지키는 것이 좋은 시음자의 자세와 모습이라 하겠다.

2. 와인테이스팅 요소

와인을 테이스팅(시음)할 때 보통은 후각에서 70%를 감지한다고 한다. 나머지 30%는 맛으로 파악할 수 있다고 한다. 그래서 와인테이스팅 전문가 가운데 알코올에 약한 사람들도 많다. 코로 향기를 맡고 입에 와인을 넣어 마시지는 않고 테이스팅한 후 뱉어내면 되기 때문이다. 와인의 성격과 정체를 파악시 당도, 산도, 탄닌, 알코올, 바디라고 표현하는 무게감 및 비중감 그리고 아로마와 부케이다.

(1) 산도(Acidity)

산도는 보통 일교차에 의해 생성된다고 한다. 산도는 매우 중요하다. 와인의 저장성이 산도와 관련되어 있기 때문이다. 그래서 레드와인의 경우에도 산도가 확보되어야 많은 시간 저장할 수 있다. 산도는 신맛으로 음식과 잘 매칭되게 하는 요소이기도 하다. 그래서 매우 중요하다. 산도가 가장 잘 받쳐주고 있는 와인이 대표적으로 이탈리아 와인이다.

(2) 당도(Sweetness)

와인의 산도와 함께 주요한 요소이다. 드라이한 와인도 일정부분 당도가 포함되어 있다. 당도는 품종에 따라 포함여부가 다르지만, 디저트와인에는 당도가 매우 중요하다. 식사후 디저트 작용을 하기 때문이다. 초보자에게 익숙한 리슬링의 경우, 당도가 와인의 부담을 덜어주고 초보자에게 쉽게 와인을 접근하게 한다.

(3) 탄닌(Tannin)

새로운 오크통에서 기존에 사용되었던 오크통보다 더 탄닌감이 강하게 나타난다. 와이너리와 와인마스터의 와인철학과 제조스타일에 따라 다르지만 이러한 점을 감안하여 오크통을 사용한다. 물론 새로운 오크통을 사용하기 위해서는 투자가 더 많이 이뤄지는 것이 사실이다. 탄닌은 목젖을 타고 와인이 들어갈 때 쓴맛을 말한다. 이 쓴맛은 레드와인에 있어서 매우 중요한 요소이며 건강을 위해 좋은 안토시아닌, 폴리페놀 성분을 갖고 있어서 심장병을 줄이는 요소로 환영받고 있다.

(4) 비중감(body)

무게감이라고도 한다. 와인을 입에 머금었을 때의 비중감이나 무게감을 말한다. 화이트와인보다는 레드와인의 비중감이 크다. 그리고 드라이한 화이트와인 보다는 당도가 많은 화이트와인의 비중감이 크다. 알코올 도수가 높은 와인이 알코올 도수가 낮은 와인보다 비중감이 높다.

(5) 알코올(Alcohol)

알코올은 와인의 브릭스가 전환되어 나타난 결과이다. 와인잔에 스왈링하면 알코올 도수가 높은 와인이 와인잔을 타면서 내려가는 속도, 즉 글리세린의 속도가 느리다는 평가이다. 다르게는 와인의 눈물이라고도 한다. 알코올은 목을 타고 들어갈 때 뜨거움으로도 표현되기도 한다. 많이 뜨거움을 느끼면 알코올 도수가 높은 것으로 평가한다.

(6) 아로마(Aroma)

아로마는 특히 화이트와인에서 느껴지는 각종 향을 말한다. 화이트와인에는 향을 느끼는 것이 중요하다. 아로마가 화려하고 다양하게 발산되는 화이트와인의 각 품종을 즐기는 것이 화이트와인을 시음하는 즐거움이기도 하다.

(7) 부케(Bouquet)

부케는 꽃다발로 레드와인은 미리 오픈하고 시음해야 제맛이 나는 것처럼 부케향을 체험하는 것이 중요하다. 단시간에 제 모습이 나타나지 않으므로 레드와인은 미리 1~2시간 전에 열어놓고 부케향이 발산되도록 기다리는 것이 중요하다. 이러한 차원에서 레드와인은 특히 와인을 저장 후 오픈해야 하는 시간이 수십년이 필요한 와인이 있는 것도 이러한 부케를 위한 시간개념으로 보아야 할 것이다. 부케가 제대로 발산되지 않으면 인위적으로 디켄팅이나 에러레이션을 통해 레드와인의 다발적인 꽃향을 하나하나 캐치하는 것이 중요하다고 하겠다.

3. 와인테이스팅 순서

와인은 다른 술처럼 그냥 취하기 위해서나 사람과의 교류를 위해 마시는 술이 아니라 와인을 느끼고 즐기고 구분하는 것도 매우 중요하며 한편으로는 즐거운 일이다. 그래서 색, 냄새 다시 말해서 향, 맛, 기타 여러 가지 사항들이 반영된다고 하겠다.

(1) 색

와인테이스팅에 있어서 색의 감별도 매우 중요하다. 스파클링 와인을 좋아한다면 기포가 힘차게 와인잔 위로 올라가는 것을 즐기는 사람도 많은 것도 그러한 이유이다. 마리앙투와네트가 샴페인을 좋아했던 것도 일정하게 힘차게 올라가는 작은 기포를 감상하는 것을 너무나 좋아했다는 일화도 같은 맥락이다. 투명도[5)]도 와인에 있어서 중요하다. 투명하지 않으면 좋은 와인이 아니며 문제가 있는 것으로 본다. 또한 색으로 와인의 품종과 성향을 감지할 수 있다. 소테른 와인의 경우, 맛도 많이 달지만 색자체가 황금빛의 진한 색으로 식별이 가능하다. 점성과 점도를 통해 와인의 성격과 알코올 도수를 감지할 수 있다. 와인의 잔을 통해 흘러가는 점도, 즉 와인의 눈물이라고 표현되는 이것은 균질하게 흘러 내려가면 와인의 질이 좋다고 평가된다. 알코올 도수가 낮으면 글리세린이라는 와인의 눈물이 빠르게 내려간다고 평가되고 있다.

레드와인에 있어서는 색이 진해질수록 산도가 더 높게 함유되어 있음을 나타낸다는 전문가의 평가가 있다. 산도는 와인의 저장성을 의미하는 것이기도 하다. 또한 레드와인의 색상이 깊으면 우리몸에 좋은 안토시아

---

5) 투명도는 특히 화이트와인에서 중요하다. 맑고 투명한 와인이 변질되지 않은 최적의 상태를 말해준다. 화이트와인에 있어서 투명성은 오크숙성을 하지 않고 서늘한 기후에서 더욱 더 잘 드러난다. 화이트와인이 오크에서 숙성되면 황금빛으로 변화되는데, 이는 자연적인 산화현상이기도 하다.

닌[6]의 함유량도 높다는 평가이다. 그리고 블루 바이올렛(보라빛)의 레드 와인은 산도가 상대적으로 낮다고 평가되고 있다.

(2) 냄새(향)

와인의 향은 1차향과 2차향으로 나눌 수 있다. 1차향은 처음 스왈링하기전 맡게 되는 와인자체의 향이다. 와인 본연의 향으로 감지된다. 2차향은 와인의 향을 더 잘 느끼게 하기 위해서 공기와 접촉하여 스왈링[7]하며 향을 최대로 이끌어 내는 과정을 말한다. 시간이 지나면서 시음시 더 좋아지는 경우가 있지만 너무 시간이 경과하면 오히려 좋지 않은 와인도 있다. 보르도의 크랑크뤼 클라세의 경우 시음을 위해 열어두는 시간이 많은 경우에는 시간이 많이 필요하지만 데일리 와인가운데 모스카도 다스티 같은 와인은 시원하게 바로 시음하는게 좋은 시음방법으로 인식된다.

화이트와인에서는 아로마(Aloma)로 보통 향을 지칭한다. 레드와인은 숙성미와 복합성이 있는 장기숙성용 와인의 경우 부케(Bouquet)로 향을 말한다.

와인향의 평가는 맛 이상으로도 중요하다. 향의 평가가 와인의 70%를 감지한다고 한다. 물론 맛의 30%가 중요하지 않다는 말이 아니다. 맛은 같이 중요한 평가의 요소로 보면 될 것이다.

---

6) 색이 진한 품종에서 항산화작용을 하는 안토시아닌의 항산화제 효과, 시력 향상, 항암 효과, 세포의 노화방지 등(나무위키)의 긍정적인 효과가 있음을 보여주고 있다.

7) Swirling은 와인잔에 와인을 1/3정도 채우고 와인잔을 돌려서 공기와 접촉하여 와인을 최대한 향을 잘 맡게하기 위한 동작과 과정이다. 스왈링은 잔을 왼쪽으로 돌려서 와인이 다른 사람에게 띄지 않도록 하는 매너도 같이 포함되어 있다. 그만큼 와인은 매너를 기반으로 한 시음음료이다.

참고 와인 테이스팅시 주의사항과 좋은 와인 선택

테이스팅시에는 주위에 향수나 와인 향을 맡는데 방해를 주는 요인을 제거해야 한다. 그래서 강한 향이 주위환경에서 노출되지 않도록 주의 해야 한다. 와인테이스팅시에는 시음자의 몸상태도 중요하다. 그래서 피곤한 오후시간대 이전에 오전중이 더 좋다는 평가도 있다.

그리고 시음시에는 와인에 대한 편견도 주의해야 한다. 우리 뇌에서 선입견, 이를테면 고가의 와인이라는 생각을 있다면 주관적인 생각으로 객관적인 평가에 정확성과 객관적인 평가를 하지 못하게 되므로 주의를 해야 한다. 그래서 블라인드 테이스팅 방식이 가장 객관적이고 편견 없이 테이스팅을 하게 되는 방법으로 추천되고 있는 상황이다. 1976년의 파리의 심판 대결에서도 기존의 역량있는 프랑스 와인과 신흥으로 부상하는 미국와인의 대결이 이러한 차원에서 블라인드 테이스팅 방식으로 진행되게 되었던 것이다.

또한 밝은 장소가 좋다. 지하보다는 지상이 좋다. 물론 너무 더운 환경은 피하는 것이 좋다. 채광이 좋고 와인색을 잘 관찰할 수 있고 주위가 조용하며 평온한 장소가 좋다. 지하에서는 습한 냄새가 반영될 수 있기 때문이다.

사람마다 맛평가의 능력은 다소 차이가 난다고 한다. 선천적으로 맛을 느끼는 차이가 인종과 지역 그리고 사람마다 다르므로 와인평가에도 적용된다고 하겠다. 여성이 남성보다는 평가를 잘하는 편이라는 중론이다. 연습과 시음경력을 통해 맛평가의 고수가 될 수 있다. 전문가는 많은 시음경력이 있다. 이것은 머릿속에 기억되어 추후 와인시음시 판단력에 작용된다. 많은 시음의 경험과 한가지 중요한 것은 공부와 학습이다. 와인은 문화와 역사 그리고 예술을 넘어 더 나아가 총체적인 인류와 문명의 산물이므로 공부해야 한다. 자연과 지리 그리고 와인의 제조가 포함되어 있는 결과물이다. 그러나 무엇보다 스트레스를 받기 보다는 내가 좋아하는 스타일의 와인을 발견하여 즐겁게 시음하는 것이 더 중요하다. 와인은 좋은 사람들과 기쁘게 시음하므로 좋은 음료로 평가하고자 한다.

마지막으로는 가성비 좋은 벨류와인을 발견하여 시음하는 것이 중요하다. 큰 부담없이 좋은 와인을 골라 시음하는 것도 중요하기 때문이다. 이는 어느 정도 와인을 알고 나면 아는 만큼 보인다는 차원에서 가성비 좋은 와인이 눈에 들어오기 때문이기도 하다. 좋은 물건을 싼가격에 사는 것만큼 가성비 좋은 와인을 고르는 것도 즐거움이다.

포도의 구조

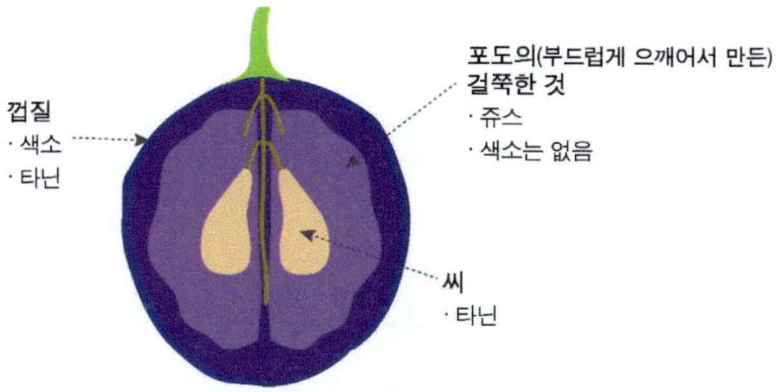

탄닌 ▸▸ 쓴맛, 떫은맛

(3) 맛

와인의 맛[8]은 혀로 감지하는 부분이 된다. 그래서 먼저 당도와 산도 그리고 탄닌감을 느끼게 되며 아울러 바디감(무게감)을 느끼게 된다. 혀의 가운데 부분에서 짠맛을 느끼게 되기도 한다. 그러나 짠맛은 보통 표현하지는 않는다. 스페인의 템플라니오 와인의 경우 맛을 강조하기도 한다. 특히 음식과의 매칭도 강조한다. 이는 스페인 와인의 맛의 경쟁력을 나타내는 것으로 보인다. 타크초크릿, 가죽향, 탄닌감 그리고 음식과 매칭되는 당도 등의 맛을 강조하는 것으로 해석된다.

당도, 산도, 알코올, 바디감(무게감)이 맛에서 느껴지는 요소들이다.

맛에서는 단맛, 신맛, 무게감, 알코올 도수, 탄닌감의 요소가 가장 중요한 평가요소이다. 맛평가시 와인에서 바닐라[9]향이 난다면 와인이 오크숙성을 했을 가능성이 크다. 토양에서 올라오는 맛, 효모 맛 등을 통해 와인을 감지할 수 있다.

---

8) 우리 혀는 앞부분에서 단맛, 양 옆으로는 산도, 목젖에서는 탄닌(쓴맛)을 일반적으로 느끼게 된다.
9) 향신료 중의 하나로 난초의 일종으로 원산지는 멕시코이다(위키백과).

바디감, 와인의 무게감의 경우 시라(시라즈)가 높다. 피노누아와 까베르네 소비뇽의 경우 일반적으로 피니쉬[10]가 오래가는 와인품종으로 평가할 수 있다.

(4) 기타요소

① 산지

기본적으로 와인산지가 담고 있는 내용을 보면 와인의 특징을 감지할 수 있다. 일교차가 있으면 산도가 잘 형성된다. 일조량이 많고 높으면 와인의 브릭스가 높아져 알코올 도수가 높아진다. 기후와 토양에 따라 와인의 성격이 나름 정리되므로 산지는 많은 정보를 제공하고 있다고 할 수 있다.

② 품종

와인품종은 와인을 즐기게 하는 요소이다. 화이트와인의 기본적인 샤르도네 품종은 적응성이 좋고 나름대로 우아한 느낌을 준다. 안정된 중년의 여성스러움이 있다는 평가가 있다.

③ 알코올

진하고 강건한 와인은 알코올이 상대적으로 높다. 구세계와인 보다는 신세계와인이 일반적으로 알코올 도수가 높은게 사실이다.

④ 무게감

와인을 마셨을 때의 비중감으로 레드와인이 화이트와인 보다 무게감이 있다. 레드와인 중에서는 쉬라즈, 말벡 같은 진한 와인들이 무게감이

---

10) Finish는 잔향이라고도 한다. 프랑스어는 Caudalie라고 한다. 와인을 시음후에 입안에서 남는 잔향의 느낌을 말하며 좋은 와인의 척도로도 사용된다.

많다.

⑤ 느낌(뉘앙스)

와인에는 느낌이 있다. 새로운 사람을 만난 것처럼 자체만의 느낌과 뉘앙스를 느껴보는 게 중요하다. 도시에 거주하는 사람, 전원주택에 거주하는 사람, 최근 트랜드한 아파트에 거주하는 사람, 시골에 한가로이 거주하는 사람, 농촌에서 농사지으며 사는 사람 등 세련됨, 순수함, 투박함, 강건함 등 다른 느낌과 뉘앙스가 존재한다.

⑥ 조화감

와인의 조화감은 소위 밸런스(Balance)를 말한다. 화이트와인에서는 산도, 아로마, 알코올의 조화를 말한다. 레드의 경우에는 탄닌, 알코올, 산도를 요소로 하여 보통 밸런스로 표현한다.

4. 전문가 평가

와인의 평가에 있어서 전문가 평가는 매우 중요한 척도가 된다. 와인의 전문잡지인 영국의 디켄터 평가, 세계적인 와인평가지인 Wine Spectator (미국의 평가지로 연간 100대와인 평가)등이 유명하다. 우리나라에서는 Korea Wine Challenge평가가 알려져 있다.

세계적인 와인평가자로는 프랑스의 미셸롤랑, 미국의 로버트파커의 영향력이 매우 크다. 평가자의 권한과 평가영향력이 큰 만큼 반대하는 이견도 많다고 한다. 또한 미국의 제임스서클링, 영국의 여성 잰시스 로빈슨이 최고의 전문평가자로 알려져 있다.

참고 문제 있는 와인

- **코르크 관련 문제** : 이는 코르크에 꼼팡이가 쓸거나 꼼팡이 냄새가 나는 등의 문제가 보이는 와인이다. 문제가 있음을 소믈리에에게 확인하면 다시 와인을 바꾸어 주기도 한다. 그러나 신중하게 확인하고 변경조치가 이뤄져야 한다. 코르크가 손상되거나 많이 끌어오른 와인도 문제가 있는 와인이다. 와인의 이동시나 보관시 잘못된 결과이기 때문이다. 문제 있는 와인은 향이 잘 느껴지지 않게 되는 결과를 보인다.
- **더위로 인한 손상** : 보관 온도가 적절치 못한 결과가 생긴다. 햇빛에 많이 노출되거나 자외선에 노출되어 손상을 입을 수도 있다. 그리고 와인을 요리시 너무 뜨거운 온도에서 요리시 주의해야 한다. 30℃ 정도가 적당하다는 평가가 있다.
- **산화로 인한 변질** : 색의 변화로 알 수 있다. 레드와인은 점차로 희미해져서 나중에는 사과색의 화이트와인처럼 색의 변화가 생긴다. 화이트와인은 색이 진해져서 나중에는 로제와 가까운 색의 변화가 온다.
- **스틸와인에 버블이 생기는 경우** : 이는 많지 않은 경우이다. 그러나 병안에서 다시 숙성되어 문제가 발생되기도 한다. 즉 이스트나 단백질 부분요소로 인해 발생하기도 한다.

Chapter 02
와인 양조

양조는 포도를 수확하여 와인을 만드는 과정을 말한다. 양조에 있어서 포도의 수확을 정하는 것이 중요하다. 이는 포도의 수확시에 당도를 중심으로 산도 등 여러 요소를 판단하여야 하므로 중요한 사항이 되고 있다. 서늘한 기후와 빈티지에서의 와인은 1~2차의 향이 강조된다. 그리고 더운 지역의 와인과 더운 빈티지의 경우에는 후반부의 3차향이 강조된다. 그리고 향은 초반부에서 와인의 신선함이 더 느껴진다는 평가(마이클 슈스터, 47 : 2007)이다.

포도는 껍질과 과육 그리고 씨로 구성되어 있다. 포도의 구성성분을 잘 파악하여 와이너리가 추구하는 스타일의 포도주를 만들 수 있다(손진호, 33 : 2010)는 평가이다. 포도의 불순물과 적합지 않은 송이를 거르고 양조의 과정을 거치게 된다.

수확을 위해 먼저 6월에 포도밭으로 가서 포도의 맛을 보게 된다. 이때의 맛은 산도가 강하고 쓴맛도 많이 느껴진다. 9월이나 10월에 포도는 맛이 많이 달아지게 되는데 이는 광합성의 결과로 인한 것으로 평가된다. 참고로 6월에는 산도가 3%/0Brix, 7월에는 산도가 2.3%/10Brix, 8월에는 산도가 1.7%/15Brix, 수확기인 9월에는 산도가 0.9%/22Brix(Kevin Zraly4 : 2008)로 와인을 만들기에 적합한 당도가 나타나며 상대적으로 산도는 줄어든 것을 보게 된다.

1. 화이트와인

(1) 파쇄와 압착

화이트와인은 포도알로 발효된다. 줄기가 제거된 포도를 압착하여 주스로 만들고 발효시킨다. 파쇄(crushing)[1]는 포도 껍질을 찢는 것을 말하며 압착 후에는 차게 식힌다(마이클 슈스터, 47 : 2007)는 것이 필요하다.

1) 파열이라고 한다. 포도주스, 과육질, 껍질, 씨 그리고 포도의 자루까지 포함해 혼합액이 발효조 안에 모아지는(Must) 것을 파열(Crush)라고 한다(손진호, 53 : 2010).

(2) 효모 등 추가

배양된 효모를 추가하여 발효를 진행시킨다. 필요시에는 주석산을 사용하여 산도를 높이기도 한다. 혹은 필요시 가당을 하기도 한다.

(3) 알코올 발효

당분과 효모가 만나 효모가 당분을 먹어 치우면서 알코올과 이산화탄소가 배출되는 과정을 말한다. 발효시에는 산소공급이 필요하다. 발효온도는 백포도주의 경우에는 18~29℃로 상대적으로 낮은 온도에서 발효된다고 한다. 특히 화이트와인은 신선미와 청량감을 위해 낮은 온도에서 발효된다(손진호, 53~54 : 2010)고 한다.

(4) 유산발효

날카로운 사과산을 부드러운 유산으로 변경하기 위해서는 세균을 사용하기도 한다(마이클 슈스터, 48 : 2007). 유산발효, 효모앙금 휘젓기, 배럴숙성, 안정화는 와이너리에 의해 선택적으로 적용된다.

(5) 효모앙금 접촉과 휘젓기(batonnage)

효모앙금은 산화방지제 역할을 한다. 효모앙금을 휘저으면 풍미와 재질감이 좋아진다는 평가이다.

(6) 배럴숙성

오크통 숙성은 향의 복합미를 끌어올린다. 질감을 개선하며 밸런스와 구조감을 높인다. 그리고 안정적인 숙성(손진호, 55 : 2010)을 하게 된다는 평가이다. 화이트 품종가운데는 샤르도네 품종의 경우 오크숙성을 하며 긍정적인 변화를 창출한다. 화이트 품종의 경우에는 오크숙성이 일반적이지 않다.

(7) 침전물 제거

발효가 마쳐진 와인은 몇일간은 안정을 찾게 하는게 좋다. 이후에 효모 앙금을 제거한다.

(8) 블랜딩 및 산도 조정

와이너리의 입장과 철학에 따라 블랜딩을 하고 필요에 따라 산도를 조정한다.

(9) 안정화와 정제

저온에서 안정화하며 온도를 0℃ 이하로 내려서 불안정한 주석산[2] 결정을 침강시킨다(마이클 슈스터, 48 : 2007). 와인을 흐릿하게 만드는 부유 물질들은 일반적으로 고운 벤토나이트 진흙, 부레풀(물고기 부레액), 화이트와인에는 카세인 같은 정제물질을 사용해 제거한다. 이것은 물리 화학적인 과정(마이클 슈스터, 49 : 2007)으로 설명한다. 병입전에는 다양한 용제를 사용하여 정제한다.

전시해 놓은 와인 오크 배럴

(10) 여과와 병입

효모, 세균, 고운 침전물 등을 제거하기 위해 걸러내는 과정이다. 병입후 와인의 외관과 안정에 영향을 미칠 수 있다(마이클 슈스터, 49 : 2007)는 설명이다. 그리고 병입한다. 병입은 그동안 오크숙성

2) 양조의 과정을 통해 주석산염이 형성된다. 낮은 온도조건 즉, 추위 등의 온도조건 등으로 침전된다. 병안에서도 겨울의 추위에 노출될 경우 형성될 수 있다(손진호, 55 ; 2010)는 평가이다.

의 기간이 길면 늦어지고 스테인리스 스틸 탱크에서 몇 개월 밖에 안되는 숙성기간이었으면 바로 병입된다. 병입 이후에도 미세한 숙성이 화이트와인에서는 진행된다.

산화 방지제 역할을 하는 SO_2가 보정된다.

2. 레드와인

레드와인은 수확날짜를 정하는 것이 중요하다. 탄닌 즉, 껍질과 씨에 있는 요소인 탄닌의 품질이 중요하기 때문이다. 또한 당도, 산도의 비율도 아울러 고려되어야 한다.

포도의 80%는 과육으로 물이며 에탄올, 즉 알코올과 와인의 점도 역할을 하는 글리세롤 그리고 산, 당분, 각종 미네랄과 폴리페놀로 구성되어 있다. 폴리페놀은 안토시안과 탄닌을 포함한다. 탄닌은 와인의 힘과 구조에 관여한다(손진호, 54 : 2010)는 평가이다

(1) 줄기 제거 및 파열

줄기제거는 일반적으로 진행되는 과정이다. 파열은 껍질을 짓이기는 것을 말한다. 포도씨도 쓴맛의 상황에 따라 으깨거나 그냥 통과시키거나 한다는 평가이다.

(2) 저온 침용

와인의 향을 강화하기 위한 차원에서 낮은 온도에서 껍질과 주스를 담그는 과정이다.

(3) 가산

필요시 조치된다.

(4) 알코올 발효

발효는 당분과 효모가 만나서 알코올과 이산화탄소가 만들어지는 과정이다. 알코올 발효시에는 화이트와인 보다 레드와인 발효시 높은 온도인 25~30℃를 유지한다. 풍부하고 추출물이 많은 스타일은 따뜻하게 온도를 맞춘다는 설명이다. 가벼운 레드와인은 보통 3~4일 후에 탱크에서 충분한 색상과 추출물질을 뽑아낸 후에 분리되며 품질이 우수한 와인은 1주~1개월이 소요된다(마이클 슈스터, 54 : 2007)는 설명이다. 적포도주는 상대적으로 높은 온도에서 발효(28~32℃)해야 한다(손진호, 53 : 2010)는 평가이다.

(5) 배럴 발효

탄닌이 상대적으로 과하지 않는 와인 스타일의 레드와인의 경우에 이용하는 방법이다.

(6) 침용

탄닌과 풍미를 더하기 위해 사용하는 방법이다. 발효 후에도 껍질을 와인에 담가두는 방식이다. 생산자의 추구하는 제조방식에 따라 차이가 난다.

침용(Maceration)은 적포도주의 색료와 탄닌, 향, 페놀성분이 포함된 포도껍질과 주스를 접촉시켜서 최대한 포도주에 필요한 내용물을 얻은 과정으로 1~4주 정도가 소요되며 이 기간은 와인의 스타일이 결정된다(손진호, 54 : 2010)는 설명이다. 침용기간이 길어지면 색이 진해지며 바디감이 있는 와인이 된다.

(7) 압착

발효탱크에서 흘러나온 와인 외에 탱크 밖으로 꺼내진 껍질과 씨의 덩어리를 압착하는 것이다. 이 두가지는 보통 블랜딩한다.

(8) 유산발효

젖산 즉, 유산(Latic Acid)으로 변하는 2차발효를 의미한다. 후발효라고도 한다.

(9) 배럴숙성

오크통 배양과 숙성을 통해 향, 부케가 개선되며 복합미가 상승한다. 질감이 개선되며 밸런스, 구조감이 향상된다. 그리고 안정적인 숙성이 이뤄진다(손진호, 55 : 2010)는 평가이다.

(10) 정제 및 여과

정제를 위해서는 침전된 앙금을 와인에서 분리하여 탱크나 배럴에서 다른 용기로 다시 담는데, 품질이 좋은 와인을 위한 지속적이고 자연스런 정제과정(마이클 슈스터, 56 : 2007)으로 설명한다. 정제전에는 필요한 경우에 맞게 블랜딩을 진행한다. 정제에는 달걀 흰자를 정제물질로 사용하는데 최고의 좋은 정제방식으로 평가되어 오고 있다. 시간은 보통 1~2달 걸리며 와인의 외관, 맛 등을 좋게 하는 역할을 한다.

(11) 병입

이후 병입 후 과정을 거친다. 저장성이 높은 와인의 경우에는 병입후의 숙성도 매우 중요한바, 적절한 장소와 온도가 보장되어야 한다. 저장성이 긴 고급와인의 경우 산소 공급이 원활이 이뤄지도록 저장환경이 중요하다.

Chapter 03
품종 고찰

1. 화이트와인

(1) 샤르도네

가장 우아하고 강건한 화이트 품종이다. 추운지방에서도 잘 자라고 더운 곳에서도 생산이 잘 된다. 화이트와인임에도 오크통 숙성을 통해 복합성을 더 갖추게 되는 품종이다. 주요재배지역은 프랑스의 부르고뉴, 샹파뉴 지역이다. 신세계 지역은 캘리포니아, 칠레, 호주, 뉴질랜드, 남아공 등 지역이다. 전세계적으로 가장 활성화된 화이트 품종으로 보면 된다.

(2) 소비뇽블랑

산도가 특히 도드라지게 나타난다. 상큼하고 경쾌하고 화사한 화이트 품종이다. 오크숙성시에는 견과향이 감지된다. 프랑스 루아르 지방의 소비뇽블랑은 미네랄 성분이 많고 원만한 스타일이다. 신세계 지역의 뉴질랜드는 좀 더 야성적[1])이며 개성이 있는 편이다.

프랑스 보르도에서는 세미용과 블랜딩되어 출시되고 있다. 서늘한 지역에서 생산이 잘 된다.

(3) 세미용

묵직한 스타일이다. 프랑스 보르도의 소비뇽블랑과 블랜딩되어 와인의 완성도를 높인다. 특히 보르도 소테른 지방의 세미용으로 만든 귀부와인[2])은 세계 최고의 스위트 와인으로 인정받고 있다.

---

1) 고양이 오줌향 까지 감지되는 향이 강한 것이 특색이다.
2) Botrytis 곰팡이에 걸린 포도로 소비뇽블랑과 블랜딩하여 세계 최고의 디저트 와인을 생산한다. 샤토 디켐은 명성이 있다.

(4) 리슬링

산도와 당도가 가장 잘 조화롭게 나타나는 품종이다. 저장성이 좋은 품종이다. 추운곳에서 잘 생산되는 품종이기도 하다. 만생종으로 시간이 걸린다. 독일의 라인가우, 모젤지방에서 좋은 와인을 생산한다. 그리고 프랑스의 알자스 지방에서도 잘 생산된다. 섬세하며 기품있는 품종으로 평가된다.

(5) 쉬냉블랑

프랑스 루아르의 대표품종이다. 남아공에서도 많이 생산되는 화이트 품종이기도 하다.

산도가 높아 장기보관할 수 있는 스타일이다. 다양한 스타일의 와인을 생산할 수 있는 품종으로 평가된다.

(6) 게브르츠트라미네

향신료라는 의미를 지닌 화이트 품종으로 향이 강하다. 화이트와인에서 표출되는 아로마가 강하다. 장미, 망고, 리치 등 농축된 화장품 같은 향이 표출된다. 당분이 많고 산도는 적다. 독일, 프랑스의 알자스 지역 같은 서늘한 곳에서 잘 재배된다. 이 품종은 귀부현상으로 스위트한 와인을 생산할 수 있다.

(7) 뮐러 트루가우

독일에서 많이 생산된다. 헝가리, 오스트리아, 체코 등 동유럽국가에서도 생산된다. 향긋하며 산도는 보통 이하이다. 장기보관용은 아니다.

이탈리아 북부에서도 생산된다. 리슬링과 마드렌느 로얄(Madeleine

Royal)을 교배한 품종으로 옅은 풀색이 반영된 노란색이다. 넛맥과 야생 허브류와 산뜻한 풀향의 특성을 보여준다. 구조감이 좋고 즙이 많다. 다양한 기후와 토양에서 재배되며 독일에서 많이 경작되었다고 한다. 조생종이며 수확량도 많고 과일향이 많고 산도는 낮다(네이버지식백과 ; 비노비노 와인정보)는 평가이다. 유럽 현지에 가서 대중적으로 많이 만날 수 있는 품종이다. 들판의 풀의 야성적인 향이 감지되는 와인이다.

(8) 뮈스까 / 모스까토

진하고 섬세하고 우아하다(손진호, 2007 : 24~25)는 평가이다. 열대과일향이 많이 나고 달콤하며 이국적이다. 우리에게는 이탈리아 모스까토 다스티 와인이 잘 알려져 있다. 달콤하고 스위트하며 밸런스가 좋다.

2. 레드와인

(1) 까베르네 소비뇽

레드와인의 대표주자이다. 만생종으로 두꺼운 껍질과 굵은 씨를 갖추고 있다. 탄닌이 풍부하다. 색상이 짙다. 과일향이 강하다. 블랙커런트[3], 체리, 자두가 특징적인 향이다. 추운 지역과 더운 지역에서 모두 잘 자란다. 프랑스의 보르도, 캘리포니아, 칠레, 호주, 남아공 등 전 세계지역에서 생산되는 적응성 좋은 품종이다. 오크 숙성을 통해 장기 숙성이 가능하다. 국제적인 품종으로 남성적이며 고급품종으로 평가된다.

---

3) 블랙커런트향은 프랑스에서는 까시스(Cassis)를 말한다. 프랑스에서 사람들이 가장 좋아하는 향으로 보면 된다. Kir라는 식전주(까시스와 화이트와인으로 만든 칵테일)는 인기가 높다.

(2) 메를로

레드와인 가운데는 부드러운 품종으로 볼 수 있다. 그러나 진흙토양[4] 같은 생산지역에서는 결코 만만치 않은 파워와 농밀함을 보여 준다. 전세계적으로 생산이 된다. 보르도에서는 까베르네 소비뇽과 잘 블랜딩되어 완성도를 높여준다. 이 품종은 조생종이다. 색상은 진하다. 탄닌은 적절한 편이다. 과일향은 자두, 딸기가 많이 감지된다. 여성적인 스타일이나 전술한 바와 같이 부드러움 이면의 파워를 지닌다.

(3) 까베르네 프랑

프랑스 보르도[5]에서 블랜딩 품종으로 많이 사용된다. 탄닌은 까베르네 소비뇽 보다 많다. 조생종으로 프랑스 루아르지역에서도 잘 자란다. 쉬농, 부르게일, 소뮈르-샹피니 등의 주요한 품종이다. 보르도에서는 까베르네 소비뇽, 메를로와 같이 블랜딩되어 와인의 경쟁력을 높이게 한다.

(4) 피노누아

재배하기가 어려우나 포도재배자가 잘 가꾸어 완성도를 높이고 싶어하는 포도 품종이다. 신선하고 선선한 기후대에 적합하다. 색상은 연하나 숙성되면 복합적이고 깊이 있는 향을 표출한다. 사람으로는 외유내강[6] (外柔內剛) 스타일로 표현되는 와인이다. 기본적으로 과일향이 풍부하다. 높은 산미를 지닌다. 최고의 피노누아[7]는 장기숙성이 가능하다. 프랑스

---

4) 프랑스 보르도의 우안의 포므롤 지역 같은 경우 와인은 매우 진하고 파워풀하다. 메를로의 양면성을 보여주는 것으로 평가된다.

5) 보르도의 생테밀리옹 지역에서 특급와인인 샤토 쉬발블랑, 샤토 오존은 까베르네 프랑 품종을 과반 이상 사용하여 와인의 경쟁력을 높이고 있다.

6) 겉은 부드럽고 순하나 속은 꿋꿋하고 굳세며 강하다는 의미를 갖는 역경에 나오는 한자성어

브르고뉴, 독일, 캘리포니아, 미국 오레곤 지방, 뉴질랜드, 호주, 칠레 등에서 생산된다.

(5) 쉬라 / 쉬라즈

덥고 건조한 기후대에서 잘 자라는 품종이다. 색이 진하며 색상이 보랏빛으로 진하다. 과일향이 풍부하다. 향신료의 향이 난다. 프랑스의 론지역, 호주, 캘리포니아, 칠레 등지에서 생산된다. 신세계 지역인 호주는 감미롭고 탄닌이 부드럽다는 평가이다. 알코올 도수가 높고 개성이 있는 품종이다. 스파이시하며 코코아, 바닐라 향 등이 감지된다.

(6) 그르나쉬 / 가르나차

더운 지역에서 잘 자란다. 산도는 적고 알코올이 상대적으로 높다. 스페인이 원산지로 프랑스의 지중해 지역, 캘리포니아, 포르투갈 등에서 많이 생산된다. 스페인에서는 템플라니오 품종과 결합하여 완성도를 높인다. 최근에 이 품종은 독자적으로도 생산이 많이 되며 전문가들의 주목을 받고 있는 품종이다. 향신료가 잘 감지된다. 재배지역은 프랑스 남부에서도 많이 재배되어 알려지고 있지만 스페인이 원조지역으로 평가된다.

(7) 가메

프랑스의 보졸레 지방에서 생산되어 11월 셋째주 목요일에 전세계에서 동시에 출시되는 품종으로 인식되어 있다. 마케팅의 일환으로 국내에서도 잘 알려진 보졸레 누보 와인 행사의 품종이다. 보졸레는 화산토양에서 생산된다. 루비색에 과일향이 풍부하다. 깊이 있는 숙성이 아니라 햇와인[8)]

---

7) 프랑스 브르고뉴 지방의 로마네 콩티는 세계 최고의 피노누아 와인으로 알려져 있다. 좋은 빈티지의 와인은 타의 추종을 불허하는 가격으로 판매된다.

스타일로 주목받는다.

(8) 네비올로

피노누아 못지 않게 최고의 품종으로 평가된다. Nebbiolo는 원래 안개라는 의미로 10월말경 안개[9]가 낄 때 완숙하는 품종이다. 만생종으로 장기숙성의 품종이다. 구조감이 좋고 탄닌이 강하다. 색은 연한 편이나 풍미가 좋고 강렬한 스타일이다. 바이올렛향이 특징이다. 송로버섯, 타르, 자두, 감초, 야성적이 향이 표출된다는 평가이다. 이탈리아의 최고의 품종으로 피에몬테지역, 미국 캘리포니아에서도 생산된다. 네비올로 품종은 오랜 역사를 지닌 이탈리아 최고의 와인인 바롤로, 바르바레스코를 생산한다.

(9) 산지오베제

높은 산도와 탄닌이 특징이다. 산도가 높아 여름에는 온도를 내려 시음하는 것이 좋다는 평가를 받는 품종이다. 까베르네 소비뇽, 메를로 등 품종과 블랜딩하여 국제적인 감각의 슈퍼 투스칸으로 완성되기도 하였다. 이탈리아 토스카나 지방, 미국 캘리포니아에도 생산된다. 오래된 이탈리아의 와인의 역사인 키안티와인, 브루넬로 디 몬탈치노, 비노 노빌레 디 몬테풀치아노의 주요한 품종으로 숙성력은 단기부터 장기숙성이 가능하다.

(10) 템플라니오

스페인의 주요품종이다. 포도껍질이 두껍다. 색상은 진하고 산도는 낮

---

8) 김치로 말하면 숙성된 김장독에서의 김치가 아니라 겉절이 스타일의 햇김치 정도로 표현하면 될 것 같다.

9) 안개는 미세먼지 등을 만들어 내서 포도의 완숙에 긍정적인 영향을 미치는 것으로 알려지고 있다.

은 편이다. 스페인에서는 리오하 지역[10]이 전통산지이며 리베라 델 두오로 지역에서 강하고 진한 와인이 생산된다. 가르나차 품종과 결합하여 산도를 보충하고 숙성력을 끌어 올린다. 진한 암적색을 보여준다. 탄닌의 질감이 좋고 숙성시 부드럽다는 평가이다. 스페인, 미국 캘리포니아, 남호주에서 생산된다. 가죽향, 다크 초콜릿, 담배, 산딸기, 오디, 커피, 향신료, 바닐라 등의 향이 감지된다.

(11) 진판델

미국의 대표적인 품종이다. 이탈리아와 크로아티아의 프리미티보 품종이 미국에 유입되어 큰 성공을 거둔 품종이다. 더운 기후를 선호해서 캘리포니아에서 잘 자란다. 알코올이 높다. 만숙종이다. 진판델 품종은 고목(Old vine)에서 깊이 있는 경쟁력[11]의 와인이 생산된다. 스타일도 다양하다. 화이트와인에서 레드와인까지 다양한 와인을 생산하게 된다. 이탈리아 남부 풀리아 지역, 호주, 칠레, 남아공 등에서 생산된다.

(12) 말벡

탄닌이 가장 많은 품종이다. 색이 진하게 표출된다. 그러나 부드럽고 연한 스타일로 숙성이 빠르다. 조생종이며 더운 기후에서 잘 자란다. 말벡은 프랑스의 남서부 카오르 지역에서 오세후아라는 품종으로 알려져 왔다. 일조량이 좋은 카오르 지역의 와인에서는 자두향, 담배, 거친 탄닌, 광물질, 스파이시가 감지된다. 석회질 토양을 선호한다. 프랑스의 보르도,

10) 리오하 지역은 프랑스의 영향을 많이 받아 포도를 재배하는 지역이다. 오크숙성 등 일련의 프랑스 스타일을 추구한다. 피네레산맥을 넘어 가까운 지역으로 영향을 받은 지역으로 볼 수 있다.

11) 복합미, 숙성력 등 풀바디한 와인으로 보통 50년 이상의 수령에서 많게는 80~100년의 수령의 와인에서 최고의 경쟁력을 보여준다. 블랙베리, 후추 향 등 농축미가 최고인 뛰어난 와인이 진판델의 경쟁력이라는 평가이다.

아르헨티나, 칠레, 남아공 등에서 생산된다. 특히 아르헨티나에서는 말벡이 가장 대표적인 품종으로 자리잡고 있다. 아르헨티나 말벡에서는 향이 풍부하다. 오디, 블랙베리, 향신료, 오크 뉘앙스와 농축미 그리고 부드러운 재질감이 있다(손진호, 2007 : 19~22)는 평가이다.

아르헨티나에서는 말벡과 메를로를 결합하거나 말벡과 까베르네 프랑을 블랜딩하여 완성도 높은 와인을 만들기도 한다.

Chapter 04
와인서비스

1. 와인 확인

와인서비스는 호텔과 레스토랑 등에서 서비스시 필요하다. 와인은 먼저, 다른 주류, 즉 소주나 맥주처럼 일반적이지 않고 가격도 상대적으로 높게 책정되어 있어서 먼저, 고객이 주문한 와인을 확인하고 서비스를 해야 한다는 점이 중요하다.

2. 와인 오픈

와인소믈리에는 고객에게 주문한 내용과 와인을 정확하게 확인한 후에 와인오픈 등 서비스를 시행하여야 한다. 와인오픈은 고객이 해당 레이블(라벨)을 보게 하고 소믈리에가 와인의 윗 부분인 코르크를 와인스쿠르를 이용하여 뽑기 전 와인의 호일을 벗기고 와인스크루를 이용하여 와인코르크를 빼기 위해 코르크의 정 가운데에 와인스크루를 꼽고 돌리는데, 지지대의 1단과 2단으로 이용하여 와인코르크를 빼내는 식으로 오픈한다.

프랑스 파리 시내의 와인판매점

일반적인 와인판매점이다. 파리를 비롯해서 유럽의 편의점에만 가도 다양한 와인이 유럽와인을 중심으로 세계의 주요한 와인을 만날 수 있다. 가격도 유럽의 경우는 한국의 1/3~1/5까지 저렴하게 판매된다.

3. 와인 설명

고객보다는 와인을 서비스하는 직원이나 업장에 소속된 소믈리에가 많은 지식과 경험이 있어서 설명을 하면 더욱 인상적인 시음이 될 것이다. 그래서 부담없이 질문하고 즐길 수 있도록 분위기를 형성하는 것이 좋다. 필자도 예전에 레스토랑에서 와인을 설명하는 소믈리에를 통해 대략적으로 알고 있는 와인에 대해 더 깊이 있게 알고 시음하는데 많은 도움과 때로는 감동까지 느끼는 시간이 되었던 경우도 있었다. 그래서 무엇보다도 의미부여가 되는 시음회가 되기 위해 서비스종사자는 노력하는 자세가 필요하다. 고객들의 질문을 존중하면서 유익한 시음시간이 되도록 설명하고 음식을 추천하는 등의 최선을 다하는 자세가 중요하다. 고객들의 와인지식과 수준도 차이가 나므로 그에 맞는 설명과 서비스가 실시되어야 할 것이다.

4. 고객의 평가 확인

고객은 와인에 대하여 여러 가지 측면에서 평가하게 된다. 자신이 선택한 와인에 대한 평가는 그날 서비스를 받는 입장에서 업장의 분위기, 서비스 종사자와 소믈리에의 자세와 역할, 지불한 와인가격대비 만족도 등으로 평가될 것이다.

분위기를 높게 평가하는 사람이 있다면 어떤 고객은 가성비를 높게 평가할 것이다. 아니면 다른 업장과의 차별화된 와인과 음식을 평가할 것이다.

해당 소믈리에는 고객의 만족도 평가차원에서 고객의 평가와 시음소감과 코멘트를 듣고 서비스에 감안하거나 향후 서비스역할에 참고하는 것이 발전의 방향이라고 하겠다.

자신이 지불한 와인가격과 음식가격의 만족은 전문가가 정해놓은 평가 기준만이 다는 아닐 것이다. 개별적인 고객의 생각과 기준도 매우 중요한 바, 고객의 의견에 귀를 기울이는 자세와 노력은 고객만족도를 제고하게 될 것이기 때문이다.

5. 와인 마리아주

와인을 보다 즐겁고 맛있게 시음하기 위한 차원에서의 음식을 매칭시키는 것이다. Mariage는 불어로 결혼, 결합의 의미이다. 즉 와인과 음식의 조화와 하모니를 뜻한다.

기본적으로 식전주[1)]와 어울리는 음식은 샐러드, 스프 같은 부담이 없는 음식이 될 것이다. 메인음식과는 그날의 가장 하이라이트로 주목받는 와인이 서비스 되는 것이 좋다. 가장 풀바디하거나 메인요리가 스테이크라고 하면 단백질과 매칭되는 레드와인이 적절한 것이다.

메인음식 전에는 다소 상대적으로 가벼운 레드가 좋을 것이다. 피노누아, 산지오베제 등 산도가 있는 것도 좋은 선택이 될 것 같다.

이때 음식은 이탈리아 와인이라면 피자, 해산물 튀김 같은 요리가 좋을 것 같다. 메인와인 이전에 화이트라면 생선회도 와인과 잘 매칭되는 조합이다. 소비뇽블랑, 샤르도네 등 괜찮다.

마지막으로 디저트와인은 말 그대로 디저트와 매칭된다. 케이크, 초코릿, 과자, 과일 등이 식후주로서 주정강화와인인 쉐리, 포트와인 등과 잘 매칭된다. 그리고 단맛이 나는 모스카토 다스티, 늦수확한 단맛의 레이트

1) 식전주는 식사를 위해 침샘을 자극하고 본격적인 음식소화를 위해 시작하는 와인이다. 스파클링 와인이나 드라이한 화이트, 즉 가볍고 부담없는 와인이 좋다. 프랑스에서는 화이트와인과 카시스(Cassis)를 혼합한 키르(Kir)가 매우 인기가 높다.

하비스트도 좋다. 식후주에서 어느 경우에는 와인을 증류한 꼬냑(브랜디)[2]도 좋은 선택이 될 수 있다.

프랑스 파리 몽마르트르 언덕에 있는 레스토랑 내부

일반적인 파리의 케쥬얼 레스토랑이다. 벽면에 파리 시내의 전경이 있는 그림이 인상적이다. 세느강과 씨테섬에 위치한 노트르담 성당이 보인다. 얼마 전 화재로 귀중한 문화유산이 큰 피해를 보았다. 노트르담 성당은 일일 3만명 이상이 방문하는 프랑스의 최대 관광자원이다.

2) Cognac은 프랑스어로 와인을 증류한 약 40도 정도의 증류주의 종류이다. 향을 중시한 만큼 얼음을 넣고 마시는 언더락 스타일은 피하는 것이 좋다. 영어권에서는 Brandy로 불린다. 다 같은 의미이다.

Chapter 05
구세계 와인

France

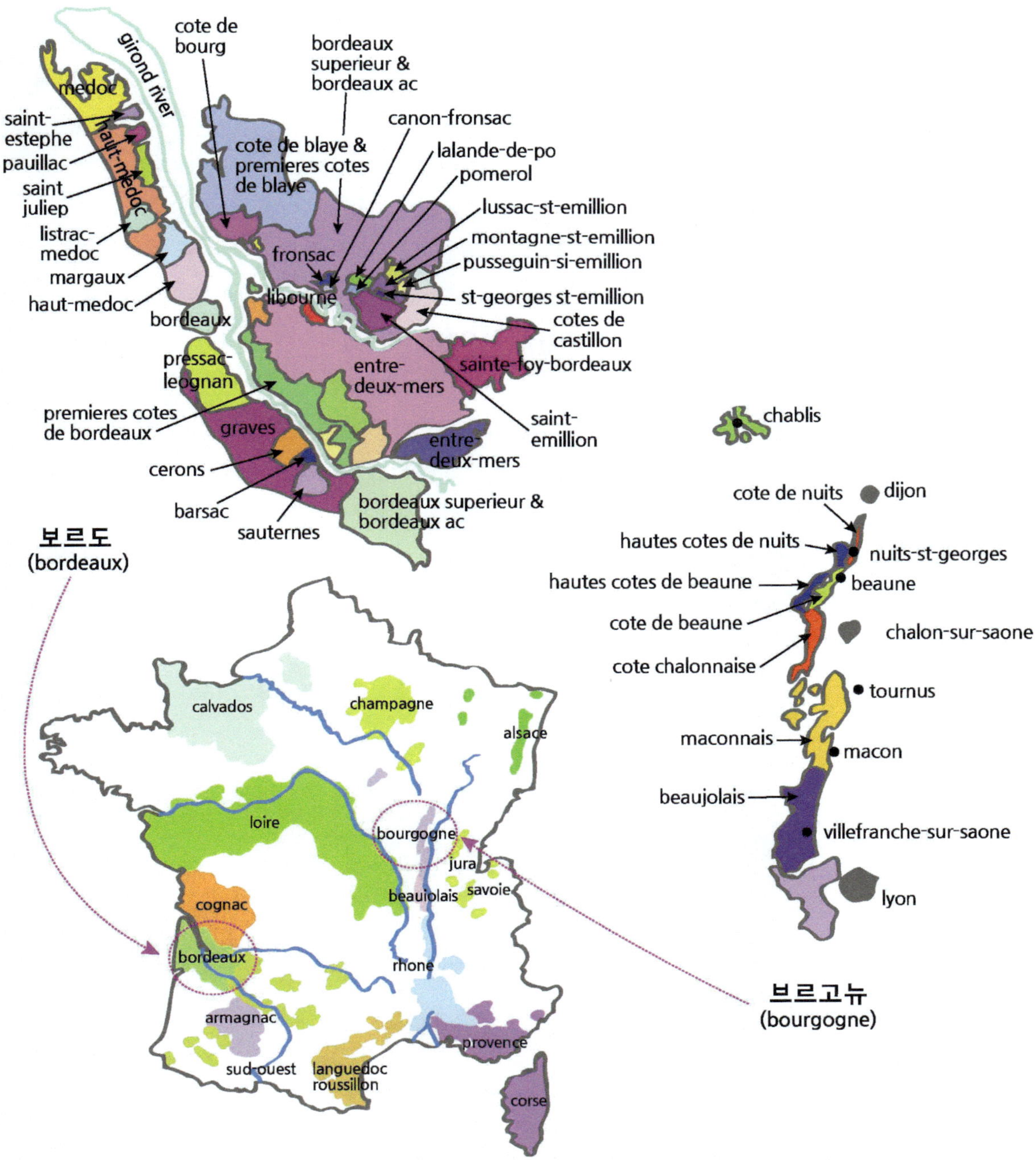
gironde river
cote de bourg
bordeaux superieur & bordeaux ac
medoc
saint-estephe
pauillac
saint juliep
haut-medoc
listrac-medoc
margaux
haut-medoc
cote de blaye & premieres cotes de blaye
canon-fronsac
lalande-de-po
pomerol
lussac-st-emillion
montagne-st-emillion
pusseguin-si-emillion
fronsac
libourne
st-georges st-emillion
cotes de castillon
bordeaux
pressac-leognan
entre-deux-mers
sainte-foy-bordeaux
premieres cotes de bordeaux
graves
saint-emillion
entre-deux-mers
cerons
barsac
sauternes
bordeaux superieur & bordeaux ac
보르도
(bordeaux)
chablis
cote de nuits
dijon
hautes cotes de nuits
nuits-st-georges
hautes cotes de beaune
beaune
cote de beaune
chalon-sur-saone
cote chalonnaise
tournus
maconnais
macon
beaujolais
villefranche-sur-saone
lyon
calvados
champagne
alsace
loire
bourgogne
jura
beaujolais
savoie
cognac
bordeaux
rhone
armagnac
provence
sud-ouest
languedoc roussillon
corse
브르고뉴
(bourgogne)

1. 와인 개요

프랑스는 현재 세계와인의 전형으로 볼 수 있다. 테루아[1)]를 기반으로 한 와인의 재배, 양조, 생산과 유통까지 세계와인 시장의 기준이 되고 있다. 프랑스는 특히 테루아를 중시하는 와인생산국으로 빈티지(Vintage : 수확연도)가 중요하다. 즉, 작황상황이 포도를 수확한 연도가 고스란히 반영되어 매우 중요하게 빈티지를 평가하고 있다.

프랑스의 대표산지는 보르도, 브르고뉴, 샹파뉴, 알자스, 루아르, 론, 남프랑스 등 여러 곳에서 포도가 재배되고 있다. 그리고 세계포도의 전형이 되고 있는 까베르네 소비뇽, 메를로, 까베르네 프랑, 시라, 샤르도네, 소비뇽블랑, 세미옹 등 국제적인 품종들이 생산된다. 와인과 식사를 무엇보다도 중시하는 프랑스인에게 와인은 단순한 술과 음료가 아닌 문화적인 가치가 있는 전통과 의미가 부여되는 산물로 인식하여야 한다. 식사와의 조화를 매우 중시하는 만큼 와인의 비중과 가치는 매우 크다고 하겠다.

프랑스인들은 와인을 통해 삶의 건강을 증진시켜왔다. 유럽에서도 가장 장수하는 국가로도 인식되어 왔다. 심장질환으로 인한 사망자가 가장 낮은 편으로 소개되고 있다. 프랑스인은 동물성 지방섭취가 서구 국가가운데서도 상대적으로 많은 편임에도 불구하고 심장질환으로 인한 사망자가 적고 평균수명도 유럽국가 가운데서 여성이 84.3세(이이슬랜드 통계청, 2011.2. 자료 ; 고종원, 2015.3.12.)로 나타나 시사하는 바가 크다. 이러한

---

1) 프랑스의 테루아(Terroire)는 천지인(天地人)이라고 한다. 와인이 생산되는 환경의 전과정을 의미한다. 날씨와 기후 그리고 일조량을 중심으로 한 와인재배의 환경을 말한다. 이를테면 포도의 작황연도의 일조량, 날씨변화(강수량), 일교차 등이 와인에 반영되어 결과물을 내놓게 된다. 그리고 토양이 반영된다. 자갈밭, 진흙토양, 모래(사암)토양, 석회질 토양, 점토암 등 토양이 반영된다. 예를 들면 샤블리(Chablis)와인은 브르고뉴 지방의 샤르도네 품종으로 현지 토양인 석회질 토양이 반영되어 미네랄이 풍부한 서늘한 기후의 샤르도네의 결과물을 탄생시키게 되는 것이다. 마지막으로 사람의 노력과 정성 그리고 기술력이 결합되어 포도를 완성되게 되는 천지인의 결과물로 평가되고 있다.

이유가 바로 레드와인에 들어가 있는 요소, 즉 폴리페놀, 안톡시아닌 등의 요소가 심장질환의 발생을 감소시키며 평균수명을 증가시킨다는 연구결과가 알려지면서 미국을 중심으로 한 소비국에서 레드와인의 소비가 증가하는 결과를 낳게 되었다.

프렌치 패러독스는 바로 지방과 단백질의 소비가 큼에도 불구하고 레드와인의 여러 긍정적인 요소가 작용하여 비만을 줄이고 심장질환을 감소시키는 등의 역설적인 결과를 내게 되어서 이러한 조어가 만들어지게 되었다.

2. 보르도(Bordeaux)

보르도는 프랑스의 대표적인 산지로 온난한 서안해양성 기후[2)]대를 형성한다. 프랑스 남서부를 흐르는 도르도뉴(Dordonge)강과 가론(Garonne)강이 합류하여 지롱드(Gironde)강이 되어 대서양으로 흘러간다.

프랑스의 보르도는 등급체계가 1855년 만들어졌고 거의 변함없이 지속될 만큼 와인에 있어서는 보수적인 체계를 지니고 있다. 보르도 와인품종은 세계의 와인제조국의 기준이 될 만큼 대표적인 품종으로 인식되고 있다.

보르도 와인은 특히 엉 프리뫼르(En Primeur : 선물시장), 네고시앙(Negociant : 도매상인), 꾸르띠에(Courtier : 중개상) 등의 개념이 상징하듯 수준 높은 상업성이 다른 산지와의 차별성을 갖게 된다(이정훈, 2017 : 8)는 평가를 받고 있는 지역의 특징이 있다.

보르도는 특히 다른 지역과는 다르게 블랜딩이 많이 적용되는 지역이

2) 포도재배에 적합한 기후이다. 여름의 더위가 지나치지 않은 수준에서 온난하여 포도재배에 적합한 기후이다. 연간 강수량도 500~600mm내외로 포도재배에 적절한 강수량이다.

기도 하다. 즉, 화이트는 소비뇽블랑과 세미용 그리고 뮈스카델을 블랜딩 하며 레드와인은 까베르네 소비뇽, 메를로, 까베르네 프랑 그리고 쁘띠 베르드나 므드 베드르를 블랜딩[3]한 스타일로 와인을 만든다.

(1) 보르도의 주요품종

① 화이트

■ 세미용

오래 보관이 가능한 품종이다. 병충해에 강하다는 평가이다. 오크통 숙성을 통해 좋은 와인을 만든다. 보르도 블랜딩을 통해 부드러움, 무게, 힘을 더해 준다(손진호, 63 : 2007)는 평가이다. 귀부와인을 만드는 품종으로 알려지고 있다. 세미용으로 귀부와인의 대명사인 소테른 와인을 만든다. 좋은 소테른의 경우에는 바디감이 크고 단순한 당도를 넘어서는 고귀함이 느껴지는 와인이다.

■ 소비뇽블랑

발랄한 품종으로 설명된다. 화사하며 신선하다. 또한 경쾌한 면모를 지닌다. 신선하고 활기있다. 과일향이 풍부하다. 현대적인 양조 공법과 잘 맞는다는 평가이다. 블랜딩시 청량감과 신선미를 가져다준다(손진호, 63 : 2007)는 평가이다. 산도가 좋고 식전주로 적합한 품종이다.

■ 무스카텔

소수의 품종이다. 향이 강하다는 평가를 받는다. 이상의 3가지 품종이 보르도 화이트 품종의 90%를 차지한다(손지호, 63 ; 2007).

---

3) 보르도의 레드와인 블랜딩은 까베르네 소비뇽, 메를로, 까베르네 프랑, 쁘티 베르도, 말벡, 카르미네르 등을 블랜딩한다. 이러한 조합은 서늘한 지역에서는 석묵, 흑연 중심으로 블랙체리 향이 많이 감지되며 더운 지역은 블루베리를 중심으로 블랙베리 향이 감지된다는 평가이다.

② 레드

■ 까베르네 소비뇽

섬세함과 복합성을 갖추고 있다. 장기 보관 할 수 있다는 점이 특징이다.

보르도 메독지방의 주요한 품종으로 가장 많이 생산된다. 만생종으로 건조하고 척박한 곳에서 좋은 포도를 생산한다. 온대성 기후인 보르도에서 가장 완성도가 높게 생산된다. 색깔이 짙고 껍질이 두껍다. 탄닌이 많고 강하다. 숙성되면 거친 맛에서 깊고 오묘한 맛으로 표출된다는 평가이다. 와인의 구조감을 형성해 주는 품종이다. 다른 품종과 결합하여 골격을 형성해 준다. 블랙베리, 삼나무 향이 좋은 보르도 와인에서 표출된다. 탄닌이 야생적이며 저장성이 있는 품종으로 영한이 품종은 텁터름함을 갖는다. 공히 레드와인의 대표주자로 평가된다.

■ 메를로

부드러움으로 입안을 감싸준다는 평가이다. 과일향이 많고 신선함을 준다.

조생종이다. 생산량이 까베르네 소비뇽 다음으로 많다. 부드럽고 우아하다. 블랜딩시 유연함과 풍성함을 더해 준다는 평가이다. 그러나 포므롤 같은 진흙 토양에서는 바디감이 크고 무게감이 있는 와인으로 생산된다. 과일향이 많고 유연하다는 평가이다.

까베르네 소비뇽이 남성적이라면 메를로는 여성에 비유하기도 한다. 그러나 날카롭고 강한 뉘앙스가 표출되기도 하는 와인품종이다.

■ 까베르네 프랑[4)]

풍부한 부케를 선사한다. 선명한 색상으로 와인을 만든다.

---

4) 루아르 지역의 쉬농와인은 이 품종으로 생산한다. 부드럽고 원만하며 바디감이 미디엄 바디 이하로 스타일리쉬(우아하거나 멋진)와인으로 평가된다.

샤토 페트뤼스

샤토 페트뤼스 1979년 빈티지 와인, 유럽에서도 최고의 와인으로 평가된다.

샤토 쉬발 블랑 와인 사진

샤토 쉬발 블랑 2012년 빈티지 와인이다. 향수를 뿌린 것과 같은 꽃내음이 화려하게 분출된 복합적인 아로마가 좋은 2012년의 좋은 수확년도의 와인으로 평가된다. 부드러운 질감의 메를로, 까베르네프랑 중심의 까베르네 소비뇽이 소량 블랜딩된 2012년 와인이다. 가격은 보르도의 등급체계인 그랑 크뤼 클라세 와인보다 비싼 가격을 형성한다. 2017년산이 소비자가 170만원대를 형성하고 있다.

보르도의 보조품종으로 평가된다. 보르도의 좌안보다는 상대적으로 서늘한 생테밀리옹 등 우안에서 생산이 많이 된다. 과일향이 많다는 평가이다. 까베르네 소비뇽 보다는 조생종이며 탄닌은 덜 강하다는 평가이다. 신선한 이 품종은 나름 차별화된 느낌을 준다.

■ 쁘띠 베르도

보르도 와인에 생기를 주는 품종으로 평가된다. 제비꽃 향, 기분 좋은 산도를 제공한다는 평가이다. 블랜딩시에 생동감 그리고 아름다운 색을 만드는데 도움을 준다(www.medoc-bordeaux.com)는 평가이다.

만생종으로 완숙까지 오랜 시간이 걸린다. 산도를 높여주고 탄닌과 색을 진하게 해준다. 나름 야생적인 뉘앙스가 있다.

■ 말벡5)

원래 이 품종은 오쎄후아로 탄닌이 강하며 색도 진하다. 프랑스의 남서부 지역 카오르(Cahor)가 원산지로 평가된다.

조생종이다. 과일향이 많다. 포도주의 색의 깊이와 강도를 진하게 해 준다는 평가이다. 병충해에 약하다(손진호, 63 ; 2007)는 평가이다.

(2) 보르도 세부 지역

① 포므롤

진흙 토양으로 유명한 지역이다. 와인이 강건하고 진한 것으로 유명하다. 샤토 페트뤼스는 메를로를 중심으로 만드는 와인으로 세계 최정상의 와인으로 고가이다.

5) 아르헨티나에서 성공한 품종으로 꼬뜨(Cot)라고도 불린다. 색이 진하며 자두향, 풍부한 탄닌, 숙성 잠재력이 좋다. 산미는 낮고 감귤, 꿀, 채소, 곰팡이도 감지된다는 평가이다.

② 셍테밀리옹

이 지역은 보르도의 우안으로 구분된다. 지역 자체가 UNESCO에서 지정한 세계문화유산에 지정되었을 만큼 아름답고 고풍스럽다. 메를로를 중심으로 까베르네프랑, 까베르네 소비뇽 등을 블랜딩해서 와인을 만든다. 와인색도 진흙질의 영향으로 짙다. 붉은 과일향이 많다. 셍테밀리옹 고급 와인(그랑크뤼 클라세)은 그릴에 구운 육류와 잘 어울린다는 평가이다.

셍테밀리옹 와인은 메를로 비중이 높고 부드러우며 우아한 스타일이다.

샤토 몽페라 와인

오른쪽 사진이 가성비가 좋은 샤토 몽페라 와인이다. 페라 산이라는 의미이다. 신의 물방울 1권에 소개되어 인기를 끌었다. 로버트 파커는 알려지지 않은 보르도 최고의 와인으로 호평하였다. 가격은 2~4만원대를 형성한다. 왼쪽은 셍테밀리옹 그랑 크뤼인 샤토 그랑 리발롱 2014년 빈티지 와인이다.

■ St-emillion의 등급체계

셍테밀리옹의 최상위 등급은 프리미에를 그랑 크뤼 클라세 A와 B로 나뉜다. 1955년 등급이 시행된 이후에 여러차례 등급 재조정을 실시하였다. 2006년 조정결과에 대한 소송이 있었다. 2012년에 정정된 등급에 의한 구분을 소개한다. 눈여겨 볼 것은 A등급에 2012년 승급된 샤토 안제뤼스, 샤토 파비에 포함되었다. 국내에서 잘 알려진 와인이다.

Premiers grands crus classes A	
Chateau Ausone	Chateau Cheval Blanc
Chateau Angelus	Chateau Pavie

Premiers grands crus classes B	
Chateau Beausejour(Dufau-lagarrosse)	Chateau Beau-Sejour Becot
Chateau Canon	Chateau Canon-la-Caffeliere(2012 승급)
Chateau Figeac	Chateau La Gaffeliere
Chateau Lacis Ducasse(2012년 승급)	Chateau la Mondotte(2012년 승급)
Chateau Pavie-Macquin	Chateau Troplong Mondot
Chateau Trotte Vieille	Chateau Valandraud(2012년 승급)

③ 앙트르 드 메르(Entre-deux-Mers)

이 지역은 보르도의 중심지역이 아닌 동부 지역으로 외곽지역이라고 할 수 있다. 크게 주목을 받는 지역은 아니었으나 최근에는 좋은 품질을 갖은 와인이 생산되면서 주목을 받게 되고 있다. 우리나라에서도 가성비가 높은 샤토 몽페라 와인이 대표적이다. 와인만화 신의물방울에서 그룹 퀸의 보헤미안 레소디를 들으면서 시음하면 매칭이 된다고 소개되면서 잘 알려지게 되었다. 실제로 와인의 복합성과 품질로 좋은 평가를 받아 왔고 한국에 많은 와인이 수입되었다. 현재 2~3만원대에 구입 가능하다. 퀸의 음악처럼 폭발적이며 강렬함을 느낄 수 있는 밸런스가 좋은 와인으로 평가된다.

쌩떼스테프 지역의 깔롱 세귀르(Calon Segur)[6] 와인

그랑 크뤼 클라세 3등급인 깔롱 세귀르 와인이다. 2004년 빈티지로 이 와인은 사랑을 고백할 때 사용되는 와인으로 알려져 있다. 레이블에 하트모양이 인상적이다. 다크 초코렛, 과일향의 아로마, 스파이시, 삼나무, 버섯, 젖은 낙엽, 감초, 흙향, 민트, 허브, 제비꽃 등 좋은 품질을 나타낸다. 20년 이상의 장기 보관용의 와인이다. 소비자가격은 26만원 정도이다.

④ 메독

가장 대서양에 인접한 지역으로 Medoc은 보르도의 가장 일반적인 와인을 생산하며, 다채로운 아로마, 미각의 즐거움을 제공한다. 영할 때에는 세련되고 우아한 부케가 뛰어나고 숙성시에는 짙은 향과 입안에서 완벽한 균형을 느낄 수 있는 풀바디 와인이 생산되는 지역으로 평가된다. 영원 불멸의 맛을 간직한 곳[7](conseil des vins du medoc)으로 표현한다.

⑤ 쌩떼스테프

와인이 강건하고 진한편이다. 해안에 가까이 있을수록 자갈밭의 비율이 높은 지역으로 볼 수 있다.

Saint-Estephe와인은 영하면 향이 강하고 탄닌이 많이 느껴진다. 숙성시에는 과일향이 풍부하게 녹아든 라운드함이 매력적며 섬세하고 우아한 와인으로 변해 간다는 평가이다. 숙성하면서 복합성을 띠고 조화로운 균형이 잡혀간다는 평가이다(les vins du medoc bordeaux).

---

6) 그랑 클뤼 클라세 3등급이었지만 소유주 세귀르공은 1등급인 샤또 라투르와 라피트를 소유했음에도 그는 "내마음은 깔롱에 있다"하고 말한 일화는 잘 알려져 있다.

7) 보르도에서 메독은 상대적으로 가치와 평가가 뛰어난 곳은 아니다. 이러한 표현은 전체 보드도의 경쟁력 있는 지역을 포함하여 평가한 것으로 보인다. 프랑스인의 자국 와인의 상대적으로 높은 평가로 판단된다.

⑥ 뽀이악

샤토 라투르 등 최고의 와인을 만드는 지역으로 명주의 메카로 불린다. 오감을 자극하는 와인이 Pauillac 와인으로 불린다. 때로는 섬세하고 기품 있는 향의 세계로 인도하고 때로는 강한 탄닌이 발휘되는 세계로 인도한다는 평가이다. 섬세한 아로마와 조화로운 부케를 드러내줄 때까지 기다린다면 경이로운 맛의 세계를 발견할 수 있을 만큼 오랜 시간 숙성(www.medoc-brdeaux.com)되어야 한다는 의미이다.

무통 로칠드[8] 1976 빈티지 와인

뽀이악의 우아한 올드 빈티지 1976년산 무똥로칠드 와인이다. 1973년에 100년 이상 변경되지 않은 1등급으로 유일하게 격상되었다. 매년 유명한 미술가에게 라벨 그림을 의뢰하여 예술적인 면모를 보여주고 있다. 샤갈은 70년, 피카소는 73년, 워홀은 75년의 라벨의 그림을 그렸다.

⑦ 생줄리앙

이지역의 와인은 향과 맛이 균질한 것으로 평가된다. 우리나라에 2002년 월드컵 4강의 지도자인 히딩크 감독이 롯데호텔에서 승리를 자축했던 샤토 탈보는 우리에게도 잘 알려진 좋은 와인이다. 좋은 빈티지[9]인 경우 저장성이 좋다. 강한 응축감을 지니고 강한 탄닌감과 저장성 있는 산도 적절한 알코올 등 균형 있는 바디감을 갖춘 와인으로 평가하고자 한다. 범상치 않은 와인생산지로 특별하고도 특별하다는 평가이다. 숙성되면서 개성이 있고 차별화된 그윽하면서도 감미로운 부케를 연출해 낸다는 평가이다. 황갈색의 비단결 같은 Saint- Julien와인은 성숙함의 향기와 섬세함의 조화가 탁월

샤토 베이쉐벨

샤토 베이쉐벨은 메독 등급 체계에서 4등급이다. 생줄리앙 지역의 와인은 향과 맛의 밸런스가 좋다는 전문가의 평가를 받는다.

샤토 탈보

샤토 탈보는 프랑스 와인가 운데 가장 명명하기가 쉬어 더욱 인기를 끈다. 향과 맛의 조화가 좋은 생줄리앙지역의 특색을 잘 나타내고 있는 와인으로 의미가 있다. 2015년 빈티지는 근자에 가장 좋은 수확년도로 평가되고 있다.

8) 무통로칠드는 라투르가 남성적이라면 마고는 여성적이며 라피드로칠드가 우아하다면 이 와인은 또 다른 면에서 우아하다는 평가를 받고 있는 세계 최정상의 와인이다. 1922년 무통의 리더가 된 필립남작이 낸 도전적 슬로건은 유명하다. "나는 1등이 못됨, 나는 2등에 만족하지 않는다. 나는 무통이다". 이후 73년 무통이 1등급 샤토로 되었고 필립은 "나는 1등이다, 나는 2등이었다. 무통은 변하지 않는다".는 말이 알려지고 있다.

9) 2015년 빈티지를 2019년 가을에 시음했을 때의 평가를 기재하였다.

물리스 지역의 샤토 샤스 스플린(Chasse Spleen)

신의 물방울에 소개되었고 크뤼 부르조아 와인이다. 시인 보들레르가 좋아했던 와인으로 유명하다. 가성비가 좋은 가난한 자들을 위한 라뚜르라는 별칭을 갖을 만큼 강하고 진한 스타일의 전형적인 보르도 블랜딩의 와인이다. 샤스 스플린은 슬픔이여 안녕이라는 의미로 악의꽃을 쓴 보들레르는 이 와인을 시음하면서 현실의 고뇌를 잊으려 했던 것으로 전해진다.

샤토 마고

프랑스 현지에서 1995년 빈티지가약100만원대의 가격을 형성하고 있다. 샤토 쉬발 블랑, 샤토 페트뤼스(약 650만원), 샤토 파비가 진열되어 있다.

하다는 평가이다(www. medoc-bordeaux.com).

⑧ 리스트락

해발 43m에 위치한다. 메독의 지붕이라고 불린다. Listrac은 한없는 젊음의 맛으로 표현한다. 구조감이 있는 강한 와인을 생산한다. 강건하고 짜임새가 있고 풍부한 과일향과 짙은 아로마의 조화가 뛰어나다는 평가이다. 아름다운 루비색도 매력적이라는 평가이다(www.medoc-bordeaux.com).

⑨ 물리스

전설과 풍차의 땅인 물리스(Moulis)는 규모가 작은 AOC로 깊이 새겨지는 맛의 흔적이 있는 곳으로 표현된다. 영하면 섬세함과 풍부한 알코올의 조화가 좋고 숙성시 탄닌과 아로마가 절묘하게 결합된다는 평가이다. 힘과 우아함을 겸비하여 시음시 긴 여운과 풀바디함을 느낀다는 평가이다. 짙은 색상을 지니고 복합적이다(les vins du medoc bordeaux).

⑩ 마고

헤밍웨이가 가장 사랑했던 와인이 바로 마고이다. 그는 그의 손녀의 이름을 마고라고 지을 정도로 이 와인의 애호가였다. 메를로를 중심으로 만든 우아한 밸런스가 최고의 와인으로 평가되고 있다. 샤토마고는 제2차 세계 대전 후 독일의 아데나워 대통령이 프랑스 국민에게 전쟁을 일으킨 것에 대해 사과한 장소로도 유명한 장소이다. 즉 프랑스인에게 이곳은 자존심을 상징하는 장소로 여겨지고 있다. 가장 우아한 보르도의 특1등급 와인인 샤토마고는 프랑스 사람들에게 이 와이너리가 의미하는 바를 잘 보여주는 것이라고 할 수 있다.

Margaux는 섬세한 매력과 향기를 지닌 와인으로 여성적이며 관능적인 와인이라고 평가한다. 풍부한 탄닌과 부드러움이 조화된 와인으로 놀랍게 다채로운 부케가 발산된다는 평가이다. 영한 와인은 실크처럼 부드럽고 숙성시 극적인 섬세함과 향기로움이 발휘됨(www.medoc.-boreaux.com)을 표현한다.

⑪ 오메독

메독지역 보다는 높은 지역이다. 메독은 Bas Medoc으로 낮은 지역이다. Haut-Medoc은 높은 지대이다. 이지역의 와인은 진흙토양과 자갈 등이 섞여 있어서 와인이 강건하고 진한 스타일이다.

이 지역 와인이 신비로울 만큼 아름답다는 평가이다. 와인의 정통한 비평가도 감탄할 만큼 부드러운 향과 다채로운 맛을 지녔다는 평가이다. 풍만한 구조감, 광채띠는 선명한 색감, 풍부한 알코올이 오메독 와인의 매력으로 표현한다. 조화와 균형, 감미로운 부케의 발산을 강조한다(les vins du medoc bordeaux).

오메독 와인

프랑스 보르도 오메독 지방 샤토 빅토리아 와인(2015년 빈티지)이다. 프랑스 파리 중심가 레스토랑에서 판매된다. 6~7만원대의 가격이다. 2015년은 좋은 수확년도이다. 파리의 와인대회에서 금메달을 수상한 와인이다.

⑫ 그라브

GRAVES는 점토질과 자갈성 토양이 주를 이룬다. 그래서 이곳의 와인은 강건하다. 레드와인의 경우에는 메를로, 까베르네 소비뇽이 블랜딩된 것이 많고 화이트와인은 일반적으로 소비뇽블랑, 세미용 품종이 블랜딩 된다. 포도나무 수령도 오래된 고목[10]이 많은 지역이기도 하다.

보르도 지역 랑드 숲 아래쪽, 가론 강 좌안에 위치한 포도재배지로 보르도의 AOC 와인 중 하나이다. 그라브 레드와인[11]은 향의 부케가 아주 풍부하다는 평가를 받는다. 포도품종은 까베르네 소비뇽(cabernet sauvignon), 까베르네 프랑(cabernet franc), 메를로(merlot)이다. 섬세한 맛과 바디감을 지닌 그라브 화이트와인은 세미용[12](semillon), 소비

오메독 지역
샤또 드 까망삭 와인

샤또 드 까망삭 2009년 산 와인이다. 좋은 빈티지이다. 보르도 메독 등급 체계(1855년)의 5등급에 해당한다. 가격도 상대적으로 저렴해서 접근성이 좋은 와인이다. 2015년 빈티지는 소비자가격이 8만원선이다.

10) 고목에서는 복합적인 향과 맛을 나타낸다.
11) 그라브 와인에서는 민트, 까시스가 잘 표출된다. 자갈토양으로 와인이 상대적으로 강하게 어필된다.
12) 그라브의 세미용은 색이 짙지 않다. 과실향, 흰 꽃향, 미네랄이 느껴진다. 균형잡힌 밸런스, 적절한 산도, 세밀한 아로마가 감지된다.

뇽(sauvignon), 뮈스카델(muscadelle) 품종으로 만든다. 그라브 쉬페리외르[13](grave supérieur AOC)는 스위트 화이트와인에만 해당한다(BORDELAIS).

Graves의 의미가 자갈이다. 배수가 잘 되는 지역이다. 특히 이곳은 보르도의 특1등급의 강하고 진하며 독특한 최고의 와인인 샤토 오 브리옹(chateau Haut Brion)와인이 생산된다.(네이버 지식백과 ; 그랑 라루스 요리백과, 강현정, 김미선, 라루스).

⑬ 페삭레오냥

Pessac-Leognan와인은 보르도 남쪽 그라브의 북부지역의 최상급의 레드를 중심으로 화이트와인을 생산한다. 벨벳처럼 부드럽고 감미로운 와인을 생산한다는 평가를 받는다. 자갈층 토양을 중심으로 생산된다. 시음하면 바디감과 함께 상대적으로 강한 뉘앙스가 있는 와인이다.

이지역은 그라브에 포함된 지역으로 보면 된다. 샤토 빠쁘클레망, 도멘 드 슈발리에, 샤토 스미스 오라피트 등 유명와인들이 생산된다.

⑭ 소테른

이 지역은 고귀한 화이트와인을 생산한다. 소테른 와인은 보통 세미용으로 만든 바디감 있는 당도가 높은 디저트와인을 말한다. 샤토 디켐은 명실공히 세계 최고의 바디감과 풍미를 지닌 디저트 와인으로 경쟁력을 지니고 있다.

소테른 와인

코르디에 소테른 2008년산 와인이다. 고귀한 와인으로 바디감과 풍미가 세계 최고의 귀부와인으로 평가된다.

(3) 보르도 등급체계

① 보르도 그랑크뤼 클라세

13) 특별하다는 의미로 그라브 지역의 와인 등급의 명칭으로 보면 된다.

Premiers Crus(1등급, 5개)	
Chaateau lafite-Rochschild	Paulllac
Chateau Latour	Pauillac
Chateau Margaux	Margaux
Chateau Haut-Brion[14)]	Pessac-Leognan(Graves)
Chateau Mouton-Rothschild	Pauillac

스페인 베가 시실리아 우니코, 샤토 쉬발 블랑[15)], 샤토 무통 로췰드(2012년 프랑스 빈티지는 예상외로 좋은 결과를 보였다. 1976년 무통로췰드는 올드 빈티지이다)

특1등급 와인은 연간 20만병을 생산하는 상황이다. 자산가치로도 높다. 숙성될수록 중후하고 복합적인 오묘한 맛과 풍미(향)으로 최고의 평가를 받는다. 수십년간 보관해도 좋은 저장성을 지닌다. 샤토라투르는 이건희 와인으로 칭해진다. 전경련회장시 만찬주로 소개되어 알려진 와인이다. 또한 북한의 김정일 위원장이 방북한 김대중 대통령과의 정상회담에서 만찬주로 내어 더욱 알려진 와인이다. 최근에는 라피트 로칠드가 상승세라는 평가이다. 중국의 와인소비가 증가하면서 신흥부호들에게 인기를 구가하고 있다고 한다. 브랜드도 중국인들이 발음하기 쉬운 것도 한몫을 했다고 한다. 빈티지에 따라 다르지만 한병에 250~300만원대를 형성하는 것으로 알려졌다(조선 위클리 비즈, 2 : 2019.7.5.~7).

Deuximes Crus(2등급, 14개)	
Chateau Rausan-Segla	Margaux
Chateau Rausan Gassies	Margaux
Chateau Leoville-Las-Cases	St-Julien

14) 1등급의 샤토 오브리옹은 당시 Grave A.O.C 와인이었다. 그러나 영국 시장에서 이미 유명한 보르도 와인으로 인가가 매우 높아 특별하게 Modoc 등급체계에서 평가받게 되었다(이정훈, 2018 ; 13).

15) 이 와인은 생테밀리옹 지역의 최고의 와인으로 소비자가격이 120만원선이다. 2012년 빈티지는 좋게 평가된다. 로버트 파커(RP)평가 93점이며 와인스펙테이터(WS) 95점이다. 화려한 꽃내음, 복합적인 아로마가 특징이다. 부드러운 질감도 인상적이다. 메를로, 까베르네프랑, 까베르네 소비뇽이 블랜딩되었다.

Chateau Leoville-Poyferre	St-Julien
Chateau Leoville-Barton	St-Julien
Chateau Durfort-Vivens	Margaux
Chateau Lascombes	Margaux
Chateau Gruaud-Larose	St-Julien
Chateau Brane-Cantenac	Margaux
Chateau Pichon-Longueville-Baron	Pauillac
Chateau Pichon-Longueville-Lalande	Pauillac
Chateau Ducru-Beaucaillou	St-Julien
Chateau Cos d'Estournel	St-Estephe
Chateau Montrose	St-Estephe

샤토 라투르 2007(최고의 와인들은 적어도 10년 이상 병입 숙성 후 시음해야 가치 있는 시음이 된다)

Troisiemes Crus(3등급, 14개)	
Chateau Kiwan	Margaux
Chateau d'issan	Margaux
Chateau lagrange	St-Estephe
Chateau lagoaBarton	St-Estephe
Chateau Giscours	Margaux
Chateau Malescot st-Exupery	Margaux
Chateau Cantenac Brown	Margaux
Chateau Boyd Cantenac	Margaux
Chateau Palmer	Margaux
Chateau la lagune	St-Julien
Chateau Desmirail	Margaux
Chateau Calon Segur	St-Estephe
Chateau Ferriere	Margaux
Chateau marquis d'llesme Becker	Margaux

Quatrimes Crus(4등급, 10개)	
Chateau St-Pierre	St-Julien
Chateau Branaire-Ducru	St-Julien
Chateau Talbot	St-Julien
Chateau Duhart-Milon-Rothschild	Pauillac
Chateau Pouget	Margaux
Chateau La tour-Carnet	haut-medoc
Chateau Lafon-Rochet	St-Estephe
Chateau Beychevelle	St-Julien
Chateau Prieure-Lichine	Margaux
Chateau Marquis de Terme	Margaux

Cinquiemes Crus(5등급, 18개)	
Chateau Pontet Canet	Pauillac
Chateau Batailley	Pauillac
Chateau Haut Batailley	Pauillac
Chateau Grand Puy Lacoste	Pauillac
Chateau Grand Puy Ducasse	Pauillac
Chateau Lynch Bages	Pauillac
Chateau Lynch Moussas	Pauillac
Chateau Dauzac	Margaux
Chateau d'Armaihac	Pauillac
Chateau du Tertre	Margaux
Chateau Haut Bages Liberal	Pauillac
Chateau Pedesclaux	Pauillac
Chateau Belgrave	Haut-Medoc
Chateau Camensac	Haut-Medoc

Chateau Cantemerle	Pauillac
Chateau Cos Labory	St-Estephe
Chateau Clerc Milon	Pauillac
Chateau Croizet Bages	Pauillac

참고 디켄팅과 브리딩

- **디켄팅** : 10년 정도 또는 그 이상의 15~20년의 장기 보관된 와인의 경우, 최고의 좋은 시음을 위해 즉, 와인의 열린 상태로 최적의 상태에서 시음이 되도록 30분에서 1~2시간 전에 와인을 병에서 디켄터에 옮겨 놓는 것을 말한다. 디켄팅시에 유의점은 와인이 지나치게 흔들려서는 안된다. 수년간 평온한 휴식을 취하며 부드러운 단잠을 잔 와인이 급격하게 그리고 과격하게 깨워서는 안된다는 논리이다. 디켄팅시 서서히 잠이 깨어지게 2~3시간 기다려 시음하게 된다.

  디켄팅은 아울러 중요한 것이 침전물이 디켄터에 가라앉게 되며 이후에 와인잔에 서비스 되어 침전물이 걸려진 와인을 시음할 수 있다는 장점에서 이 방법을 사용한다는 점을 인식해야 한다. 보르도의 오래된 빈티지 와인의 경우 디켄팅을 통해 좋은 시음을 할 수 있다. 샤토 마고, 샤토 라투르, 샤토 오브리옹 등 최고 와인의 올드빈티지일 경우 사용한다.
- **브리딩** : 생산된지 3~5년 이하의 와인 즉, 상대적으로 영한 와인은 바로 오픈시 좋은 시음이 될 수 없다. 이유는 숙성의 시간이 필요하기 때문이다. 불가피하게 시음하게 된 상황에서 와인의 아로마와 향이 잘 발산되도록 공기와 잘 접촉시켜 와인을 시음해야 할 때 사용하는 방법이다.

  브리딩을 위해 디켄터에 와인을 넣고 적절히 흔들면서 최대한 공기와 접촉하여 와인의 향이 발산되도록 하는 방법이다. 1~2시간 브리딩시키면 최적의 와인을 시음할 수 있다.

3. 브르고뉴(Bourgogne)

(1) 지역 개요

프랑스의 브르고뉴 지역은 가장 자연적인 풍토와 테루아를 중시하는 지역으로 평가된다. 피노누아와 샤르도네가 주요한 품종으로 서늘한 기후를 보이는 지역이다. 대륙성 기후로 겨울에는 춥고 여름에는 다른 지역에 비해 상대적으로 서늘한 기후대이다. 북쪽의 샤블리지역에서 남쪽의 보졸레 지역까지를 포함한다.

프랑스 대혁명이후 교회의 포도밭의 분할 매각 등의 영향으로 소규모의 A.O.C가 다수 존재하는 지역이기도 하다.

브르고뉴의 대표품종은 레드는 피노누아(Pinot Noir)와 화이트는 샤르도네(Chardonnay)이다. 피노누아 품종은 샤르도네도 마찬가지이지만 이곳 기후가 서늘하다는 상황에서 재배하는 품종이다.

(2) 주요 품종

① 레드

피노누아는 서늘한 기후에서 잘 자라며 재배하기 쉽지 않은 민감한 품종이다. 고목의 경우에는 깊이가 더 있고 탄닌감의 뉘앙스도 다르다. 좋은 피노누아는 순수하고 우아하며 조화스럽다. 다시 말해 알코올, 탄닌, 산도의 균형이 매우 훌륭하다.

사람으로 표현하면 외유내강형 즉, 색이 진하지 않지만 내면의 강한 스타일처럼 탄닌감이 강하고 과일향이 많고 꽃향기도 많이 감지되는 품종으로 사람으로 표현하면 정말 잘 난 스타일의 품종이다. 나폴레옹이 가장 사랑했던 품종으로 알려져 있다. 주브레샹베르탕이 바로 나폴레옹이 좋아했던 와인생산지역 즉 피노누아를 생산한 와인산지로 유명하다.

② 화이트

■ 샤르도네

화이트와인의 대표적인 품종으로 프랑스 부르고뉴의 샤르도네는 우아하고 섬세하다. 오크통 숙성을 통해 바디감과 생동감을 갖는다. 감귤류, 바닐라, 스파이시한 향을 나타낸다. 채소, 치즈, 해산물과 잘 매칭 된다.

(3) 지역별 와인산지와 품종

지역별로 와인산지와 품종을 살펴보고자 한다.

① 샤블리

세계에서 가장 명성이 높은 화이트 산지의 하나이다. 샤르도네 품종이 주로 생산되며 유명하다. 석회질 토양에서 자라는 샤르도네는 샤블리(Chablis)로 총칭되며 토양이 와인에 반영되어 미네랄의 뉘앙스가 많이 느껴진다는 평가이다. 지역이름 자체가 이곳에서 생산된 샤르도네를 의미한다.

이곳 토양은 Kimmeridgia(키메르지아)로 과거에는 바다였다. 조개류, 굴 등 어패류의 화석을 함유하여 미네랄성분이 풍부하다는 점이 특징(이정훈, 2017 : 20)으로 평가된다. 토양으로부터 반영되는 미네랄이 와인에 영향을 크게 미친다고 한다. 그래서 와인과 굴의 마리아주가 좋다는 평가를 받는다.

쁘띠 샤블리, 샤블리, 샤블리 프리미에 크뤼, 샤블리 그랑크뤼로 구분된다.

1850년 시작된 샤블리 와인 명가 도멘 라로쉬 와인

감귤류, 레몬, 라임, 미네랄, 꿀, 돌, 사과, 청사과, 복숭아 향이 감지된다. 샤블리 지역에서 뿐만아니라 세계에서도 좋은 와인에 속한다. 도멘 라로쉬의 프리미에 크뤼 레 보드베 2016년산으로 현지 소비자가격은 9만원대이다. 1억 5000만년 전 바다 밑바닥이었던 이 지역에서는 해양 생물 퇴적물이 많아 석회질, 칼슘 함량이 높고 미네랄 성분이 강하다(와인21닷컴)는 평가이다. 샤블리와 굴의 마리아주는 환상이라는 평가이다. 라로쉬는 샤블리 최초로 스크류캡을 사용하며 유기농 와이너리로 발전하고 있다.

시음 루이자도 샤블리

가장 샤블리를 가성비 좋게 시음할 수 있는 와인으로 평가된다. 벨류와인이다. 1859년 창립된 Louis jadot[16]는 치킨, 훈제 오리, 아시안 푸드와 매칭이 잘 된다는 평가이다. 황금빛 노란색, 밝고 경쾌한 신선한 스타일과 과일향, 유질감, 피어오르는 향을 느낄수 있다는 평가이다. 스테인리스 스틸 탱크에서 9~12개월 숙성한다. 신선함과 활기찬 샤블리를 위해 오크숙성을 하지 않는다고 한다. 겨울에는 춥고 여름에는 더운 대륙성 기후, 봄에 서리가 내리기도 하는 기후(네이버 지식백과)가 환경을 이루고 있다. 2017년 샤블리의 경우, 시트러스 향도 감지되며 미네랄이 전반적으로 느껴지며 산도도 살아있고 몇 년 뒤 오픈해도 더 좋은 모습으로 만날 수 있는 잠재력을 지니고 있는 와인으로 평가하였다.

샤블리 와인

루페 촐레 샤블리 프리미에 크뤼 와인 2014년산이다. 샤르도네 품종이다. 일조량이 풍부한 구릉지대에서 자란 샤르도네는 산미가 좋다. 석회암 토양에서 생산되어 바디감이 있고 섬세하면서도 힘차다. 프리미에 급도 그랑 크뤼 만큼 우수하다는 평가이다. 과일향이 좋고 바다의 조개껍질과 미네랄이 많이 느껴지는 특징을 보인다. 소비자가격은 일반 샤블리 와인이 보통 5~6만원대를 형성한다.

② 꼬뜨 도르(Cote D'or)

브르고뉴의 중심이 되는 지역으로 꼬뜨 드 뉘(Cote de Nuit)와 꼬뜨 드 본(Cote de Beaune)으로 나뉜다. 특히 레드와인인 피노누아(Pinot Noir)가 대표적인 품종으로 부각되어 있다. 이지역에서 피노누아의 공통적인 평가는 버섯, 베리향이다. 좋은 등급의 피노누아에서는 완만한 탄닌[17]이 표출된다는 평가이다.

■ 꼬뜨 드 뉘

디종시에서부터 본의 북쪽까지 위치한다. 특히 피노누아 품종으로 만든 레드와인의 완성도가 높은 지역이다.

▸ 즈브레 샹베르땡(Gevrey Chambertin) : 600년경 이후 와인이 생산된 유서가 깊은 지역이다. 샹베르땡, 샹베르땡 끌로 드 베즈 포도밭이

16) 꼬뜨 드 본에 본사와 포도원이 있다. 레이블에 항상 바쿠스의 두상이 그려져 있다. 신의물방울에서 굴과 매칭되는 최고의 마리아주로 표현하여 알려진 와인이기도 하다. 루이자도는 알려진 네고시앙 즉, 와인을 유통하며 판매하는 회사로도 유명하다. 큰 포도밭을 소유하고 있음에도 작은 포도원에서도 좋은 포도를 공급받으며 떼루아를 존중하며 손수학을 하는 와인회사로 알려져 있다. 부르고뉴에서 가장 현대적인 시설을 갖추고 있기도 하다.

17) 말린 크랜베리, 히비스커스, 바닐라, 장미향이 포함(Madeline Puckette, Justin Hammack, 2015 : 192)되었다는 평가이다.

즈부레 샹베르땡 와인

즈부레 샹베르땡 프리미에 크뤼 와인 2009년산이다. 꼬뜨 드 뉘 지역에서 가장 힘찬 와인으로 평가된다. 나폴레옹의 와인으로도 잘 알려져 있다. 돗수가 높고 바디감이 좋다는 평가를 받는다. 소비자 가격은 빈티지와 브랜드별로 최소 20만원~50만원대로 형성되어 있다.

가장 대표적인 포도밭으로 평가된다. 브르고뉴에서 9개의 그랑 크뤼를 갖고 있어서 가장 많다. 특히 이 와인은 나폴레옹이 매우 좋아하고 아끼던 와인으로 알려져 있다. 러시아 원정시 전투에서 추위와 전염병으로 패배했다는 이유 외에도 이 와인이 없어 시음을 못해서 패배했다고 전해질 만큼 이 와인에 대한 스토리가 나폴레옹과 함께 전해지고 있다.

- 모레 생 드니(Morey Saint Denis) : 끌로 드 라 로쉐, 끌로 생 드니, 끌로 데 람브레이, 끌로 드 따르, 본 마르가 이 지역에 5개의 그랑크뤼를 형성하고 있다.

모레 생드니는 위치가 말해 주듯이 강하고 힘찬 즈브레 샹베르땡과 우아한 샹볼 뮈지니의 중간에 위치하여 두가지 면모를 지니면서 공통적인 요소를 지니고 있다는 평가를 받고 있다. 점토분을 많이 포함하고 있는 토양이다.

- 샹볼 뮈지니(Chambolle Musigny) : 좋은 밭의 의미인 본마르, 뮈지니의 그랑크뤼, 24개의 프리미에 크뤼가 있다. Les Amoureuses(레 자무레즈 : 연인들)는 프리미에 크뤼 가운데 가장 유명하다. 뮈지니는 꼬뜨 드 뉘의 유일한 화이트 그랑 크뤼 포도밭으로 크기도 가장 작으나 희소성으로 환상의 와인으로 불린다(이정훈, 2017 : 22).

샹볼 뮈지니는 피노누아가 가장 우아함의 정석을 보여주는 지역으로 알려져 있다.

- 모레셍드니(Morey Saint Denis) : 지브레 샹베르탕과 샹볼 뮈지니의 중간의 성향을 보인다는 평가이다. 강함과 부드러움의 중간느낌으로 평가되기도 한다. 이 마을의 그랑크뤼는 총5개로 끌로[18] 드 라 로쉐, 끌로 생 드니, 끌로 데 람브레이, 끌로 드 따르, 샹볼 뮈지니에 인접한 본 마르가 있다.

---

18) Clos는 부르고뉴 지방의 밭과 밭 사이의 경계를 나누는 석벽 돌 울타리를 의미한다(워크북 와인, 2018 ; 21). 부르고뉴 지방의 특색을 보여준다.

- 끌로 드 부조(Clos de Vougeot) : 포도밭의 역사와 상징을 지닌 브르고뉴의 포도밭[19]이다. 국왕으로부터 기증 받은 이곳은 이미 14세기에 특급와인으로 유명했고 18세기까지 시토수도원이 소유하였다. 끌로 드 부조는 오랜 전통으로 훌륭한 와인을 생산한 수도회 수사들의 작업장이기도 하였다. 프랑스 대혁명 이후 정부에 의해 수도원 소유의 밭은 개인에게 이양되었다. 1889년 이후 700년 만에 소유권이 나눠져 판매되어 처음에는 6명에서 80명으로 분할 소유된 곳이다.

  끌로 드 부조는 피노누아의 정수를 느낄 수 있는 와인이다. Clos는 담장으로 국왕으로부터 기증 받았다는 상징성이 있었다. 작은 규모이나 경쟁력을 확보한 곳이다.

- 로마네 콩티(Romanee-Conti) : 명실 공히 세계 최고의 피노누아의 산지이다. 2005년 빈티지가 파리의 샤를르 드골 공항 면세점에서 5500만원 이상에 판매되는 것을 이미 수년전에 발견한 만큼 지금은 그이상의 가치를 갖고 있다고 보아야 할 것이다. 1889년 이후 700년만에 소유권이 나눠져 처음 6명에서 80명으로 확대된 상황이라고 한다.

  최고가의 로마네 콩티는 연간 5000병만 생산한다. 그만큼 희소성이 있는 와인이라 하겠다. 보르도의 최고의 그랑크뤼 클라세가 연간 20만병정도를 생산하는 것과 비교하면 정말 적은 양으로 명성을 이뤄가고 있다고 봐야 한다. 한병에 수천만원 내외인 피노누아의 최고봉이 로마네 콩티 와인이다. 2020년 1월 초, 프랑스의 샤를르 드골 공항에 2011년 빈티지는 29,800유로[20]로 판매되고 있다. 이전에 2005 빈티지의 경우 이보다 가격이 많이 나갔던바, 이는 빈티지에 따라 와인가치와 가격이 상당히 차이가 난다는 의미이다.

끌로 드 부조 와인
루이자도의 2011년산 끌로 드 부조 와인(왼쪽)이다. 소비자가 35만원대이다. 파워풀하고 깊이 있는 꼬뜨 드 뉘 지역의 전형적인 피노누아를 나타낸다. 집중도, 우아함, 꽃의 부케향, 숙성되면서 동물적인 향이 특징이다. 풀바디하며 골격이 단단하다는 평가이다. 18개월 숙성, 20년정도 보관이 가능한 장기저장성을 지닌 와인이다. 부르고뉴에서 가장 넓은 면적을 갖고 있는 지역의 아이콘(네이버; 와인21닷컴)으로 평가된다. 오른쪽 와인은 빈티지가 좋은 2009년산 돔페니뇽샴페인이다.

세계 최고가의 로마네 콩티 와인
2011년 빈티지로 약 3만유로로 한화로 4천2백만원대의 가격을 나타낸다.

19) Clos는 담장을 의미한다. 수도사들이 포도밭의 경계를 그으면서 담장을 만들어 이 명칭이 유래하게 된다.
20) 환율을 1300원 기준으로 하면 38,740,000원이다. 예전에 2005 빈티지가 50,000,000만원선이었던 것에 비하면 가격은 차이가 난다.

본 로마네 와인

알베르 비쇼사가 만든 2005년산 본 로마네 와인이다.

▸ 본 로마네(Vosne Romanee) : 이 지역은 피노누아의 최고봉이라고 칭송 받는 로마네 콩티(Romanee Conti), 라 로마네(La Romanee), 로마네 생 비방(Romanee Saint Vivant, 리쉬부르(Richebourg), 라 타쉐(La Tache), 라 그랑 뤼(La Grand Rue) 등 총 8개의 그랑 크뤼 밭을 갖고 있다.

석회암, 이회암 등의 점토질 토양에 피노누아, 피노리에보, 리노브로가 재배된다. 피노블랑, 샤르도네도 재배된다(두산백과).

피노누아 품종은 알코올 함량이 높은 풀바디 와인으로 복합적인 향이 나타나고 섬세하면서도 부드러운 독보적인 기품 그리고 고급스러운 풍미를 지닌 와인(그랑 라르스 요리백과 ; 네이버)으로 평가된다.

▸ 마르사네(Marsannay) : 레드와인, 화이트와인, 로제와인을 생산하는 유일한 지역이다. 로제와인이 특히 유명하다.

■ 꼬뜨 드 본

꼬뜨 드 뉘 지역에 비해서 와인이 끈적거리며 보통 Jemmy하다는 표현을 한다. 색상도 다소 짙은 뉘앙스를 지닌다. 이 지역은 레드외에도 화이트와인인 샤르도네 품종으로 만든 경쟁력 있는 화이트와인을 생산하고 있다는 특징도 있다.

화이트와인은 특히 샤르도네가 경쟁력 있다. 노란색 사과, 레몬, 바닐라, 헤즐렛의 맛이 난다(Madeline Puckette, 192 : 2015)는 평가이다.

▸ 메르퀴레(Mercurey) : 과일향이 좋다. 색상은 상대적으로 진한 편이다. 풍성한 느낌으로 꼬뜨 드 뉘 지역보다는 탄닌감이 원만하다.

▸ 사샤느 몽라쉐 : 샤르도네의 진수를 보여주는 지역으로 평가된다. 바디감도 있고 금빛의 화이트로 미네랄과 균형감이 좋다. 산도와 아로마와 알코올의 밸런스가 좋다. 최고의 레스토랑에서 만날 수 있는 고급 샤르도네이다. 몽라쉐는 사샤느 몽라쉐(Chassagne-Montrachet)

바로 동쪽에 Pulgny-Montrachet[21])가 위치한다.

- 알록스 꼬르동 : Aloxe Corton은 좋은 피노누아를 생산한다. 레드인 A.O.C Corton과 화이트인 A.O.C 꼬르동 샤를마뉴[22])의 그랑 크뤼를 생산한다. 특급 밭은 완만한 곡선을 그리며 꼬르동 언덕의 높은 곳에 위치한다. 주위를 둘러싼 프리미에 크뤼가 13개 이어진다. 마을명의 일반 포도밭은 낮은 경사면에 위치한다(이정훈 외, 76 : 2017). 토양은 자갈과 석회암으로 이뤄진 북쪽의 마을이다. 추수와 포도 선별은 수작업으로 이뤄진다. 양조는 스테인레스 스틸에서 10일, 오크배럴에서 18개월 숙성되며 저장성은 5~10년으로 평가된다(와인 21 닷컴).
- 뽀마르 : Pommard는 진하고 비중감 있는 피노누아를 생산한다. 이 지역은 중세부터 명산지로 알려져 왔다. 본의 '와인의 꽃'으로 불리웠다. 루이 15세, 빅토르 위고가 사랑한 와인으로 전해진다. 24개의 프리미에 크뤼가 있다(이정훈, 77 : 2017). 꼬뜨 드 본 지역에서 가장 힘찬 와인이며 이 지역 토양이 철분함량이 높은 점토 비율이 높다는 평가이다. 강건하면서 동물적인 풀바디 와인이 생산된다(wine 21.com)는 평가이다.
- 볼네 : Volnay는 피노누아를 주로 생산한다. 프리미에 크뤼가 30개 있다. 여성적이라는 평가를 받는 레드와인을 생산한다.
- 뫼르소 : Meursault는 명성을 지닌 화이트와인의 산지이다. 21개의 프리미에 크뤼가 있다. 이곳은 부르고뉴의 화이트와인의 도시로 명명된다.

알록스 꼬르동 와인

알베르 비쇼사가 만든 2006 빈티지 알록스 꼬르동 와인이다. 프리미에 크뤼 등급이다. 우드, 스파이시 향, 잘 익은 붉은 과일, 부드러운 탄닌, 부드러운 질감과 긴 피니쉬가 지속되는 와인이다. 꼬뜨 드 뉘 와인에 비해 꼬뜨 드 본의 와인은 풍성한 느낌이 있다. 가격은 빈티지별 소비자가 15~20만원대를 형성한다.

뽀마르 와인

루페 숄레의 뽀마르 2005년산 와인이다. 꼬뜨 드 본에서 가장 힘찬 와인으로 평가받는다. 소비자가격은 10~15만원대이다.

21) 풀리니 몽마쉐는 샤샤뉴 몽라쉐와 함께 화이트와인의 명산지이다. 두 지역에 걸쳐 있는 그랑 크뤼 몽라쉐는 세계 화이트와인의 최고봉이라는 명성을 지니고 있다.

22) 샤르도네 와인품종의 화이트와인이다. 샤를마뉴 대제가 즐겨 마셔서 이름이 불리게 되었다.

참고 일본 북해도 와인전문점 소믈리에 추천으로 만나는 피노누아

북해도 삿포로 시내에 위치한 와인전문바인 Commelier에서 일본의 중견 소믈리에를 통해 추천받아 시음한 와인은 Auxey-Duressses의 Clos du Moulin aux moines 2001빈티지였다. 단일소유 포도밭에서 재배한 Monopole와인이다.

현지에서 세금 불포함으로 6500엔 정도에 판매된다. 피노누아가 일반화된 삿포로에서 한국에 비하면 가격은 다소 저렴한 편이다. 빈티지가 올드빈티지로 나름대로 특별한 경험을 하게 되었다. 벨벳 같은 부드러움과 시간이 지나면서 열리는 파워감과 탄닌감이 밸런스를 이룬다. 꽃향과 토지(흙)향도 올라오고 나름 가성비 좋은 벨류와인의 경험이다. 고목에서 발산되는 풍미와 집중도와 농축미도 드러나고 있다.

특히 부르고뉴 시음 리델잔을 제공해 주어서 감흥이 더 하다. 특히 일본 삿포로에서 유명한 북해도의 천연수 워터를 같이 시음할 수 있어서 좋은 기회였고 브뤼치즈, 까망베르 치즈, 바게트 등이 마리아주를 이루는 시간이었다. 일본에서는 물을 시음하는데, 미네랄워터가 다음 와인시음에 필요한 요소로 공급하는 서비스로 시행되고 있는 것을 보게 되었다. 일본의 대도시의 와인 전문 바의 서비스와 와인의 수준과 분위기를 익히는 시간이 되었다.

일본의 중견 소믈리에는 다음 와인을 선택했을 때 밸런스를 중시하는 것 같았다. 무리가 없이 잘 연결되는 밸런스 차원에서의 와인을 추천해 주었기 때문이다. 좋은 경험이었다.

③ 꼬뜨 샤로네즈(Cote Chalonnaise)

이 지역은 온화한 날씨를 보인다. 샤르도네, 피노누아 외에도 알리고테(Aligote)품종이 생산된다. 꼬뜨 본지역과 마꼬네 지역 중간에 위치한다. 알리고테 품종은 르와르지방에서도 생산된다. 높은 산미와 상쾌한 맛을 지닌 화이트 품종이다. 감귤의 향이 많다는 평가를 지닌다. 품질이 좋은 샤르도네로 부르고뉴 이외의 지방[23]에서는 바뀌고 있는 상황이다.

④ 마꼬네(Maconnais)

이 지역에는 샤르도네, 피노누아가 주요 생산된다. 꼬뜨 샤로네즈

23) 동유럽, 우크라이나, 몰도바, 루마니아 등에서 주로 많이 생산된다. 생산량이 프랑스보다 10배는 많다는 평가이다. 불가리아, 러시아에서도 생산량이 증가하고 있다(와인지식연구소 ; 위키피디아).

지역 밑에 위치한다.

⑤ 보졸레

우리에게 와인마케팅으로 잘 알려진 보졸레 누보(Beaujolais nouveau)로 11월 셋째주 목요일 새로운 보졸레 와인이 도착했다며 축제를 즐기는 행사이다. 전 세계에 같은 시간에 행사가 진행된다.

이 지역은 품종이 가메이다. 거의 99%가 레드와인을 생산한다. 특화된 마케팅으로 소비자에게 어필하고 있는 지역이기도 하다. 가메품종인 보졸레 누보 와인은 햇와인의 스타일로 우리나라 김치로 말한다면 겉절이 같은 종류이다. 숙성되지 않은 햇와인을 즐기는 것이다. 그해 수확한 와인을 출시하며 숙성을 위해 압축 탄산가스를 첨가한다. 보통 4일 발효하고 5주간 숙성한다. 루아르 밸리, 나파 밸리에서도 재배된다(두산백과). 색은 약간 진하고 독특한 향취[24]가 나는 품종으로 색다른 느낌을 준다.

5. 샹파뉴

화이트와인이 거의 대부분을 차지한다. 프랑스 생산량의 5%정도이지만 이 지역의 가치는 매우 크고 매출액도 높은 것으로 알려져 있다. 품종은 레드가 피노뮈니에(48%), 피노누아(28%)가 주요품종으로 재배되고 있다. 그리고 화이트품종은 샤르도네(24%)를 차지한다. 적포도 품종이지만 샴페인을 피노뮈니에와 피노누아로 만드는 만큼 화이트와인이 99.8%(마이클슈스터, 2007 : 230)를 차지하고 있는 상황이다.

모에 샹동

논빈티지인 모에샹동 샴페인이다. 피노누아, 피노 뮈니에, 샤르도네 품종이 사용된다. 사과와 감귤향, 씨리얼, 견과향이 감지된다. 밝은 노란색 색상이다. 소비자가는 8만원대이다. 대표적인 샴페인의 브랜드이다.

---

24) 바나나(Banana), 파인애플(Pineapple), 사과(Apple)의 향도 가지고 있으며, Game Bird는 엽조류를 말하는데, 이 새들한테서 나는 약간은 부패한 듯한 냄새를 말한다(허용덕 외, 2009 ; 네이버 지식백과).

(1) 샴페인 개요

샴페인은 프랑스의 샹파뉴지역에서 생산된 스파클링와인을 말한다. 그리고 포도품종, 제조법에 있어서 일정한 기준을 만족시켜야만 명명될 수 있는 와인이다. 북방한계선인 49~50에 위치하며 연평균 기온이 약 10.5이다. 프랑스의 와인 산지로는 가장 혹독한 대륙성 기후의 영향을 받고 있다. 일조량이 가장 좋은 언덕이 사면에 위치한다. 지하에는 수세기에 걸쳐 굴착된 250km 길이의 와인저장고가 있다. 배수가 좋고 미네랄이 풍부한 포도밭이 형성되어 있다(이정훈, 30~31 : 2018).

샴페인은 좋은 수확년도에만 만드는 빈티지 샴페인과 여러 해의 샴페인을 블랜딩한 Non Vintage Champagne이 있다. 전체 샴페인의 3/4을 차지한다. 샴페인의 당분을 보면 Brut(15g/liter 이내 당도 1.5%), ec(17~33g/liter 당도 1.7~3.5%), Demi Sec(33~50g/liter 당도 3.3~5%)이다(이정훈, 33 : 2018).

로랑 페리에 로제와인

1812년부터 생산된 로랑 페리에 로제와인이다. 샤르도네, 피노누아, 피노 뮈니에 품종으로 만들어 졌다. 복숭아 등 과일향이 좋다. 소비자가격 19만원대이다.
NV(non-vintage)와인이다. 밝은 황금색, 미세한 버블, 시트럿, 화이트 플라워, 밸런스가 매우 좋은 여운이 있는 샴페인이다. 뀌베의 의미는 첫 번째 압착에서 얻은 가장 좋은 포도즙으로 만들어졌다는 의미로 최고의 샴페인을 의미한다.

(2) 샴페인의 제조방식

샴페인의 제조에 큰 역할을 한 사람이 바로 돔페리뇽과 뵈브 클리코 여사이다.

돔페리뇽은 강화된 와인병을 사용하였고 포도품종을 블랜딩하였다. 샤르도네, 피노누아, 피노메니에가 주로 사용된다. 피노누아는 레드품종이지만 포도알만을 사용하여 화이트와인인 샴페인[25]으로 제조된다. 그리고 돔페니뇽은 코르크를 사용하여 샴페인의 역사를 획기적으로 만든 장본인이다. 수도사인 그가 한 말은 아직도 유명하게 남아있다. 샴페인을 시음할 때 그는 "내 입안으로 별이 쏟아진다"라는 시적인 표현이다.

Veuve Clicquot Ponsardin(뵈브 클리코 퐁사르당)은 1805년 27살의 나

25) Blanc de Blancs은 샤르도네만으로 만든 샴페인을 말하며 Blanc de Noirs는 피노누아, 피노 메니에(레드품종)으로 만든 샴페인을 말한다.

이에 과부가 되어 평생을 샴페인 제조에 공을 들였다고 한다. 샴페인 제조에서 가장 골치 아픈 찌꺼기 제거방법을 개선한 획기적인 Pupitre[26]를 발명하였다. 그녀는 이러한 공로를 인정받아서 La Grande Dame(라 그랑 담)이라는 칭호를 얻게 된다. 이 회사의 플래그쉽 와인의 이름이 La Grande Dame으로 지어 진 것도 이러한 이유와 무관하지 않다. 다시 말해 리들링(Remuage)기법을 도입하여 샴페인의 기포를 보존(이정훈, 31 : 2018)하게 된 공로를 인정하였다.

돔페니뇽 와인

내 입안에 별이 떨어진다는 아름다운 표현으로 더욱 유명해진 돔페니뇽 2000빈티지 와인

① 제조 순서

■ 수확(Vendange)

포도수확은 9~10월 사이에 진행된다.

■ 압착(Pressurage)

포도의 즙을 내기 위해 압착하는 것을 말한다. 포도 압착기를 통해 포도껍질, 포도줄기, 씨앗을 눌러 포도즙을 내게 된다. 샴페인의 경우, 화이트와인이므로 포도알을 중심으로 압착한다고 보면 된다.

■ 1차 발효(Fermentation alcolique)

포도의 품종과 생산지 그리고 수령에 따라 구분하여 탱크 등에서 발효를 한다.

■ 조합(Awwemblage)

1차 발효하여 얻은 와인을 품종별, 지역별로 테이스팅 한다. 이후 조합을 하게 된다. 추구하는 스타일에 맞게 조합한다.

■ 병입(Tirage)

조합된 와인에 효모와 당분을 첨가하여 병입 한다.

26) 뿌삐트르 : 샴페인 제조 시 2차 발효가 끝난 뒤 병을 거꾸로 세워서 걸어 놓을 수 있게 만든 선반(네이버 지식백과)을 말한다.

■ 병내 2차 발효(Deuxieme Fermentation)

병속에서 효모가 당분을 분해하고 알코올과 탄산가스가 만들어 진다. 이러한 과정을 통해서 발포성와인으로 만들어지게 된다.

■ 병내 숙성(Vieillissement Sur lie)

병내에서 효모가 자기 분해를 하면서 특유의 풍미를 내게 되나 Non Vintage 샴페인은 병입 후 15개월, Vintage 샴페인은 3년간 출하가 금지되고 있다.

■ 리들링(Remuage)

판넬[27]에 병 입구를 아래로 향해 꽂아 정렬하고 5~6주 동안 매일 병을 조금씩 돌린다. 이때 1/8씩 회전시킨다. 그래서 병 측면에 고인 앙금을 병 입구로 모여지게 하는 것을 말한다. 예전에는 일일이 사람의 수작업에 의존해 리들링을 처리했으나 최근에는 자동시스템에 의해 처리되고 있다.

■ 앙금 제거(Degorgement)

병목을 영하 20도의 염화칼슘 수용액에 담가서 병입구에 모인 앙금을 얼게 한다. 이때 마개를 제거하게 되면 앙금, 즉 얼린 찌꺼기가 배출되는 것을 말한다.

■ 보주(Dosage)

와인에 당분을 더한 것을 첨가한다. 당분의 분량에 따라 드라이한 맛과 스위트한 타입까지 결정된다.

■ 코르크 밀봉(Boucharge)

코르크를 끼워놓고 철사로 고정해야 한다.

■ 라벨 부착(Habilage)

27) Pupitre라고 부르는 판넬이다.

와인의 라벨은 에티켓으로도 불린다. 라벨 부착은 샴페인 제조의 최종적인 단계이다.

참고 자세는 언제나 정석으로

인근 고등학교의 요청으로 안양관내의 중학교 선생님들을 대상으로 한 수업 시음회에서 있었던 일이다. 먼저 모임의 마무리 수업을 축하한다는 차원에서 샹파뉴 지방의 유명샴페인인 폴 로저, 브리 리저브(Pol Roger, Brut Reserve)와인으로 처음 시작을 하려고 와인오픈을 설명하는 시간이었다.

샴페인 병안의 공기압은 타이어 공기압만큼 강력하기에 오픈시 주의해야 한다는 말로 시작하였다. 그래서 방향을 사람에게 조준해서는 안되며 공중을 향해야 한다는 말과 함께 병의 코르크를 오픈하기 시작하였다. 병입의 철사를 제거하고 코르크를 누르며 빼려는 순간 갑자기 코르크가 철사가 부착된 상태로 평 소리와 함께 위로 날아가 버렸다. 순간 놀라고 샴페인이 밖으로 분출되었다. 그래도 위로 조준하고 있었고 손으로 급하게 막아서 최소한의 누출이 되었다.

천장으로 발사된 것이 다행스러운 결과였다. 이러한 사유를 시음회에서 같이 참여한 사람들에게 말한 바와 같이 칠링이 충분히 되지 않았고 책상위에 샴페인을 두고 오픈한 것이 아니라 선 자세에서 와인을 잡고 오픈하다 보니 이러한 문제가 발생되었다고 설명하였다. 약간의 부주의가 이러한 해프닝을 발생시켰다. 그러나 다행스러운 것은 자세를 바로 한다는 설명처럼, 갑작스런 상황이었지만 피해와 문제없이 진행 되었고 교육적으로도 가장 실감나는 교육이 되었기에 그나마 다행이었다. 와인은 안정이 중요하고 충분한 칠링이 필요하다는 것을 확인한 귀중한 시간이었다.

참고로 폴 로저는 샤르도네[28] 34%, 피노누아 33%, 피노 뮈니에 33%의 넌빈티지(Non vintage)[29]의 알코올 도수 12.5%의 WS 90점, RP 90점, The Champagne Guide 2011 93점을 수상한 와인이다. 프와그라, 캐비어, 신선한 해산물과 잘 어울린다는 평가(와인 21)를 받고 있는 샴페인으로 소비자 가격은 15만원선이다.

버섯 아로마, 호두 등의 견과류 향, 밸런스가 좋은 와인으로 2011년 영국의 윌리엄 왕자와 케이트 미들턴의 웨딩 샴페인으로 사용되었다. 전 세계에서 가장 대표적인 넌빈티지 샴페인으로 알려져 있다. 이는 스타일과 품질에서 매년 일관성을 유지한 성과로 평가되고 있다. 가문의 전통을 이어가며 1849년 설립 이래로 생산과정 중에 병돌리기인 Remuage를 수작업으로 진행하는 유일한 샹파뉴 하우스로 알려져 있다. 특히 이 와인은 영국의 윈스턴 처칠이 애음했던 유명세를 갖고 있다. 그는 폴 로저에 대해 최고이며 만족한다는 말을 남겼다.

6. 꼬뜨 뒤 론

(1) 지역 개요

론 지역은 프랑스의 남동부에서 아비뇽까지 남북으로 약 200km에 이르는 와인산지이다. 론강이 지역을 흐르고 있다. 북부와 남부로 구분된다. 북부는 더운 여름과 추운 겨울로 대륙성 기후를 나타낸다. 남부는 여름이 더우며 겨울에는 미스트랄(Mistral)을 보이며 지중해성 기후로 겨울에는 상대적으로 비가 많이 오며 여름에는 비가 없는 기후대를 나타낸다.

발레 뒤 론의 포도밭은 해발 250m 정도에서 포도를 재배하게 된다. 고블렛 수형을 사용하여 기계 수확이 어렵다.

꼬뜨 로띠 와인

꼬뜨로티 2004년산 와인이다. 불타는 언덕이란 뜻의 진한 스타일의 시라품종으로 만들어진다. 참고로 오른쪽에는 모레샹드니 피노누아 와인과 최고의 와인 샤토 라투르 2007년산이 보인다. 포이약에 위치한 저장성이 오랜 기간 보장되는 최고의 와인으로 평가된다.

① 북부 지역

■ 꼬뜨 로띠(Cote Rotie)

불타는 언덕이라는 의미를 지닌다. 론 지방 북부의 최고의 레드산지이다. 급경사면에 포도밭이 위치한다. 시라가 주요품종이다. 비오니에도 생산된다. 와인이 강하며 진한 스타일로 론지방의 최고의 시라를 생산하는 명산지이다.

■ 꽁드리유(Condrieu)

이 지역은 화이트 품종인 비오니에를 주로 생산한다. 이국적이며 향기롭고 기품있는 품종으로 평가된다. 화이트와인의 명산지이다.

■ 에르미타쥬

오랜 역사를 지닌 포도밭으로 경쟁력 있는 시라를 생산한다. 강하며 견고한 와인을 만드는 경쟁력 있는 포도밭으로 평가되고 있다.

---

28) 샤르도네는 불어로 Blanc de blancs로 표기된다. 샤르도네 100%로 만든 샴페인도 많다.
29) 특정연도의 포도로 와인을 만든 것이 아닌 여러 해의 와인을 섞어 만든 와인을 넌빈티지 와인이라고 한다.

■ 크로즈 에르미타쥬

에르미타쥬 지역의 세컨드 지역으로 평가된다.

참고 엠 샤푸티에 크로즈 에르미따쥬

블랙 라즈베리향이 좋다. 향신료향이 느껴지며 강한 탄닌감, 로제향이 나타난다. 구조감이 좋고 꼬달리 즉, 피니쉬가 긴 와인으로 소비자가 4~5만원대의 벨류와인이다.

특히 엠 샤푸티에의 좋은 마인드가 느껴지는데, 바로 라벨에 점자표식이다. M. Chaputier는 1991년 시작으로 유기농법에 이은 바이오 다이나믹 농법을 적용하여 포도밭의 포도들을 재배하고 있다. 전 세계의 소수의 바이오다이나믹 농법의 선두주자로 평가되고 있어서 더욱 주목된다.

교황의 와인
샤토네프 뒤 파프 와인

도멘느 데 세네쇼 2012년산 샤토네프 뒤 파프(교황이 아비뇽유수로 인해 이 지역에서 와인을 재배해서 시음한 데로 유래하여 이름이 불림-아버지의 새로운 샤토(성)의 의미) 와인이다. 최대 13개의 품종이 블랜딩되어 복합미와 강렬한 풍미를 주는 강한 스타일의 와인이다.

② 남부 지역

■ 샤토네프 뒤 파프

교황의 와인이라고 불린다. 교황의 아비뇽유수이래 교황의 시음을 위해 만들어진 와인이다. 레드와인의 경우, 시라, 그르나쉬, 쌩쏘 등 총 13개의 품종이 블랜딩된 와인으로 복합미와 농축미가 압도적인 느낌의 밸런스가 좋은 와인으로 평가된다. 스파이시하며 탄닌감도 좋은 와인이다. 전문가들은 이 와인이 한국의 개고기와 잘 어울린다는 평가도 하고 있다.

■ 지공다스

색이 짙고 잘익은 탄닌이 강한 와인으로 평가된다. 그르나쉬를 중심으로 시라와 일부 무르베드르가 블랜딩된다. 오크숙성을 통해 복합미와 와인의 완성도를 높인다. 일조량이 좋은 곳으로 알코올 도수가 14.5% 정도를 나타낸다.

지공다스 와인

2010년 빈티지 지공다스 와인이다. 최근에는 할인매장을 통해 예전 보다 저렴한 가격으로 구매가 가능하다. 일반 소비자가는 5~6만원대이다.

■ 님므(Nimes)

론의 하단 지역에 위치한다. 남부 론 와인의 스타일이다. 시라, 그르나쉬, 므드베드르 품종이 결합된 와인이 인상적이다. 남부 론 포도밭의 특징인 큰 자갈[30]의 토양이 인상적이다. 토양의 영향으로 풍부하고 알코올 도수가 높고 우아한 스타일의 와인을 생산한다.

(4) 품종

론 지역은 생산량의 대부분이 레드품종이 주를 이룬다. 화이트는 약 5% 정도를 차지하고 있다.

(5) 북부 론

① 레드

- **시라**

시라(Syrah)가 주요한 품종이다. 쉬라즈에 영향을 끼친 원조의 시라라 할 수 있다. 세밀하며 강건한 탄닌감을 느낄 수 있다. 구조감도 갖추고 있는 탄탄한 품종으로 밸런스도 아울러 갖추고 있다. 호주의 쉬라즈가 끈끈하고 질감이 있다면 론의 시라는 건조하며 유연한 스타일로 평가된다.

- **그르나슈**

그르나슈(Grenache)는 최근에 더욱 주목받는 품종이다. 알코올 함량이 높다. 기존에는 블랜딩에 많이 사용되었으나 최근에는 독자적으로 많이 출시되고 있다. 스페인에서는 가르나차 품종과 동일하다. 파워감[31]이 있고 커피, 허브향이 감지된다. 감도도 있어서 대중적인 스타일이기도 하다.

---

30) 지중해성 기후의 풍부한 일조량, 열을 흡수하는 자갈 토양은 포도의 숙성을 도와주며 서늘한 밤의 기후는 와인의 향, 생기, 볼륨감을 높여준다.

31) 시라, 므르베드르 같은 품종과 결합시 파워감을 보여준다.이러한 블랜딩 구조를 GSM이라 하며 대체로 이러한 품종의 조합은 와인의 파워감을 느끼게 해준다.

참고 파미유 페랑, 리저브 꼬뜨 뒤 론 루즈

장밋빛의 색을 지닌 풍부한 과일향, 감초향, 꽃향, 커피, 허브 등이 감지되는 페랑 가문(Chateau Beaucastel)의 명성에 맞는 대중적인 벨류와인으로 평가된다. 가격은 3만대이다.

그르나슈 60%, 시라 20%, 무르베드르 20%의 블랜딩이다. 육류와 잘 매칭된다. 페랑가문은 100년을 넘게 가족경영을 해오는 와인명가로 남부 론의 대표적인 와인생산자로 평가된다. 특히 샤토네프 뒤 파프(교황의 와인) 와인이 유명하다. 전통을 고집하는 장인정신과 현대적인 양조방식과 유기농 재배를 결합한 와인제조로 남부 론의 대표주자로 평가된다. 전세계 최고 와인 생산자 클럽인 'Primum Familiae Vini'의 회원사이기도 하다.

② 화이트

비오니에, 마르산느, 루산느, 뮈스카 등이 주요 품종이다.

(6) 남부론

① 레드

그르나쉬, 시라, 까리냥, 생소 등이 주요한 품종이다. 남부의 레드와인 가운데 샤토네프뒤파프는 13개 품종까지 블랜딩하는 것으로 유명하다.

참고 샤토네프뒤파프

교황의 와인으로 통한다. 아비뇽유수 시절 이곳에 온 교황을 위해 근처에 포도밭을 통해 교황의 와인을 만든 것이 와인의 명칭이 되었다. 일반적으로는 그르나쉬, 시라, 무드베드르 세가지 품종이 기본적인 블랜딩의 품종으로 사용된다. 포도밭의 큰 자갈이 형성되어 있어서 일조량이 풍부하게 포도밭에 작용하여 알코올 도수가 높은 와인이 만들어 진다. 일반적으로 14.5~15도의 와인이 만들어 진다. 시음은 빈티지를 기준으로 5~6년 이후 시음하는 것이 권장된다. 즉 저장성으로 인해 와인의 제맛을 위해서는 숙성의 기간이 필요하다는 의미로 보면 된다. 전문가들은 개고기와 잘 매칭되는 와인으로 평가하기도 한다. 프랑스 와인가운데 가성비가 좋은 남부 론의 와인으로 레드커런트, 레드체리, 블랙베리, 스파이시한 향, 라벤더, 정향, 프랑스 남부의 식물인 로즈메리 등의 향이 느껴지며 알코올 도수가 높음에도 밸런스가 좋고 탄닌도 우아한 좋은 와인으로 평가된다. 파워감 있는 강렬한 와인으로 평가된다.

7. 랑그독(Languedoc) 루시용

(1) 지역 개요

기원전 6세기부터 포도를 재배한 것으로 알려진다. 론 강의 하구부터 지중해 연안에 이르기 까지 펼쳐져 있다. 지중해성 기후로 여름에 포도숙성에 좋은 일조량을 제공한다. 최근 포도밭의 확대에 맞춰져 많이 알려지고 있는 산지로 A.O.C 등급외에도 뱅 드 뻬이(Vin de Pay[32) : 지역와인)을 생산한다. 랑그독은 프랑스 최대의 와인산지이기도 하다.

와인의 풍미에서 갸리끄(석회질의 황무지에서 자생하는 식물)가 느껴지는 특징을 갖고 있다는 평가(이정훈, 2017 : 48)를 받는다.

1980년 이후 와인이 알려지면서 벨류와인의 산지로 평가받고 있다.

이곳에서 발포성와인이 세계에서 가장 오래된 역사로 동 페리뇽 수도사의 샹파뉴 와인 즉, 샴페인 보다도 먼저인 100년전에 발견된 것으로 전해지고 있다. 이 스파클링 와인을 전통적으로 브랑께트(Blanqutte)라 한다(이정훈, 2017 : 49).

이 지역은 해외의 와인양조자와 외국인 투자가 이뤄지며 양질의 와인이 개발되면서 가장 흥미롭고 발전적인 와인생산지로 바뀌고 있다. 즉 주

32) 뱅 드 뻬이는 지역의 와인이라는 의미로 해당지방에서 생산되는 와인을 말한다. AOC 와인보다는 등급이 아래에 있는 체계의 와인으로 지방의 특색을 나타낸다. 지역의 품종으로 만드는 현지색이 느껴지는 와인을 말한다.

목받는 와인생산지로 떠오르고 있다. 또한 라벨에 품종을 표시하는 등 프랑스 스타일이 아닌 신세계의 도전적인 새로운 스타일을 표방하는 것이 주목된다.

(2) 주요품종

① 레드

■ 까베르네 소비뇽

남부지방 특유의 벨벳같은 화사한 과일향과 탄닌이 느껴진다. 풍부하며 부드러운 스타일의 까베르네 소비뇽을 생산한다. 라스베리향도 감지된다. 풀바디하며 집중도도 좋은 편이다.

■ 메를로

이 지역의 메를로는 잘 익은 과일향의 아로마가 좋은 품종이다. 카라멜과 건포도가 감지된다.

■ 시라

까베르네 소비뇽과 블랜딩되는 경우도 있다. 딸기향이 느껴진다. 농축미와 무게감을 지닌다. 프렌치 베럴을 통해 숙성미 그리고 오크향과 피니쉬를 길게 갖게 하는 품종이다. 리코리스(licorice)[33] 즉, 허브향이 이곳 시라에서 감지된다.

랑그독루시옹지역에서 시라는 그르나슈 품종과 므드베드르 품종이 잘 블랜딩되어 복합적인 와인으로 만들어진다.

■ 까리냥

산도가 강하고 탄닌이 많고 색상이 진한 고급품종으로 평가된다. 탄

33) 리코리스 (licorice/liquorice)는 장미목 콩과의 여러해살이 풀이다. 지중해 연안과 서아시아가 원산지인 허브(두산백과)로 시라에서 감지된다.

닌이 적은 품종과 블랜딩을 하기도 한다. 프랑스의 랑그독 루시옹에서 많이 생산된다. 전체 생산량의 80%를 생산한다. 포도나무의 활력이 좋고 열매가 많이 열리는 품종이다. 오래된 수령에서 나오는 까리냥은 매우 퀄리티[34]가 좋다. 싹이 늦게 트고 열매는 매우 늦게 익는 지중해성 기후에 적합한 품종이다. 포도송이가 가지에 강하게 매달려 있어서 손 수확이 필요하다. 블랙베리, 블랙커런트, 체리 등 검은 과일향이 지배적이다(네이버 지식백과 ; 와인지식연구소)는 평가를 받는다. 제대로 된 풍미와 맛을 위해서는 오랜 시간 열어놓거나 브리딩을 하면 시음시 부드럽게 테이스팅이 가능하다.

■ 므르베드르

이 품종은 알코올 도수가 높게 나타나는 바디감 있고 약간은 스파이시한 품종이다. 프랑스에서도 상대적으로 더운 지역에서 잘 생산된다. 스페인의 중남부 지역에서 많이 생산되는 모나스테렐이 같은 품종이다. 향후 이 품종에 대해 연구진들은 기후가 온난화되면서 80년 후에는 보르도와 부르고뉴에서 이 품종이 대두될 것으로 전망하기도 하였다. 이미 스페인, 포르투갈, 호주 등 더운 기후의 재배지에서는 이 품종이 활성화되어 있는 상황이다.

■ 그르나슈

랑그독 루시옹 지역에서 그르나슈는 많이 사용되는 품종이다. 최근에 프랑스에서도 높은 관심과 선호도가 증가하는 품종으로 열량이 많고 알코올 도수가 높은 품종으로 평가되고 있다. 지중해 기후대에 있는 이 지역에서 블랜딩 품종으로 사용되어 오는 품종이다.

---

34) 시중에 La Croisade Carignan vieilles vignes 리저브 2017와인은 2만원중반~후반대의 가격으로 가성비가 매우 좋다. 50년 수령의 고목에서 나오는 집중도와 까리냥의 진한 향취가 좋은 벨류와인이다.

② 화이트

■ 샤르도네

밸런스가 좋은 품종으로 이 지역에서 생산된다. 최근 보르도의 도맨 바롱 드 로칠드 라피트 등이 이 지역에서 생산하는 Aussieres 샤르도네의 경우 벨류와인으로 생산되며 프랑스와 외국의 자본력을 많이 투자해서 좋은 와인생산지로 발전해 나가고 있다.

■ 비오니에

무게감이 있고 향이 독특하다. 시트러스, 멜론, 쟈스민, 장미, 살구, 복숭아 향이 감지되는 이국적인 품종이다. 밸런스도 좋다. 원래 북부 론 지역에서 좋은 비오니에가 생산되고 있다.

참고 도멘 드 혼드라 비오니에

Domaine d'Hondrat는 몽펠리에에서 남서쪽으로 차로 50분 거리에 위치한 와인너리이다. 1891년에 4ha로 시작하여 현재 80ha에 이르는 포도밭을 소유하고 있다. 다양한 품종을 식재해서 생산한다. 현재 5대째 가족경영을 하고 있다. 무게감도 있고 향이 밸런스가 좋다는 평가이다. 시트러스, 살구, 복숭아, 장미, 쟈스민, 멜론 향이 감지되는 이국적인 품종이다. 알코올 도수 12.5%로 벨류와인으로 평가된다. 2016년 빈티지의 구입가는 3만원대이다.

■ 그르나쉬 블랑

화이트 품종으로 남프랑스에서 주로 재배된다. 론 지방, 스페인의 북동부에서 많이 재배된다. 허브의 향취가 감지되는 품종이다.

■ 뮈스카

화이트 품종으로 달콤하고 아로마틱한 품종이다. Muscat품종은 스위트한 디저트 와인을 만들 때 많이 사용된다.

■ 마까베오

스페인의 북동부 까달루냐 지방에서 많이 재배된다. 스파클링 와인 Cava의 주요품종으로 사용된다. 스페인에서는 비우라(Viura)로 통용된다. 만생종으로 상대적으로 산도가 낮다. 그래서 산도를 위해서는 조금 일찍 수확하는 방법을 사용한다. 시트러스향이 감지된다. 꽃향, 아몬드의 향(와인지식연구소 ; 네이버 지식백과)도 일부 느껴진다는 평가이다.

8. 프로방스

(1) 지역 개요

론 지역 바로 아래에 위치하며 지중해변에 가까운 와인산지로 레드와인이 주를 이룬다. 방돌의 로제와인이 유명하다. 지중해의 쪽빛 언덕이라는 뜻의 꼬뜨 다쥐르(Cote d'Azur)라고 불리며 아름다운 풍광을 자랑하는 곳이다. 프로방스 로제와인은 그르나쉬, 시라, 생소, 무드베드로 품종으로 블랜딩한 와인이다. 레드품종으로 만든다. 현지에서는 뱅그리(Vin gris)라고 불르는데, 로제와인이지만 회색빛으로 보여서 붙여진 이름이라고 한다.

생산량의 70%가 로제와인으로 많은 생산(네이버 지식백과)을 하고 있고 현지의 해산물 요리와 어울린다. 품종은 레드로 까베르네 소비뇽 등과 화이트 품종으로 소비뇽블랑, 위니블랑, 클라레트 등이 생산된다.

프로방스 와인

프랑스 남부의 와인이다. 유기농 와인으로 까베르네 소비뇽 품종이다. 최근 유럽에서는 소비자 수요에 의해 유기농 와인의 재배가 확대되고 있다.

9. 남서부지역

(1) 지역 개요

이 지역은 보르도의 하단에 위치한다. 프랑스에 숨은 진주와 같은 지역이다. 레드를 중심으로 화이트 생산이 균형 있게 생산되고 있다.

(2) 품종

① 화이트

화이트 산지로 좋은 평가를 받고 있는 꼬뜨 드 뒤라(cote de duras)지역의 소비뇽블랑은 구세계의 부드러움과 향취를 지니고 있다. 대한항공 기내식 일반석의 제공와인으로도 알려져 있는 가성비가 좋은 와인이다.

세미용, 소비뇽블랑, 그로망상, 프티망상, 모작(마이클슈스터, 228 : 2007)등 현지품종 등이 생산된다.

② 레드

까베르네 소비뇽, 메를로, 말벡, 타나트 등이 생산된다. 말벡은 이곳에서는 오세후아(Auxerroir)라는 품종이다. 색이 진하고 탄닌이 많은 특성을 갖고 있다. 타나트는 남미의 우루과이에서 많이 생산되는 품종이다.

참고 몽투스(Montus)

몽투스는 타냐(Tirnat), 까베르네 소비뇽과 블랜딩된 남서부 마디랑(Madiran) 지역의 와인이다. 죽기전에 마셔야할 100대 와인으로 평가되기도 한다. 12~14개월(80%는 뉴배럴) 숙성하며 3~6주 발효기간을 갖는 와인이다. 색이 매우 진하다. 탄닌이 가장 많이 함유된 와인으로도 유명하다. 그러나 부드러우며 알코올 도수 15도를 느끼지 못할 정도의 밸런스가 좋은 와인이다. 탄닌감이 많음에도 매우 원만한 탄닌을 감지하게 된다. 피니쉬가 오래 지속되는 지속성이 좋은 와인이기도 하다.

떼루아가 매우 독특한데 작은 자갈로 형성된 경사면에 포도밭이 형성되어 있다. 숙성 잠재력이 있는 와인으로 현지의 꼬꼬뱅(Coq au vin), 오리, 양고기와 어울린다.

몽투스 와인

2007년산 몽투스 와인이다. 남서부 지역의 와인으로 탄닌감이 좋다. 전체적인 밸런스도 좋은 와인이다. 소비자 가격은 10만원내외이다.

10. 루아르

로제 앙주 와인

로제 앙주 와인 2018년 빈티지 와인이다. 까베르네프랑으로 만들어 진다. 프랑스 파리에서는 7~8천원 정도의 가격이다. 참고로 오른쪽 사진은 보르도 페삭레오냥 지방의 레 오트 드 스미스 2014년 와인이다.

(1) 지역 개요

루아르 지방은 프랑스의 정원으로 불린다. 그만큼 아름답고 세계유산으로 등재되어 있다. 루아르강은 프랑스에서 최장의 길이인 1,000km에 이른다. 생산지역은 뻬이 낭떼, 앙주-쏘뮈르, 뚜렌느, 중앙 프랑스(쌍트르)의 4지역이다. 낭떼와 앙주-쏘뮈르는 대서양의 영향을 받아 해양성 기후, 투렌느와 쌍트르는 대륙성 기후를 나타낸다.

대륙성 기후는 낮의 기온이 높게 오르지만 저녁 이후에는 온도가 내려가서 일교차가 큰 차이를 나타낸다. 해양성 기후는 바다에서 불어오는 온화한 바람이 포도를 숙성시키는 역할을 하며 저녁 이후 바람이 포도를 식혀주는 역할을 하게 된다. 루아르 지방은 위도가 높아 대체로 서늘한 기후대를 형성하는 곳으로 위치하고 있다. 화이트품종을 중심으로 레드품종이 균형있게 생산되고 있다. 루아르는 석회암 토양이 가장 기본적으로 토대를 이루고 있는 지역으로 평가된다.

쉬농 와인

현지 프랑스 캐주얼 레스토랑에서 시음한 쉬농 2014년 빈티지 레게레 와인이다. 까베르네프랑으로 만든 독특한 향취를 지닌 신선한 와인으로 기억된다.

(2) 뚜렌느(Touraine)

이 지역은 루아르의 대표적 와인산지이다.

해양성기후, 대륙성기후를 나타낸다. 뚜렌느의 AOC는 뚜렌느(화이트/레드), 부브레(Vouvray), 쉬농(Chinon), 부르게이(Bourgueil)이다.

부브레는 쉬냉블랑 포도품종으로 만든 화인트 와인을 생산하는 지역이다. 배수력이 좋은 석회암 토양을 지니고 있고 풍부한 칼슘을 함유하고 있다. 포도송이마다 익는 시기가 달라서 여러번의 수확을 통해 익은 정도[35]에 따라 다양한 형태의 와인을 만든다(이정훈, 108 ; 2013)는 평가이다.

35) 당 함유량, 잠재 알코올 정도를 말한다(이정훈, 108 : 2013).

(3) 품종

① 화이트

■ 소비뇽블랑

이 지역의 대표적인 품종이다. 소비뇽블랑은 밝고 경쾌한 품종으로 알려져 있다. 보르도의 소비뇽블랑이 전형적인 특색이라면 루아르의 소비뇽블랑은 좀 더 온화하고 부드러운 느낌을 주는 상대적인 품종으로 인식된다. 그린색, 즉 연녹색을 띤 품종이다.

루아르의 푸이퓌세와 상세르지역에서 생산되는 소비뇽블랑이 유명하다. 푸이퓌세의 소비뇽블랑은 부싯돌의 향과 미네랄이 오래동안 지속된다. 산도도 좋다. 신세계에서 느껴지는 야성적인 느낌보다는 정숙하면서도 깊이있고 은은한 지속성이 느껴지는 성향이다.

부브레 스파클링 와인

■ 쉬냉블랑

부브레(Vouvray)의 쉬냉블랑은 모든 스타일의 화이트와인을 만든다. 발포, 비발포, 드라이, 귀부와인을 포함한 스위트 와인을 만든다. 이 품종은 석회질 토양에서 가장 잘 재배되며 높은 산도로 인해 오랜 숙성이 가능한 품종이다. 신선한 사과, 열대과일 풍미가 감지된다. 귀부와인은 스모키한 미네랄 풍미를 나타내며 숙성시 풍부하고 부드러운 벌꿀 풍미를 나타낸다(이정훈, 2013 ; 108)는 평가이다.

모과향, 아카시아 벌꿀향, 기본적인 산도를 지니고 있다. 강한 자두향이 감지된다. 염소치즈 샐러드, 생선회, 훈제된 생선, 히말라야, 타이 음식과 잘 어울린다는 평가가 있다.

② 레드

■ 까베르네 프랑

앙주의 로제와인 품종으로 사용된다. 이 경우에는 자연적인 당도를 보여주는 로제와인이 만들어진다. 로제앙주의 경우, 프랑스의 3대 로제인 프로방스 방돌와인, 남부 론의 따벨 로제에 포함되는 가치 있는 와인이다.

■ 까베르네 소비뇽

대표적인 레드품종이지만 성숙도가 일정치 않아서 까베르네프랑 보다는 생산이 적은 품종으로 여겨진다. 이 품종은 까베르네 당주와 까베르네 드 소뮈르 그리고 로제 드 루아르를 만들 때 까베르네 프랑을 중심으로 블랜딩된다.

■ 가메

이 품종은 보졸레 지방의 대표적인 품종이다. 햇와인으로 대표되는 보졸레와인을 만드는 레드품종이다. 11월 셋째주 목요일 전세계에서 동시에 오픈행사를 하는 마케팅으로 유명해진 보졸레와인의 품종이다. 숙성된 김치가 아닌 겉절이로 비유되는 품종으로 만든 보졸레누보(새로운 보졸레 와인)는 6개월 이하로 숙성시켜서 출시하고 있다. 나름 독특한 매력이 있는 와인이다.

11. 알자스

(1) 지역 개요

알퐁스 도데의 마지막 수업으로 알려진 알자스 지방은 프랑스의 동북부에 위치[36]하고 있다. 알자스 평야를 기준으로 서쪽에는 보쥬산맥이 펼쳐져 있다. 알자스의 포도밭은 보쥬산맥에서 라인평야에 이르는 구릉성

36) 연평균 기온이 10°C, 강수량이 600~700mm를 보인다. 기온이 상대적으로 서늘하며 강수량은 서안해양성기후에서 보여지는 비의 양이다

산지에 위치한다. 중앙에는 라인강이 흐른다. 포도원이 위치하는 보쥬산맥의 동쪽 경사면은 지각활동과 퇴적 작용에 의해 복합적인 토양이 형성되어 있다. 복합성으로 인해 다채로운 와인이 생산된다는 평가이다. 알자스 와인은 라벨에 포도품종의 이름을 명시하는게 특징이다.

와인병이 마치 독일의 와인병 스타일로 독일에 속했던 역사로 인해 색다른 모습을 보게 된다. 1972년부터 AOC Alsace가 탄생하였다(이정훈, 2018 : 43).

(2) 품종

① 화이트

알자스 와인은 주로 화이트가 주종을 이룬다. 실바너, 샤슬라, 샤르도네, 뮈스카, 리슬링[37], 게부르츠트라미네, 피노그리 등이 있다. 독일 접경지역이다 보니 독일의 영향을 많이 받는 생산지로 화이트 품종인 실바너, 리슬링이 많이 생산되며 좋은 와인이 만들어 진다. 게부르츠트라미네는 중성적인 와인으로 향수라는 명칭으로 화려한 향과 스파이시함을 특징으로 한다.

알자스 게부르츠트라미네 와인

트림바크의 게부르츠트라미네 품종 와인이다. 2014년 빈티지로 이 회사는 1626년부터 와인을 생산해 온 유서가 깊은 회사로 좋은 와인을 생산한다. 중성적인 느낌의 다양하고 화려한 아로마가 감지된다. 소비자가격은 6만원내외이다.

② 레드

피노누아가 대표적인 레드품종이다. 서늘한 지역이므로 피노누아가 잘 생산된다.

---

37) 리슬링은 서늘한 곳에서 잘 자라며 저장성이 매우 좋은 와인이다. 산도와 당도가 가장 절묘하게 결합된 품종이다. 알자스지방에서도 가장 대표적인 화이트품종으로 여겨지고 있다.

(3) 등급체계

① A.O.C Alsace

알자스의 8가지 품종으로 생산한다. 방당주 따르디브, 셀렉시옹 드 그랑 노블도 여기에 속한다.

② A.O.C Alsace Grand Cru

51개의 특정 포도밭에서 고급품종 리슬링, 피노그리, 게부르츠트라미네, 뮈스까로 생산한다.

③ A.O.C Alsace Gremant d'Alsace

로제, 화이트의 크레망을 생산한다. 크레망은 스파클링 와인을 말한다. 로제는 피노누아로 생산하며 화이트는 오세후아, 샤르도네, 피노블랑, 피노그리, 피노누아, 리슬링 품종으로 만든다(이정훈, 2018 : 45).

④ Genti

알자스의 고귀한 포도품종이다. 리슬링, 피노그리, 게브르츠트라미네, 뮈스까 품종 중 한가지 또는 복수 품종을 최소 50%이상을 사용하여 블랜딩하여 만드는 와인이다.

⑤ Vendanges Tardives & Selection de Grains Nobles

방당주 따르디브 셀렉시옹 드 그랑 노블은 게브르츠 트라미네, 피노그리, 리슬링, 뮈스까 등 알자스의 고귀한 포도품종으로 불린다. 손수확하여 만든다. 포도송이가 건조된 시기에 늦수확하여 발효시켜서 만들어서 스위트한 와인이 만들어 진다(이정훈, 2018 : 44~45).

셀렉시옹 드 그랑 노블은 포도알에 보트리티스 시네레아균의 영향으로 높은 천연적인 농축당분을 갖춘 과즙을 형성하여 최상급의 스위트 와인을 생산하게 된다. 선별된 포도로 고귀한 와인이 만들어진다.

파리 몽마르트르 언덕의 카페 레스토랑(프랑스인에게 와인은 그들에게 역사이며 일상의 문화이다).

[고종원교수의 세계와인 문화이야기 _ France]

세계 와인의 자존심

덴마크의 바닷가 작은 마을에 신앙과 봉사를 천직으로 여기며 사랑과 추억을 모두 마음속에만 간직한 채 살고 있었던 마티나와 필리파 두 자매에게 파리의 최고 요리사이자 전쟁으로 남편과 아이를 잃은 바베트가 찾아와 같이 생활하게 된다. 어느날 바베트는 복권이 당첨되어 꽤 많은 돈을 갖게 된다. 두 자매는 복권에 당첨된 바베트가 떠날 것으로 생각했는데 유틀란드에 남아 그 돈으로 두 자매와 친구들을 위해 프랑스 스타일의 호사스러운 식사를 준비하게 된다. 이는 작고하신 가난했던 목사의 탄생 100주년을 기념하기 위한 만찬자리였던 것이다. 이 내용은 영화 '바베트의 만찬'의 줄거리로 19세기 말을 배경으로 한 1987년 아카데미상 외국어영화상을 수상한 작품이기도 하다.

이 영화에서는 프랑스 요리의 진수와 최고의 와인과의 마리아주(mariage : 와인과 음식의 조화)를 보여준다. 바베트는 12명의 만찬을 위해 프랑스에서 최고급 와인과 음식 재료를 구해 요리를 준비한다. 프랑스의 3대 진미인 철갑상어의 알을 소금에 절인 요리인 '캐비아(caviar)', 거위 간 요리인 '푸아그라(foie gras)', '송로버섯(truffle)'이 등장한다. 그리고 1846년산 빈티지인 '끌로 드 부죠(Clos de Vougeot)', '뵈브 클리코 퐁사르뎅(Veuve Cliequot Ponsardin)', '뉘 생 조르주(Nuit-St-Georges)', '아몬티야드(Amontillade)' 등의 와인을 마시며 즐긴다. 그러나 그들이 먹는 요리의 진가도 모른 채 와인을 마시며 즐긴다. 파티가 끝나고 두 자매의 이별의 순간이 되었을 때 바베트는 복권 당첨금이 모두 만찬에 쓰였다고 고백한다. 놀라서 입을 다물지 못하는 자매에게 "예술가는 가난하지 않아요. 자신이 최선을 다하면 사람들을 행복하게 할 수 있으니까요." 부르고뉴 최고의 피노누아 와인인 끌로 드 부죠와 뉘 생 조르주, 샹파뉴지방의 역사성 있는 샴페인인 뵈브 클리코 퐁사르뎅, 스페인 쉐리와인인 아몬티야드 등 최고의 와인들과 세계 3대 음식으로 알려진 캐비아, 푸아그라, 트러플을 요리사인 바베트는 사람들을 행복하게 하기 위해 기꺼이 투자하고 지불한다. 이 영화는 프랑스 사람들의 마인드와 사고의 단면을 보여주는 것이라고 생각한다. 삶의 최고의 행복과 가치를 위해서는 최고의 비싼 요리와 와인을 기꺼이 내놓을 수 있다는 모습을 보게 된다.

프랑스 사람들에게 와인은 문화의 소산이며 자랑거리이자 자존심

프랑스 사람들은 자국 와인에 대한 자부심이 대단하다. 프랑스와인과 관련해서 사업을 하거나 종사하는 사람들을 만나 와인에 대한 평가를 들어보면 프랑스 외의 타국의 와인에 대해서는 테스팅 평가가 평가절하되거나 좋은 평가를 하지 않는다. 거기에는 이유가 있다. 자연과 토지 그리고 기후와 강수량 등 총체적인 자연환경이 반영되어 나타나는 천혜적 자연조건인 떼루아(terroir)*가 무엇보다도 중요한 그들에게 있어서 인위적인 관개수 제공이나 인간의 노력들을 인정하지 않는 그들의 포도재배의 사고와 관념이 반영되기 때문이다. 오로지 자연적인 상황에서 뿌리를 내려 영양분과 물을 공급받아 포도를 자라게 하는 홀로서기를 하는 포도나무만을 인정하는 것이라 하겠다. 아울러 프랑스에서는 세계에서 가장 대표적인 품종들인 세파쥬(Cepages)가 개발되어 전 세계에서 와인의 대표품종으로 자리잡고 수확되고 있다. 프랑스 사람들은 자국의 언어에 대해서도 자부심이 대단하다. 최근에는 프랑스에서 영어사용이 용이하지만 10여년 전만해도 프랑스어를 사용하지 않으면 프랑스의 파리에서도 언어소통이 안되어 어려움을 겪는 것은 다반사였다. 지나칠 정도의 자존심이 그들의 문화이며 와인문화에도 적용되고 있는 것이다. 프랑스인의 경우 해외여행보다는 국내여행을 선호하는데 '바캉스(vacance : 국내여행)'라는 말이 프랑스어이다. 프랑스인들은 자국의 것들을 선호한다. 그래서 여행도 프랑스의 아름다운 해변이나 휴양지에 가서 즐기는 것을 좋아한다. 각 지역의 아름다운 풍광과 유명한 음식 그리고 지역성 있는 와인들을 기꺼이 즐기기에 충분한 이유이기도 하다.

프랑스 사람들에게 와인은 문화의 소산이며 자랑거리이고 자존심이다. 헤밍웨이가 좋아했던 특1급 그랑크뤼 클라세(grand cru classe) 마고(Margaux)를 패전국 독일의 사과를 받아낸 장소로 사용한 것만 보아도 대표적 와이너리가 프랑스의 대표성을 지닌 장소로 인식하고 있는 것이라 하겠다. 프랑스는 카페와 레스토랑 문화의 나라다. 파리에서도 카페에 앉아 대화를 즐기는 사람들을 많이 보게 된다. 특히 노천카페에서 커피, 와인**, 맥주 등 음료를 즐기면서 주위사람들은 아랑곳하지 않고 자신들만의 대화를 즐기는 파리시민들을 보게 된다. 와인이 일상화가 되다보니 점심시간에도 식사시간이 긴 만큼 와인 반병정도를 식사와 함께 하게 되고 음주운전으로 인한 자동차 접촉사고가 자주 일어나기도 한다. 레스토랑에서도 좋은 음식 즉, 미각을 즐기기 위해 정장을 착용하고 예약을 미리하고 방문하는 사람들을 보게 된다.

그들은 좋은 음식과 함께 좋은 와인을 마시는데 삶의 기쁨과 행복을 느끼고 살고 있다. 프랑스인들이 와인을 즐길수 밖에 없는 신념이 있다. 외국에서도 많이 소개되고 인식되어 와인 특히, 레드와인의 소비가 증가한 '프렌치 패러독스(franch paradoxe)'의 발표이다. 프랑스 음식의 양은 화려하고도 많은 편이다. 프랑스인의 동물성 지방섭취는 서구의 미국, 영국, 독일 등의 국가들에 비해 상대적으로 많은 편임에도 불구하고 심장질환으로 인한 사망자가 적고 평균수명도 유럽 국가 가운데서 여성이 84.3세(아이슬랜드 통계청, 2011. 2.자료)로 가장 높게 나타났다. 남성도 77.8세로 천수를 누리는 것으로 알려져 있다(http : //new.nate.com : 서울신문, 2011.7.18).

레드와인에 들어있는 떫은맛을 내는 폴리페놀 성분이 혈중 콜레스테롤의 함량을 낮춰 고혈압과 동맥경화 등과 같은 심장질환을 예방하게 한다는 이야기가 소개되면서 레드와인을 중심으로 소비가 증가하게 되었다. 폴리페놀은 품종, 재배지역, 와인제조 방법에 따라 차이가 있으나 특히 프랑스의 남부지역에서 많은 성분이 포함된 것으로 조사됐다. 남프랑스의 카오르(Cahor)지역이 프렌치 패러독스의 고향으로 알려져 있다. 이 지역은 장수지역으로도 소개되고 있다.

훌륭한 자연환경, 다양한 품종개발, 블랜딩 기술, 철저한 등급 관리 등이 경쟁력

프랑스는 첨단기술과 함께 문화를 수출하는 국가로 와인수출의 증가도 눈에 띄고 있다. 최근 프랑스 와인·주류 수출연합회에 따르면 2011년 주류수출액이 101억 유로(약 14조 8600억원)를 기록했다고 밝혔다. 전년도 86억 유로(약 12조 6500억원)보다 10.5% 증가한 수치이다. 생산지역별로는 보르도와인 수출액 19억 6600만 유로(약 2조 9000억원), 브르고뉴 6억 5000만 유로, 꼬뜨뒤론 3억 1100만 유로 순이다(조선일보, 2012.2.17 : A16면). 자국의 문화수출이 많은 프랑스에서 문화의 중심이 되는 상품으로 와인을 가장 비중있는 상품으로 수출하는 것이다. 수출소비가 큰 미국, 영국, 중국, 싱가포르, 일본 등 전 세계로 수출을 늘려가고 있는 것을 보게 된다.

프랑스 와인의 경쟁력은 훌륭한 자연환경, 포도질병의 퇴치 노력, 다양한 품종개발***, 블랜딩 기술, 새로운 와인제조기술 개발, 철저한 등급 관리 등이라 할 수 있다. 프랑스 사람들은 미각에 민감하다. 그래서 와인은 이들에게 벗이자 기쁨의 원천이 되고 있다. 정신적인 안정과 휴식을 제공하는 역할을 해왔다. 프랑스 문인들과 시인들에게 와인은 영감의 원천이기도 했다. 샤토 마고(Chateau Margaux), 샤토 라피드 로칠드(Chateau Lafite-Rochschild), 샤토 라투르(Chateau Latour), 샤토 오브리옹(Chateau Haut-Brion), 샤토 무통 로칠드(Chateau Moton-Rothschild) 등 보르도의 세계최고의 특1등급 와인이 상징이며 비중이 높은 프랑스에서 최근 생활양식의 거품이 줄어드는 생활을하는 젊은 층은 소형차, 간소한 결혼식, 활성화된 벼룩시장을 이용하고 와인의 소비보다도 맥주(la biere) 소비를 선호하는 변화가 보이고 있는 바 이는 프랑스의 내부적인 도전이기도 한 점을 인식해야 할 것이다.

프랑스는 국내에서도 소팩사(프랑스농식품진흥공사) 등을 통해 자국와인을 알리기 위해 최선을 다하고 있다. 보르도 그랑크뤼 시음회, 론 와인시음회, 알자스 와인시음회, 소팩사 한국소믈리에 대회 등 전문가와 관련업체를 대상으로 마케팅과 홍보활동을 펼쳐가고 있다. 프랑스 특유의 적극적이고 효과적인 마케팅활동과 전략은 특히 프랑스 와인에 동반된다는 점에 주목해야 할 것이다.

1976년 파리의 심판의 결과는 미국의 승리로 프랑스에 예상 외로 패배를 안겨주었다. 그러나 30년이 지난 후에 재대결에서도 프랑스의 완패였다. 그럼에도 불구하고 프랑스 와인이 세계 최고의 와인생산국가이며 대표국가라는데 이견을 두는 사람은 없다. 그만큼 프랑스 와인은 세계최고의 상품으로 자리 매김 하고 있는 것이다.

'바베트의 만찬' 영화를 통해서 최고의 와인과 요리가 준비되는 가치 있는 만찬이라면 주저하지 않고 기쁜 마음으로 많은 돈을 투자 하는 마인드, 프랑스인의 와인에 대한 철저한 자부심, 천혜의 조건인 프랑스만의 떼루아, 프랑스의 격식 있는 레스토랑과 자유로운 카페 문화, 프랑스 레드와인의 신비한 효능을 알리게한 프렌치 패러독스의 개념과 인식, 프랑스 와인의 수출 경쟁력, 프랑스 신세대의 와인에 대한 태도와 변화 등이 프랑스 와인문화의 현재 모습이라고 얘기할 수 있다.

* 프랑스 토양은 수세기~수백세기에 걸쳐 만들어진 지역의 소산물로 특히 독특하고 특별한 것이다.

** 프랑스인들은 1인당 61리터의 와인소비를 한다. 1인당 와인소비가 룩셈부르크 다음으로 많다. (http : //100.naver.com)

*** 프랑스의 재배품종은 130개 정도에 이른다. 위니블랑, 샤르도네, 소비뇽블랑, 세미용, 뮈스카데, 쉬냉블랑, 리슬링, 카리냥, 그르나슈, 메를로, 까베르네쇼비뇽, 쉬라, 가메, 쌩쏘, 피노누아 등 레드와인의 종류도 다양하다.

출처 : HOTEL & RESTAURANT 2015.03.

Italia

trentino-alto
adige
valle
d'aosta
lombardy
friuli-venezia
giulia
veneto
piedmont
liguria
emilia-romagna
tuscany
le marche
umbria
abruzzo
molise
lazio
puglia
campania
basilicata
sardegna
calabria
sicily

1. 와인 개관

이탈리아는 오랜 전통을 지닌 와인생산국이다. 로마시대부터 와인을 정복한 지역에 전파할 정도로 와인은 고대시대에도 그들에게 있어서는 필수품이자 중요한 식사의 주요한 부문으로 자리잡고 있었다고 해도 과언이 아닐 것이다. 무엇보다도 이탈리아 와인의 특성은 지역마다 다른 다양한 품종으로 여겨진다. 그래서 와인의 다양성을 추구하고 선호하는 사람들에게는 이탈리아 와인은 가장 가치있는 연구와 시음의 대상이 된다고 하겠다. 연중 기후가 좋고 따사로운 이탈리아는 지중해 기후의 전형이다. 여름철에 비가 거의 오지 않아서 포도 숙성에 좋다. 일조량도 많고 적절한 일교차로 인해 산도가 잘 형성된 와인을 생산하게 되는 천혜의 기후를 형성하고 있다.

이탈리아는 삼면이 바다인 반도국가이다. 아펜니노산맥이 이탈리아를 이어주고 있다. 수많은 토착품종이 있는 나라로 다양성이 특징이다. 전세계 와인생산량의 1/4을 차지한다. 와인생산의 4000년 역사가 지닌 만큼 전통과 자부심이 크다. 로마제국의 1400년 통치를 통해서도 세계에 와인을 전파한 것도 이탈리아의 역할과 와인과의 연계성은 너무나도 크다고 하겠다.

2. 와인생산의 특징

전국토가 와인을 생산하는 지역이다. 특히 베네토, 토스카나, 피에몬테 지역이 가장 주목 받고 중요한 지역이다. 아울러 최근에 부각되어 온 동부의 마르께, 아부르쪼, 남부 뿔리아 와인이 주목받고 있다. 시칠리아 지역와인도 전통적으로 잘 알려져 있다. 국토의 전역에서 와인이 생산되는 것도 이탈리아 만의 특징이고 강점이라고 할 수 있다.

3. 와인의 전통

로마시대부터 유럽지역에 와인을 전파한 나라로 와인의 기술력도 전통과 함께 지닌 곳이다. 현대에 와서는 1960년대 이후 발전하였다는 평가를 받고 있다. 예전에도 지방별로 알려진 와인을 생산해 온 전통을 갖고 있다.

이탈리아 와인이 본격적으로 세계에서 주목 받고 자리매김한 것은 1980년대에 들어서이다. 이탈리아 와인 법률이 제정되고 질 좋은 와인이 많이 생산되기 시작한 것이다. 1990년대에 들어서 그동안 크게 주목 받지 못했던 이탈리아 와인이 전통적인 제조 방식에서 새로운 변화[38]를 맞으면서 세계 무대에서 주목을 받고 좋은 평가와 함께 수출도 늘어나는 상황이 되었다. 특히 미국[39]에서 이탈리아 와인의 수입이 커지면서 수출이 본격화되기 시작하였다.

38) 이탈리아 와인은 전통적인 품종인 산지오베제로 생산을 해왔다. 외부 세계의 평가는 별다른 특징이 없는 와인으로 평가되었고 큰 주목을 받지 못하였다. 그러나 프랑스의 품종 까베르네 소비뇽, 메를로, 까베르네 프랑 등 국제화된 품종을 심고 기존의 산지오베제에 블랜딩 함으로서 새로운 와인을 탄생시켰다. 경쟁력을 갖춘 블랜딩으로 세계의 전문가들에게 토스카나 와인의 경우, 슈퍼 토스카나(기존에 생각했던 토스카나 와인이 아닌 새로운 느낌과 경지에 오른 와인으로 재평가)로 명명되게 된다.

39) 미국에서 와인소비가 큰 국가로 이탈리아 와인에 대한 평가가 달라지면서 수입이 많이 되었고 소비도 증가하게 된다. 한편 미국의 나파 밸리에 정착하여 성공한 로버트 몬다비(미국 와인산업의 아버지로 불리움)도 이탈리아에서 이민와 미국에 정착, 와인산업을 하나의 예술산업의 가치로 올렸으며 와인산업에 많은 기여로 존경받는 인물이다. 이러한 이탈리아와 관련된 차원에서 미국에서는 이탈리아 와인에 대한 긍정적인 평가를 갖고 있다.

4. 새로운 시도

이탈리아 와인이 1990년대 세계시장에서 주목받고 와인의 경쟁력을 인정받게 된 것이 기존의 이탈리아 와인체계 DOCG 룰에 어긋난 와인생산, 즉 슈퍼 토스카나의 출현이다.

(1) 와인체계

이탈리아는 전통적으로 고집스럽게 현지품종인 산지오베제만을 생산하는 것을 인정하여 왔다. 즉 최고등급인 DOCG등급을 받기 위해서는 전체 품종의 100%를 산지오베제로 만들어야만 등급인정을 받을 수 밖에 없던 상황이었다.

(2) 슈퍼 토스카나

1980년까지 크게 주목 받지 못한 이탈리아 토스카나 와인은 1990년대 새로운 변신을 시도하게 된다. 국제화된 품종인 까베르네 소비뇽, 메를로, 까베르네 프랑 등의 품종을 산지오베제와 블랜딩하여 경쟁력 있는 와인을 출시하게 된다. 사시까이아, 오르넬라이아, 티나넬로, 솔라이아 등이 이러한 대표적인 슈퍼 토스카나 와인이다. 사람들은 시음하면서 기존의 밋밋하고 평범했던 토스카나 와인에서 슈퍼맨처럼 강력하고 복잡하고 변화무쌍한 새로운 와인에 놀라 '슈퍼 토스카나'라는 말을 하게 되면서 소위 슈퍼 토스카나라는 와인이 출시되고 많이 알려지게 된다.

1970년대 토스카나주 볼게리 지역에 일부 와인회사들이 이탈리아의 토착품종과 전통적인 양조방법에서 벗어나 프랑스 보르도지역의 포도를 재배하고 현대식 양조방법으로 개발한 와인인 슈퍼 토스카나는 이탈리아 와인의 혁신으로 평가된다. 슈퍼 토스카나(수퍼 투스칸)는 전통과 규정을

사시까이아(Sassicaia) 와인

수퍼투스칸의 대표적인 와인 사시까이아 2010년 빈티지 와인이다. 숙성기간을 기다려 시음하는 것이 제대로 된 맛과 향을 평가할 수 있는 와인이다.

볼게리 지역의
오르넬라이아 와인

레 세레 누오베 델 오르넬라이아 2015년산 와인이다. 오르넬라이아 와인도 여러 종류가 있지만 상대적으로 좋은 와인이다. 수퍼투스칸의 전형인 와인으로 평가된다.

무시하고 생산자의 뜻에 따라 프랑스의 주요품종들을 블랜딩하여 만든 양질의 와인으로 등급이 와인의 가치에 비례하지 않는다. 현재는 와인등급으로 3등급에 해당하는 IGT에서 DOC와 최고등급인 DOCG로 승격하는 와인들이 많다. 주요 와인들은 다음과 같다.

① 사시까이아

까베르네 소비뇽 85%, 까베르네 프랑 15% 블랜딩으로 처음에는 DOCG등급을 받지 못했으나 와인의 경쟁력으로 말미암아 후에 최고의 와인[40]으로 불리며 등급도 받게 되었다. 이 와인은 오랫동안 숙성 후 마셔야 제 맛이 나는 와인으로 그랑크뤼 글라세의 경쟁력을 갖춘 와인이라고 할 수 있다.

② 오르넬라이아

까베르네 소비뇽 75%, 나머지는 까베르네 프랑, 메를로가 블랜딩[41] 되었다. 2005년 이후 피렌체 출신 귀족 가문이 운영하는 프레스코발디가 오르넬리라이아 와이너리의 단독 오너가 되었다. 오르넬라이아는 사시까이아에 이어서 1980년대 출시 후 명품의 대열에 오르게 된다.

와인스펙테이터에서도 10년간 평균 점수 94점 이상을 획득하며 세계적인 와인 아이콘으로 자리잡았다는 평가이다. 이 와이너리의 역사는 다음과 같다.

피에로 안티노리의 동생인 로도비코 안티노리에 의해 볼게리의 북쪽 땅을 어머니에게 물려 받고 테누타 델 오르넬라이아(Tenuta dell'Ornellaia)를 설립하고 1985년에 출시하였다.

40) 1978년 영국의 와인잡지 '디켄터'가 주관한 명품 보르도와인 시음회에서 사시까이아 1972년 빈티지 와인이 보르도 그랑크뤼 등 11개 국가의 최상급 와인 33종 가운데 1위를 차지하여 세계적인 명품의 반열에 오르게 되었다.

41) 빈티지에 따라 다르다. 2015년 빈티지의 경우, 메를로 54%, 까베르네 소비뇽 17%, 까베르네프랑 10%, 쁘띠 베르도 9%이다. 15개월 오크숙성, 12개월째 블랜딩 후 3개월 오크숙성, 6개월간 병 숙성을 거친 후 출시한다. 야생베리, 진한 과실풍미, 스파이시한 발사믹 노트가 감지된다. 풍부한 미네랄, 벨벳의 탄닌감, 탄탄한 구조감이 좋은 빈티지인 2015년산을 나타낸다는 평가이다. 소비자가격은 현지가격 기준 16만원대이다.

③ 솔라이아

까베르네 소비뇽 75%, 산지오베제와 까베르네 프랑이 블랜딩 되었다. 1978년 피에로 안티노리에 의해 솔라이아(Solaia)가 출시되며 알려지게 되었다.

④ 티나넬로

산지오베제 80%, 까베르네 소비뇽, 까베르네 프랑이 블랜딩 되었다. 피에로 안티노리에 의해 1971년 티나넬로가 출시되며 성공을 거둔다.

다른 슈퍼 투스칸에 비해 티나넬로(Tignanello)는 토착품종 산지오베제의 비율이 매우 높다. 삼성의 이건희 회장이 즐겨했고 전경련 만찬에서 사용되어 더욱 알려진 와인이다.

⑤ 마세토

특이하게 메를로 100%로 만들어진 와인이다. 피에로 안티노리의 동생인 로도비코 안티노리에 의해 테누타 델 오르넬라이아가 설립되고 1985년에 출시하게 되었다. 이 당시 로도비코는 나파지역의 농학자인 안드레 체리스체프를 영입하여 토양을 분석하고 노력하였다. 그래서 보르도 품종보다도 우수한 포도를 수확하였다고 한다. 이때 메를로를 심은 곳은 품질이 최상으로 다른 포도들과 섞지 않고 메를로 단일 품종으로 만들어진 것이 전설의 와인 마세토(Masseto)로 전해진다(비노클럽 뮈지니 블로그).

⑥ 기타

슈퍼 투스칸은 많은 종류가 있다. Modus, Vogorello 등 많다. 산지오베제를 중심으로 프랑스 품종이 블랜딩되거나 프랑스 품종 중심으로 블랜딩된다. 빈티지에 따라 달라질 수 있다. 프랑스 오크를 사용하여 전형적인 프랑스 스타일을 추구한다. 가성비로 분석하면 오히려 프랑스의 그랑크뤼 클라세보다 우위에 있다고 평가하고자 한다.

가성비 좋은 슈퍼 투스칸 모두스 와인

생산자는 루피노이다. 산지오베제를 중심으로 까베르네 소비뇽, 메를로를 블랜딩하였다. 방법이란 의미의 Modus이다. 담배, 향신료, 체리, 딸기, 베리향이 지속되며 숙성 잠재력이 있다는 평가이다. 소비자가격은 13만원대이다. 나침판은 포도, 태양, 나무, 토양, 시간의 균형을 표현한다고 한다.

슈퍼 투스칸 매그넘(1.5리터) 사쏘 알 포지오 와인

매그넘 사이즈는 1.5리터로 숙성되면 복합미와 전체적인 밸런스가 향상 된다는 평가를 받는다. 2004년 빈티지로 사소 알 포지오 와인은 매그넘 사이즈에서 좋은 와인의 성능이 기대된다.

참고 마리아주(Mariage)

이탈리아 와인은 이탈리아 음식과 시음시 가장 맛있다고 평가된다. 이탈리아 와인의 상대적으로 높은 산도가 이탈리아 음식과 잘 결합되어 좋은 평가를 받게 된다. 화이트는 에피타이저 음식과 해산물과 잘 결합된다. 레드와인은 스파게티, 피자 그리고 스테이크와 잘 매칭된다는 평가를 받는다. 물론 스파게티는 화이트와인과도 잘 매칭된다.

5. 지역별 고찰

(1) 이탈리아 테루아

① 전반적 기후

북부는 겨울이 춥다. 반면에 여름은 태양이 뜨거워 포도재배에 최적인 날씨이다. 남부는 겨울이 포근하고 여름에는 덥다. 남부는 전형적인 지중해성 기후를 보인다. 그래서 여름에는 비가 거의 오지 않아서 포도재배와 숙성에 가장 이상적인 날씨이다.

② 토양

이탈리아는 토양이 전국에 다양하게 펼쳐있다고 하겠다. 북부에는 알프스 빙하에 의한 퇴석토가 분포한다. 남부에는 에트나화산지대가 위치하여 와인이 강하고 진한 영향을 포도에 미쳐 강렬한 스타일의 와인이 재배된다.

③ 토착품종

이탈리아는 1,000종이 넘는 포도품종이 산재(은광표, 연세대 : 2006)한다. 그만큼 오랜 역사와 전통을 지니고 있는 것이 이탈리아의 와인역사이다. 특히 토착품종이 많다. 그만큼 전역에서 재배되며 토양에 맞는 포도가 심어져 왔다는 평가를 받는다. 이러한 것이 이탈리아의 경쟁력이자 다양성으로 평가하고자 한다.

이탈리아 와인은 전 지역에서 모든 국민들이 와인을 하나의 일상으로 여기고 재배하고 즐기는 상황이다. 시골의 경우, 집에서도 와인을 직접 담가 숙성하고 시음하고 있을 만큼 와인은 삶의 일부분으로 보인다. 그래서인지 이탈리아 와인은 편안한 느낌이 든다(은광표, 2006)는 평가가 있다.

(2) 피에몬테

① 지역 개관

피에몬테는 발치와 산의 합성어이다. Pie(발치)와 Monte(산)의 합성으로 산발치의 의미이다. 고도 200~400m로 형성된 지역이다. 프랑스 부르고뉴의 지역과 흡사하다.

② 기후

여름 기후는 지중해성 기후대이다. 겨울은 한랭한 대륙성 기후를 나타낸다. 지역의 타나로강이 흐른다. 이 강은 여름철 더운 열기를 완화시키며 가을철 안개를 형성하는데 역할을 하고 있다.

③ 토양

알칼리성의 이화토 진흙토양(Marly Clay Soil)으로 되어 있다(은광표 : 2006). 이는 주요품종인 네비올로와 바르베라에 맞는 토양이다.

④ 품종

- 레드

네비올로가 가장 대표적인 품종으로 최고의 평가를 받는다. 다음으로는 바르베라가 우선적으로 평가된다. 이어서 돌체토 품종이 있다.

▸ 네비올로 : 안개라는 의미를 지닌 품종이다. 피에몬테 언덕의 자욱한 안개(Nebbia)에서 포도를 수확했다고 해서 붙어진 이름이다. 피노누아처럼 재배하기가 어려운 품종으로 알려져 있다. 배수가 잘되는 석회암 토양, 햇빛을 받기 좋은 남향의 경사진 언덕에서 잘 자라는 품종이다.

탄닌이 풍부하다. 알코올함양이 높다. 장기숙성시 최고의 향과 맛을 감지할 수 있다는 평가이다. 산도도 높다. 즉 저장성을 지닌 와인이다. 탄닌과 산도가 풍부하며 장미, 담배, 타르 향이 특징이다. 부드럽고 우아한 와인으로 주목받고 있다.

모스카토 다스티 와인

토르라스코 모스카토 다스티 2016년산 와인이다. 피에몬테주의 아스티 지방의 모스카토 품종으로 만든 이국적인 과일향과 청량감이 좋은 약발포성을 지닌 와인으로 인기가 높다. 연인들의 와인으로도 알려지고 있다. 현지 소비자가격이 3만원대의 밸런스가 좋다. 꿀, 스모크, 오크, 바닐라, 타바코, 시트러스 레몬향 등이 감지된다. 모스카토 다스티 가운데에서는 상위 10%선에 위치한다. 2016년은 이 지역에서 좋은 빈티지로 평가된다. 상대적으로 프랑스에 비해 빈티지는 많이 강조되지 않는 것이 이탈리아 와인이다.

■ 화이트

모스카토, 코르테제, 아르네이스 품종이 주요품종이다.

▸ 샤르도네 : 랑게에서 생산된다. 강렬한 볏짚의 노란색으로 열대과일향과 감귤류, 자몽, 꿀, 바닐라 등이 느껴진다. 산도가 신선하며 전체적으로 부드럽다는 평가이다.

⑤ 주요지역

주요지역인 명칭 자체가 와인을 의미한다. 바롤로 지역은 지역이름이지만 와인을 의미하는 지역이며 와인명으로 보면 된다.

■ 바롤로

▸ 테루아 : 피에몬테의 최고의 네비올로를 생산하는 지역으로 최고의 와인이라고 할 수 있다. 11개 마을로 구성된다. 네비올로 품종가운데 가장 남성적인 와인으로 평가된다.

바롤로는 계곡을 중심으로 서쪽의 Central Valley는 중세기 백악기의 석회암으로 되어 있다. 특히 이 지역은 아침에 해가 좋은 지역이다. La Morra, Barolo지역이 이곳에 속한다. 동쪽지역에 비해 상대적으로 여성적이다.

계곡을 중심으로 동쪽 세라룽가 밸리는 사토 화강암과 철분을 지닌 지역이다. 지역에 따라 다양성이 존재하는 곳이다. 강한 바디감과 구조를 보여주는 지역이다.

바롤로는 전통적으로 침용기간이 길고 6천리터의 큰 오크 배럴을 사용하여 숙성이 길었으나 작은 오크 배럴을 사용하여 빠른 숙성을 하는 혁신적인 방식을 통해 국제적인 스타일에 부합하는 성향으로 변모하고 있다(은광표 : 2006)는 평가이다.

참고 에센제(ESSENZE) 바롤로 2013

생산자는 테레다비노로 네비올로 100%로 만들어졌다. 그동안 Decanter Silver Medal, Wine Spectator 92점, Gambero Rosso 3 Glasses, Korea Wine Challenge Silver Medal 등을 수상하였다. 에센제는 최고 품질의 포도로 블랜딩하였다. 바롤로의 라볼타, 노벨로의 라베라, 카스틸리오네 팔레토지역의 몬타벨로와 스카로네, 몬포르테 지역의 부시아, 라모라지역의 아눈지아타의 6개 지역의 초고급 포도밭에서 생산된 포도중 가장 좋은 것을 소량으로 선별하여 만들어 균형감[42]이 좋다는 평가를 받고 있다. 숙성의 잠재력도 지니고 있다. 중후하며 피니쉬가 긴 여운을 준다. 제비꽃향, 담배향, 자두향, 딸기향, 아몬드 등이 감지되는 복합적이며 강한 바디를 지닌 훌륭한 와인이다. 할인가로 7~8만원대 이상에 구매해야 한다.

바롤로 와인

바롤로 와인은 네비올로품종으로 만든 최고의 와인으로 평가된다. 두체사 리아 바롤로 2003빈티지이다. 저장성과 힘찬 탄닌이 특징이다. 최근에는 바롤로도 대중화된 가격의 와인이 출시되고 있다.

바롤로 와인

리바 로카 2007년산 와인이다. 14.5%를 나타낼 만큼 강하고 힘찬 네비올로의 뉘앙스를 느낄 수 있는 이탈리아 최고의 와인이다. 상대적으로 높은 산도, 강한 탄닌, 감초, 오크, 담배, 커피향이 감지되며 밸런스가 좋고 피니쉬가 길다. 소비자가격은 20만원대이다.

---

42) 바롤로를 구성하는 다양한 지역에서 최고품질의 네비올로를 블랜딩하였기 때문이라는 평가이다. 지역적인 생산방식에 따라 블랜딩되어 최고의 바롤로를 만들게 되었고 전통방식임에도 풍성한 과일향, 최고의 밸런스를 갖추게 된 고품질 바롤로로 평가된다.

바르바레스코 와인

바르바레스코 2010년산 콜리나 델 솔레 와인이다. 바르바레스코는 바롤로가 남성적으로 힘찬 와인이라면 여성적으로 우아한 와인으로 평가된다.

이탈리아 가비 와인

반피사가 만든 가비(DOCG 등급)와인 품종은 꼬르떼제이다. 가볍고 화사한 스타일이다. 참고로 왼쪽은 뉴질랜드 말보로 지역(남섬)의 바비치 피노누아 와인이다.

■ 바르바레스코

네비올로 품종으로 만든 여성적이고 우아하다는 평가를 받는 지역와인이다.

피에몬테 와인의 여왕으로 불리운다. 지역이 바롤로 지역보다 따뜻하고 건조한 기후이다. 바롤로 보다 낮은 지역으로 북동쪽 10마일 정도 위치한다. Alba, Barbaresco, Nelve. Treiso 4개의 꼬뮌으로 구성된다.

- ▸ 테루아 : 석회질의 이회토(Calcareous Clay)로 구성되어 있다. 신생대 제3기의 토양(은광표 : 2006)이다.
- ▸ 특징 : 와인은 부드럽고 향이 풍성하다. 간혹 네비올로 품종에 바르베라가 소량 블랜딩 되는 경우도 있다. 바롤로의 형제로 불리우기도 한다. 안젤로 가야[43], 피오 체사레, 라 스피네타와인이 유명하다.
- ▸ 아스티 : 이탈리아 수출의 견인차 와인으로도 알려져 있다. 우리나라에서 특히 모스까토 다스티 와인[44]은 수입이 가장 많이 되고 있는 것으로 알려져 있다. 스위트하며 알코올 도수도 5.5~7도 정도를 나타내는 약 발포성 와인이다. 디저트로 잘 어울리는 연인의 와인으로도 잘 알려져 있다.
- ▸ 가비 : 꼬르떼제[45]라는 품종으로 만드는 와인지역이자 와인명칭이다. 산도가 적절한 에피타이저 스타일의 식전주이다. 봄철 야외에서 가볍게 따스한 봄의 정취와 함께 잘 어울리는 와인으로 알려져 있다. 미네랄, 흰꽃향이 감지되는 품종이다.
- ▸ 브라께토 다퀴 : 모스까토 다스티와는 색감도 다르다. 로제 스타일의 스위트한 약발포성 와인이다. 천연 과일향인 모스까토 다스티와는

---

43) Angelo Gaja와인은 2002년 와인을 만들지 않았다. 수확을 포기 하였기 때문이다. 피에몬테 전역에 우박이 와서 포도수확을 포기하고 좋은 와인을 지향하는 안젤로 가야는 와인출시를 포기하기로 한 것이다.

44) 연한 금빛의 옐로우 컬러색이다. 플로럴 향과 달콤한 꿀향, 머스크향, 달콤한 미감과 풍성한 아로마가 특색인 약발포성의 디저트 와인(에피타이저도 좋다)이다.

45) 피에몬테의 가비(Gavi) 지역에서 이 품종으로 생산되며 가비와인으로 불린다.

달리 딸기, 체리 등 붉은 과일향과 장미 등의 꽃향이 상대적으로 나는 에피타이저 또는 디저트로 적절한 와인이다. 알코올 도수도 6~12도로 일반적인 와인보다는 낮다.

- 랑게 : 피에몬테(Piemonte)[46]는 산자락, 산기슭이라는 뜻이다. 피에몬떼 중앙부 남쪽에 따나로(Tanaro)강이 흐른다. 주변에는 200~500m의 낮은 구릉이 이어지는데, 바로 여기가 랑게(Lange)지역으로 신이 조성한 완벽한 와인산지라고 평가한다. 이곳은 좁은 길과 집과 마을 터를 빼고는 온통 포도밭이다. 그림 같은 풍광을 지닌 지역이다(손진호, 2018 : 186).
- 바르베라 달바 : 이곳은 달바지역으로 바르베라 품종을 생산한다. 바르베라는 피에몬테에서 네비올로 다음으로 인지도가 있고 생산이 많이 되는 품종이다. 특히 달바지역의 바르베라는 풍성한 느낌을 주는 야성적이며 강렬하고 바디감도 무거운 품종으로 이곳에서 생산된다.
- 바르베라 다스티(Barbera D'asti) : 아스티 지역은 달바 보다는 정갈하며 섬세한 뉘앙스를 주는 지역으로 바르베라를 달바와 함께 잘 생산하는 지역으로 알려져 있다.

우리가 선호하는 모스카토 다스티 와인이 생산되는 아스티 지역에서 생산되는 바르베라 품종의 와인을 말한다.

바르베라 다스티 와인

2007년산 바르베라 다스티 수페리오레 와인 사진으로 바르베라 품종은 야생적이며 산도도 좋다. DOC등급이다.

(3) 토스카나

① 테루아

토스카나의 토양은 복합적이다. 자갈, 라임스톤 그리고 진흙질 토양

46) 피에몬테는 겨울은 춥지만 여름과 가을은 길고 온화하여 포도재배에 적합하다. 특히 알바와 아스티를 중심으로 남부지역에 포도나무가 밀집되어 있다. 대부분의 지역에서 널리 자란다. 네비올로, 바르베라 중심의 레드품종과 아르네이스, 가비 등 화이트와인이 유명하다. 바르베라는 높은 산도와 부드러운 탄닌의 대중적인 레드와인을 생산한다(손진호, 2018 : 186).

이다. 로마에서도 토스카나는 약 250km의 북쪽에 위치한다. 포도밭은 500~700m 고도에 위치한다. 여름이 길고 건조하다. 이는 포도재배에 필요한 일조량이 많고 건조함은 포도를 잘 숙성시키는 기후대를 형성한다는 의미이다. 포도가 자라는 성장시기에 다소 비가 부족한 편이다. 피에몬테에 비해서 상업적이라는 평가를 받는다. 프랑스의 보르도 스타일의 지역으로 이탈리아의 거대 와인생산과 판매지역이다.

② 특징

이탈리아의 고전적인 지역이다. 산지오베제가 이탈리아를 대표하는 품종인 만큼, 이지역은 상징적인 이탈리아의 교과서의 지역 같은 의미가 있다고 하겠다.

③ 품종

■ 화이트

▸ 트레비아노 : 이탈리아의 대표적인 화이트 품종인 Trebbiano는 토스카나의 제1의 화이트 품종으로 평가받는다. 드라이하고 높은 산도가 특색이다. 보통의 알코올 도수, 중성적인 향, 가벼운 바디감이라는 평가이다. Orvieto(오르비에토), Soave(소아베) 등 드라이 와인을 만드는 품종이다.

▸ 베르멘티노(Vermentino) : 토스카나에서 자라는 품종으로 원래는 프랑스의 남부지방에서 재배되는 Rolle이라는 품종이라고 한다. 코르시카 섬, 이탈리아 샤르데나 섬에서도 재배되는 산도가 상대적으로 많이 느껴지는 품종이다. 시트러스향, 라임향 외에도 미네랄향, 풀향 등이 감지되는 품종이다. 색은 황금빛 연한색을 띄고 있다. 해산물, 회 요리와 잘 매칭된다.

▸ 베르나치아 : 토스카나 지방 키안티 클라시코 서쪽에 위치한 산지미나뇨에서 생산된다. Vernaccia 품종은 미디엄바디, 산미는 중간 정도

이며 부드러운 과일풍미가 좋다. 흰꽃, 시트러스, 허브, 미네랄이 감지된다. 13세기부터 생산된 베르나치아 디 산 지미나뇨는 멧돼지, 송로버섯 리소토와 최고의 마리아주를 이룬다는 평가이다.

■ 레드

▸ 산지오베제 : 이탈리아의 가장 대표적인 포착품종인 Sangiovese는 토스카나의 제1의 품종이다. 이탈리아 다른 지역에서는 재배가 되지 않는다. 바디감은 미디엄, 산도는 높다. 산도가 높아서 음식과 잘 어울리는 품종이다. 이탈리아 음식인 피자, 스파게티와 잘 어울린다는 평가를 받는다. 산지오베제는 덥고 드라이한 기후에서 잘 자란다. 성숙이 느려 늦게 수확한다. 껍질이 얇다. 습기에 약하여 물러지기 쉽다. 딸기, 블루베리, 오렌지, 자두, 제비꽃, 계피, 백리향이 느껴지는 품종이다.

▸ 카나이오로 : 1700년대까지는 산지오베제 보다도 생산량이 많았다. 토스카나를 중심으로 라치오, 움브리아, 라구리아, 샤르데냐, 마르케 지역에서 생산된다. Canaiolo는 산지오베제에 블랜딩됨으로서 거친 질감의 탄닌을 부드럽게 해주며 알코올 도수를 높여주고 색상을 진하게 해주는 역할을 한다(와인지식연구소 ; https : //terms.naver.com)는 평가이다.

▸ 까베르네 소비뇽 : 프랑스 보르도의 전통적인 품종으로 90년대 이탈리아 토스카나 와인의 발전을 이룬 품종이다. 산지오베제와 블랜딩하여 주목받지 못하던 토스카나 와인을 세계적인 관심을 받는 슈퍼토스카나로 불리게 되는 주역의 품종으로 역할하게 된다.

④ 유명산지

■ 키안티(Chianti)

리제르바[47]는 병 숙성 3개월 포함 27개월 이상 숙성 즉 오크에서

24개월 숙성시켜야 한다. 키안티 와인은 이탈리아 토스카나 와인의 수출의 주역이다. 가장 많은 수출을 하고 있다. 참고로 산지오베제 80% 이상이 포함되어야 DOCG등급을 받게된다. 키안티 와인의 품종은 산지오베제를 중심으로 카나이올로, 콜로리노, 메를로 등이 블랜딩 된다(은광표, 2006).

키안티는 1997[48]년이 빈티지가 가장 좋은 해이다. 프랑스처럼 빈티지가 매우 중요한 척도는 아니지만 그래도 좋은 자료로 중요성이 있다.

키안티 클라시코 리제르바 와인

토스카나의 키안티 클라시코 지역의 리제르바 와인(2013년산)이다. Rocca Guicciaarda 키안티 클라시코 와인으로 현지판매가는 2만원 초반대이다. 오크, 바닐라, 초콜릿, 체리, 딸기, 자주, 블랙베리와 블랙체리가 감지된다. 산지오베제로 만든 이탈리아와 세계시장에서 소비가 잘 되는 가성비가 좋은 진하고 강건한 와인이다.

■ 키안티 클라시코(Chianti Classico)

키안티의 중앙지역과 연덕 사면 지역이다. Ruffino, Castellare 등이 알려져 있다. 1882년 설립된 Piccini도 가격 대비하여 가성비가 좋은 벨류와인으로 국내에 공급되고 있다. 키안티 클라시코는 키안티보다는 알코올 도수가 높고 바디감과 탄닌감도 좀 더 강렬하여 시음시 빈티지 등을 고려하여 오픈시기에 맞춰서 시음하면 좋다.

전통적인 와인의 역사를 지닌 이곳에서도 최근에는 프랑스의 오크통을 사용하여 와인의 세밀함을 높이는 노력을 기울이는 것도 보게 된다. 국제적인 평가수준을 고려하는 모습으로 평가된다.

■ 비노 노빌레 디 몬테풀치아노(Vino Nobile di Montepulciano DOCG)

▸ 개요 : 1400~1600년대에는 이탈리아의 최고의 와인으로 평가되기도 하였다. 1873년 비엔나 엑스포에서 혹독한 평가를 받기도 하였다. 1920년부터는 다시 성장세로 돌아섰다(은광표, 2006). 최소 2년동안 숙성시켜야 하며 12.5도이어야 한다. 참고로 리제르바[49]급은 3년 숙성해야 한다. 매우 우아하고 알코올 도수도 상대적으로 높은 밸런스가 좋은 와인이다. 1980년에 바롤로와 함께 DOCG등급에 선정되었다.

47) 리제르바(Reserva)는 알코올 도수가 12도~12.5도이상 되어야 한다.
48) 프랑스 보르도는 97년이 최악의 빈티지로 평가되고 있다.
49) 병입 6개월을 포함하여 3년을 숙성해야 한다. 그리고 알코올 도수 13도이어야 한다(은광표, 2006).

▸ 와인재배 환경 : 이탈리아의 높은 언덕산지에서 와인을 재배한다. 대략 250~400m의 지역이다.

▸ 토양 : 점토 함유량이 높은 모래토양이다(은광표, 2006).

■ 브루넬로 디 몬탈치노(Brunello di Montalcino)

▸ 개요 : 지역의 역사적인 전통에 의해 만들어지지 않고 와인생산자인 Frrruccio Biondi-Santi[50]에 의해 1870년에 만들어진 와인이다. 산지오베제의 변종으로 개발(은광표, 2006)되었다. 토스카나 지역에서는 1980년에 처음으로 DOCG 등급에 선정되었을 만큼 이탈리아 자체의 평가는 좋았다. 4년 숙성한다. 참고로 리제르바급은 5년 숙성하여 출시한다.

보통 빈티지 기준으로 10년 이상 지나고 시음하는 것이 적기로 평가된다. 붉은 베리의 과일향, 제비꽃, 타바코 등이 감지되며 균형잡힌 탄닌과 벨벳같은 질감을 느끼게 하는 와인이다. 최근에는 슬로베니아 오크 숙성외에도 프랑스 오크 숙성으로 세밀한 와인을 제조하려는 노력을 기울이고 있다.

▸ 재배환경 : 피에몬테 빈티지는 프랑스에 비교해서 양호하지만, 나름대로 빈티지를 평가한 자료를 보면 1997년도 몬탈치노 와인의 빈티지 챠트는 99점으로 평가가 가장 좋다. 피에몬테 2002는 좋지 않은 빈티지로 평가되고 있다.

▸ 토양 : 이탈리아의 전형적인 구릉형태로 450m 이하의 지역에서 생산된다.

▸ 유명산지 및 브랜드 : 반피사의 브루넬로 디 몬탈치노가 매우 유명하다.

---

50) 비온디 산티 와인은 산지오베제의 클론으로 개발되었고 브루넬로 디 몬탈치노로 명명되었다. 긴 숙성기간의 잠재성 있는 와인이다. 비온디 산티는 5년 오크통 숙성을 시킨다. 프랑코 비온디 산티는 신화적인 전통의 개승자로 불리우며(은광표, 2006) 와인에 대한 자부심을 지닌 사람으로 알려져있다.

라 포데리나 브루넬로 디 몬탈치노 와인

국내에서 대중성 있게 알려진 라 포데리나 와인 2010 년산이다. 대한항공에서 기내에서도 판매된다. 전통적인 우아함과 균형감이 좋은 와인이다. 일반 소비자가격은 8~9만원대이다.

참고 제시기에 느껴지는 브루넬로 디 몬탈치노 시음

La Poderina 2012년산을 2019년 7월말에 시음했을 때 파워풀하고 진하며 블랙베리, 블랙커런트향이 풍겨지고 스파이시하였다. 풀바디하며 깊이있고 풍미있는 최고의 절정기로 평가하였다. 과일향, 밸런스 있는 산도와 힘차고 우아한 탄닌을 느낄 수 있는 시음이었다.

14.5%를 느끼기 어려운 밸런스가 돋보인다. 이 와인은 숙성이 되고 시음의 최적기에 브루넬로 디 몬탈치노의 가치와 화려함을 느끼게 되는 기회였다고 본다.

(4) 베네토

① 테루아

베네토는 베니스와 가까운 지역이지만 내륙으로 들어가면 대륙성 기후를 보인다. 여름에는 덥고 겨울에는 매우 추운 기후이다. 연안지역에서는 여름에 무덥고 겨울에는 춥다. 호수지역인 Garda는 온화한 기후를 나타낸다(은광표, 2006).

베네토에 베로나는 이탈리아의 대표적인 와인박람회로 유명한 비니탈리(Vinitaly)가 2년마다 열린다. 이탈리아 와인 수출의 중심지로 세계로 나가는 역할을 한다.

■ 발폴리첼라 클라시코(Valpolicella Classico)

발폴리첼라 지역이 유명하다. 큰 두각을 내지 못하다가 90년대 이후 두각을 드러내게 된다. 이 지역의 주요품종은 향기로운 과일향의 특징을 갖는 코르비나(Corvina)이다.

엷은 레드빛과 바디감이 가벼운 편이다. 드라이하며 약간 쓴맛의 여운이 남는다. 체리향이 주요향이다. 베네토 지역의 가장 대표적인 와인으로 평가되고 있다.

발폴리첼라 지역의 최고급 와인은 레치오토[51](Recioto)이다. 잘 익

은 포도를 선별하여 다음 발효를 진행하다가 단맛을 남기기 위해 중단 시키는 방법으로 만들어내는 와인이다.

중후하다는 평가의 아마로네 외에 아마로네의 주요 생산자인 마지(Masi)에서는 1964년에 리파쏘(Ripasso)라는 양조 기법을 개발한다. 아마로네 양조 과정중에서 생신 효모 찌꺼기와 수확한 포도를 합해 발효하는 방법으로 질감이 풍부하고 진한 와인을 생산하게 된 것이다. 마지사에서는 컴포피오린(Campofiorin)이라는 브랜드로 수출하고 있다(조정용 외, 2009 ; 네이버 지식백과). 발폴리첼라 보다 질감이 풍부하다는 평가를 받는다.

■ 소아베(Soave)

베네토의 주요한 화이트와인을 생산하는 지역이다. 주요품종은 가르가네가(Garganega), 트레비아노(Trebbiano) 품종이다. 가르가네가 주품종으로 사용되는 경우도 일반적이다. 소아베 52)와인의 경우는 가르가네가 품종이 다른 품종과 블랜딩시 70% 이상이 되어야 한다. 와인의 스타일은 산도가 중간에서 높은 편이며 옅은 색을 보인다.

참고로 소아베에는 고풍스런 소아베 성이 있다. 포도밭은 구릉 위에 걸쳐 생산된다.

소아베 와인

조닌사의 소아베 2015년산 와인이다.

② 아마로네(Amarone) 특징

아마로네 방식의 와인을 재배한다. 아마로네는 대나무와 지푸라기 위에 포도를 건조시켜서 당도를 높여 와인을 만드는 방식이다. 반건조 건포도로 3주 정도 건조시킨다. 발폴리첼라 지역은 세계 최고의 아마

---

51) 레치오트는 포도송이 중에 맨 위에 달리 포도알이 귀처럼 생겨서 붙어진 이름이라고 한다.

52) 소아베(Soave)는 산들바람의 의미이다. 그래서인지 와인은 봄의 정취를 느끼게 하는 옅은 뉘앙스의 신선한 느낌을 주는 가볍고 싱그러운 와인이다. 베로나는 로미오와 줄리엣의 무대로 원형극장 아레나에서 오페라 공연 후 당시 사람들과 현재도 소아베 와인을 시음해 왔을 것으로 판단된다.

발폴리첼라 아마로네 와인
아마로네 클라시코 와인이다. 도수도 높고 강한 스타일의 와인이다. 풍성한 과일향이 특징이다. 아마로네는 당분이 모두 발효되어 쓰고 달지 않다는 의미이다. 완전 발효되어 쓴맛이 난다. 진하고 강하며 기운이 넘치는 와인으로 평가된다. 색은 껍질에서 색을 추출해서 무척 검다. 레스페라트롤 효소가 많아 심혈관에 좋다(조정용 외, 2009; 네이버 지식백과)고 한다. 알코올 도수가 14~17% 정도로 높은 편이다. 진한 루비색이 많다. 아마로네는 최소 3~4년의 숙성과정을 거치고 마셔야 하며 10년 이상 숙성해야 제맛이 난다는 평가이다.

로네를 생산한다. 알코올 도수가 18~20도까지 되는 풍미가 좋고 밸런스가 좋은 와인이다.

발폴리첼라 와인과 아마로네는 코르비나, 코르비노네, 론디넬라[53](Rondinella), 몰리나라[54](Molinara) 등 품종이 사용된다. 제때에 포도를 따서 발효하면 발폴리첼라, 말려서 나중에 발효하면 아마로네가 된다. 발폴리첼라는 수확한 포도를 그대로 압착해 만든다. 그러나 아마로네는 별실로 가져가서 말린다. 통풍이 잘 되는 곳에 포도를 두며 새끼줄 같은 데다 매달거나 볏짚 위나 돗자리 같은 데다 널어 둔다. 주로 건물의 2층 공간을 활용하여 포도를 말리는 아파시멘토(Appassimento)기법[55]을 사용한다. 이런 건조방식은 4세기부터 시행되었다고 한다(조정용 외, 2009 ; 네이버 지식백과).

③ 품종

■ 가르가네가

최근 전문가들에 의해 향후 주목받고 애용될 와인으로 추천되고 있는 이 지역의 대표적인 품종이다. Garganega는 과일, 아몬드의 맛과 향을 갖고 있다. 낮은 당도와 상대적으로 높은 산도를 갖추고 있다. 바디감은 중간이다. 생선 전채요리와 잘 어울리는 에티타이저 와인품종이다. 색상은 그린빛을 갖춘 옐로우 색상이다. 아몬드가 나는 마른 과일향을 갖춘 품종이다.

■ 프로세코

Prosecco는 주요한 청포도품종이다. 베네토의 주요한 화이트 품종이

---

53) 짙은 색을 표출한다(두산백과).
54) 적당한 산도를 추출하게 한다(두산백과).
55) 나무 받침대 또는 바람이 잘 통하는 곳에서 자연 건조한다. 나무에 매달린 상태에서 말리는 곳도 와이너리에 따라 있다. 포도가 쭈글쭈글 해질 정도로 건조가 된 후에야 와인을 만드는 방식이다(아시아경제, 2020.6.5).

다. 스푸만테 즉, 스파클링 와인을 만들 때 사용하는 품종이다. 식전주로 알맞고 해산물과도 잘 어울린다. 가성비가 좋은 스파클링 와인으로 추천된다.

■ 트레비아노

Trebbiano는 드라인한 화이트로 소아베, 오르비에토 와인의 품종이다. 산도가 높다. 보통의 알코올 도수, 가벼운 바디감이 있다. 봄날에 야외에서 화사한 날씨에 어울리는 산뜻한 와인으로 평가하고자 한다.

■ 코르비나

Corvina는 베네토 지역의 바르돌리노, 발폴리첼라 지역에서 생산된다. 론디넬라, 몰리나라(Molinara)[56]품종과 블랜딩된다. 맑은 루비색, 사워체리, 높은 산도, 부드러운 탄닌을 지니며 가벼운 와인을 만든다. 향기로운 과일향을 내는 품종(와인지식연구소 ; 네이버지식백과)이다.

주요한 적포도품종이다.

■ 론디넬라

Rondinella는 코르비나와 보통 블랜딩된다. 허브향이 감지되며 신선함을 주는 와인품종이다.

■ 피노 블랑코

이탈리아 스푸만테에 샤르도네와 같이 블랜딩이 많이 된다. 프로세코 와인에도 글레라 품종과도 블랜딩되기도 한다.

■ 피노 그리지오

베네토 지역의 주요한 와인품종이다. 복숭아향과 라임향의 아로마가 좋다. 신선한 산도가 느껴지며 복숭아와 시트러스[57]의 잘익은 과일향이 감지된다. Pinot grigio는 멜론, 감, 카모마일, 아몬드의 풍미도 갖고 있

56) 와인의 산도를 높이는 역할을 하는 품종이다.
57) 감귤류를 의미하며 오렌지, 레몬, 라임, 자몽 등의 향과 풍미를 시트러스로 표현한다.

다. 미네랄이 느껴지며 밸런스도 좋고 산도도 적당한 와인품종이다.

■ 바르베라

바르베라(Barbera) 품종은 피에몬테에서 제2의 품종으로 생산이 많고 베네토 지역에서는 상대적으로 적게 생산되는 품종이다. 야생적인 향취가 나는 품종으로 평가된다.

■ 기타

로보소, 로시노라, 네그라라, 트레티나 품종이 토착품종이다.

샤르도네는 피에몬테에서 재배되는 주요품종이다. 이곳 베네토에서도 재배되고 있다. 특히 발폴리첼라 지역에서 재배된다.

(5) 트렌티노 알토 아디제(Trentino-Alto-Adege)

① 테루아 및 특징

트렌티노 알토 아디제(Trentino-Alto Adige) 지역은 이탈리아 최북단에 위치하고 오스트리아와 국경을 맞대고 있다.

실바너, 트라미너, 리슬링, 피노블랑, 피노 그리지오가 주로 생산된다. 그리고 까베르네, 게뷔르츠트라미너, 라그레인, 말바시아, 메를로, 모스카토, 피노네로 등 다양한 품종이 재배되고 있다. 제1차 세계대전의 격전지로 주도는 Trent이다. 이탈리아에서 2019년 코로나 발생이 가장 먼저 확산되어 심각했던 지역이기도 하다. 국내에서는 트렌티노 알토아디제의 까베르네 소비뇽, 메를로 품종이 유입되어 시판되기도 하였다. 라그레인 품종은 이지역의 오랜 토착품종으로 평가된다. 만생종이며 적당한 바디를 지닌 루비색의 자두, 풀향, 체리, 다크 초콜릿의 풍미가 있다. 탄닌은 강하지 않다는 평가이다. 10년 이상의 장기숙성 와인은 좋은 풍미를 지닌 완성도를 나타낸다.

트렌티노는 이탈리아 스타일이다. 볼자노 지역과 알토 아디제는 독일의 영향을 받았다.

트렌티노 알토 아디제 지역 와인은 알프스에 가까운 내륙 즉, 이탈리아에서는 고산지대 와인으로 서늘하며 향신료향과 아로마가 인상적인 게뷔르츠트라미네 등 화이트와인이 좋게 평가된다.

트렌티노의
게뷔르츠트라미네 와인

이탈리아 북동부지역의 게부르츠 트라미네 품종의 와인이다. 2018년도 빈티지로 가격은 2만원 내외로 구입가능하다.

② 품종

■ 화이트

피노 그리지오[58], 피노 비앙코, 트렌토(Trento), 게뷔르츠트라미네 등이 주요한 품종으로 생산된다.

트렌티노의 게뷔르츠트라미네는 이탈리아의 DOC등급[59]이다.

■ 레드

- ▸ 라그레인 : Lagrein 품종은 이탈리아의 기본적인 산도를 지니고 있는 색상이 진한 레드와인이다. 약간의 끈끈한 뉘앙스와 알코올 도수도 약 13도를 지닌 바디감도 지닌 와인이다. 알토 아디제에서 생산되는 품종으로 이탈리아의 새로운 와인을 경험할 수 있는 품종이다. 프란자스 라그레인(DOC)은 로버트파커 93점을 획득한 좋은 평가를 갖는 와인으로 10만원 이상의 소비자가격을 갖고 있다.
- ▸ 테롤데고 : Teroldego는 이탈리아 북동부의 레드품종이다. 미국 캘리포니아, 뉴질랜드에서도 재배된다. 이탈리아 트렌티노 지역에서 재배된다. 붉은 체리, 풀향, 흙향, 타르, 잣, 아몬드의 아로마가 감지된다. 쉬라같은 느낌의 산미와 알코올의 균형이 좋은 와인품종(와인21닷컴)이라는 평가이다.
- ▸ 기타 : 까베르네 소비뇽, 메를로 등 국제적인 품종 등도 재배되고 있다.

58) 피노 그리지오는 이탈리아에서 가장 잘 자라는 품종으로 여겨지고 있다.
59) 이탈리아 등급은 DOCG, DOC, IGT, Vino da Tavola로 규정되고 있다.

참고 홋카이도에서 만나는 라그레인

일본에는 와인매니아들의 층이 넓다. 그래서 이탈리아 매니아들도 많다. 와인투어 중에 이탈리아 전문샵에 방문하여 와인을 보던 중 트렌티노 지방의 라그레인을 보게 되었다. 베스트 와인으로 선정되어 있고 좋은 경험이 될 것 같아 구입하여 시음하게 되었다. 등급은 DOC급으로 Villa, Corniole 와인이다. 와인은 시간이 지날수록 완성도가 높아진다. 탄닌감도 좋고 밸런스도 좋다. 독특한 향취도 있다. 송로버섯향도 느껴진다. 일본사람들이 풀바디한 와인가운데 높은 점수를 줄만하다. 가격은 4,000엔으로 샵의 와인가격대에서는 상대적으로 높다. 시음이 가능하다. 참고로 풀바디와인 가운데 1등으로 평가되고 있는 것은 ZENI사의 발폴리첼라 라파소로 3,800엔에 판매된다. 3위는 5,000엔을 3,800엔으로 할인하여 판매하는 슈퍼 투스칸 스타일로 Giovito IGT와인이다.

(6) 프리울리 베네치아 기우리아(Friuli-Venezia-Giulia)

이 지역은 그라파(Grappa)가 유명한 지역이다. 그라파는 포도를 쪄서 만들고 남은 물을 증류시킨 것으로 알코올 도수가 40~45도의 증류주이다. 이탈리아에서는 와인 시음 후 마지막에 마시는 인기있는 식후주이다. 주요 레드품종은 까베르네 소비뇽, 메를로이다. 주요 화이트품종은 토카이 프리울라노, 피노 그리지오 등이다.

(7) 라지오 지역

로마가 주도인 라지오(Lasio)주 지역은 의외로 좋은 와인이 생산되는 곳이다. 화산토양과 가파른 토양을 지닌 지역으로 최근에는 유기농와인[60]을 생산하는 등 좋은 와인을 생산한다. 현지의 품종인 Cesanese 와

60) 유기농와인은 유럽에서도 인기가 올라가고 있다고 하겠다. 프랑스의 보르도, 론 지역의 유기농와인도 대중에게 어필하고 있다. 이탈리아 로마가 속한 라치오주에서도 유기농 와인(쉬라 등 여러 품종)이 마트 등에서 다소 가격이 상대적으로 비싸지만 애음주들에게 어필되는 상황이다. 프랑스에서도 마트 등에서 유기농와인 소비가 확산되고

인은 색이 짙고 산도도 적당하며 한국에 수입된 기존의 와인들과는 다소 차별화된 느낌을 주는 신선하며 강한 색의 짙은 뉘앙스를 주는 탄닌감도 조화로운 와인이다. 한편 쉬라 등 국제적인 품종도 생산하고 있다.

말바지아, 트레비아노가 대표적인 품종이다.

(8) 마르케(Marche)

몬테풀치아노, 베르디키오가 주요한 품종인 지역이다. 이 지역은 구운 와인으로 유명하다. 전통적인 재배방식을 추구하는 지역이기도 하다.

마르케지방의 구운 와인인 쿠르니

전통방식인 구운 와인 쿠르니 2008년산 와인이다. 와인을 끓여서 만든다는 의미이다. 밸런스가 훌륭한 약간은 스위트한 와인이다. 가격은 소비자가격이 40~50만원대(빈티지별 상이)를 형성한다.

(9) 아부르쪼(Aburuzzo)

몬테풀치아노, 트레비아노가 주요한 품종인 지역이다. 아드리아해의 영향을 받는 미세 기후가 형성되는 지역이다. 아부르쪼 지역의 몬테풀치아노 와인은 가성비가 좋은 와인으로 평가되고 있다. 바디가 강하고 부드럽고 탄닌도 적절하다. 색상이 짙다. 산도는 중간이다.

좋은 와인은 10년의 숙성 잠재력을 지닌다. 그러나 일반적인 와인은 몇 년 안에 소비하는 것이 좋다고 한다. 신의 물방울에서 우마니 론끼 와이너리의 요리오(Jorio)[61]라는 와인으로 이 품종이 잘 알려지게 되었다.

몬테풀치아노 다르부조 와인

아마란타 몬테풀치아노 다르부조 와인이다. 가성비가 좋다. 루카마로니 99점을 받은 와인이다. 강렬한 루비색이며 붉은 과일, 감초, 향신료가 감지된다. 강건하고 탄닌이 느껴진다.

있다고 하겠다. 이러한 이유는 친환경을 추구하는 유럽연합의 마인드가 작용하는 현상으로 보아도 될 것 같다.

61) 소비자가격은 4만원대 정도이다.

베세보 베네벤타노 알리아니코 와인

왼쪽 사진이 베세보 알리아니코 와인이다. 우리나라에서도 좋은 와인평가를 받았고 승리의 와인이라는 의미를 갖는다. 바이올릿 색상의 후추향과 바닐라향 그리고 좋은 산도와 부드러운 탄닌을 지닌 미디엄바디의 와인이다. 국내 소비자가는 6~7만원대이다.

(10) 캄파니아(Campania)

알리아니코, 피아노 적포도 품종과 파랑기나, 그레코(마이클슈스터, 235 : 2007) 청포도 품종이 주요한 품종이다.

(11) 풀리아(Puglia)

최근에 국내에 많은 와인이 수입되어 소개되고 있다. 레드품종으로 네그로 아마로, 프리미티보와 화이트품종인 그레코 품종이 대표적이다. 네로다볼라도 생산된다. 이 지역와인은 가성비가 좋다. 특히 프리미티보는 미국의 진판델의 원조로 인식된다. 미국의 와인산업의 아버지 로버트 몬다비가 원래 이탈리아 가문으로 미국와인에 영향을 크게 미친 것으로 여겨진다. 메를로 품종도 재배되어 생산되는 것이 발견된다. 말바시아 네라 품종도 생산되며 네그로 아마로와 블랜딩되기도 한다.

풀리아 지방의 와인

샤르도네 품종이 주품종이다. 피아노 품종이 블랜딩되었다. 황금빛, 파파야 리치 등 열대과일향이 감지된다. 감귤, 얼씨함(earthy), 아몬드도 느껴진다. 피니쉬가 긴 바, 아파시멘토 방식으로 인해 풀바디하다는 평가이다. 현지가격은 3만원 중반정도이다.

⑿ 샤르데냐(Sardegna)

레드품종으로 칸노나우, 화이트품종으로 베르멘티노, 베르나치아가 대표적이다.

⒀ 시칠리아(Sicillia)

네로다볼라, 프라파토가 대표적인 레드품종이다. 그 외에도 토착품종들이 있다. 네로다볼라(Nero d'avola)는 국내에 이미 많이 소개된 색이 진하고 탄닌감도 있는 해산물과 잘 어울리는 와인이다. 그릴로, 인졸리아, 모스카토 품종이 주요한 화이트품종이다. 색이 진한 편이며 알코올도 상대적으로 높다.

시칠리아 네로다볼라 와인

시칠리아 네로다볼라 와인이다. 최근에는 수입사의 대량 공급에 힘입어 가격이 저렴해 져서 1만원 중반대에 구입이 가능하다. 예전에는 3~4만원대에 가격이 형성되었다.

⒁ 리구리아

좁은 해안 지역의 깎아 내릴 듯 아찔하게 가파른 절벽과 돌산에 포도나무가 자라는 칭퀘 테레는 고품질의 신성한 와인으로 평가된다. 교황 프란치스코와 전 교황인 베네딕트의 교황 취임식 때 사용되었기 때문이다. 세계문화유산으로 지정된 이 지역은 아름다운 풍광으로 잘 알려진 곳이기도 하다. 수작업으로 포도를 수확한다. 품종은 보스코, 알바롤라, 베르멘티노가 주요한 품종이다. 화이트와인이 주요한 와인이다.

칭퀘 테레 와인

칭퀘 테레의 코스타 캄푸 지역 2015년산(Vendemmia : 빈티지 의미) 와인이다. 유럽여행 중 발견한 와인으로 현지에서 주로 소비되고 국내에는 일부 제품이 수입되고 있다. 소비자 가격은 6~8만원대이다. 산도가 높고 바디감도 있고 퍼품향이 많다는 평가이다. 허브, 꽃향기, 미네랄, 흰꽃 등이 감지된다는 평가이다.

5. 이탈리아 품종 고찰

(1) 화이트와인

① 코르테제

Cortese는 피에몬테의 토착 화이트 품종이다. 가비(Gavi)와인의 주요한 품종이다. 롬바르디아 지방에서도 생산된다. 드라이하고 섬세하며 산뜻하다. 초록빛의 지푸라기색을 띤다. 봄철에 테라스에서 시원하게 마시는 것을 추천하는 가볍고 산도가 조화로운 와인품종이다.

이탈리아 베르멘티노 품종 와인

Scalandrino Maremma 토스카나 베르멘티노 품종 2017년산 와인이다. 현지가격이 2만원 후반대이다. 오크, 버터, 바닐라, 감귤, 라임, 레몬, 망고, 파인애플, 사과 등 열대과일향이 좋다. 이탈리아 와인은 여러 품종을 통해 다양성의 보고로 평가하고자 한다. 산도는 상대적으로 높다. 중부지역 토스카나가 생산지이다.

② 프로세코

이탈리아 프로세코(Prosecco) 지역은 유네스코 세계문화유산으로 지정되었다. 스파클링 와인으로 품질에 비해 가격이 착한 가성비가 좋은 와인이며, 수이 리에비티(Sui Lieviti)는 병에서 2차 발효한 스파클링 와인을 말한다. 엑스트라 브뤼는 참고로 설탕 잔류량이 0~6g 기준(소믈리에 타임즈)이다.

③ 트레비아노

Trebbiano는 봄철의 화사한 날씨에 정원에 앉아서 시음하면 좋은 품종으로 평가된다. 산도도 갖추고 따사로운 햇빛과 잘 매칭되는 화사한 느낌의 와인이다. 가비와인의 품종으로 식전주로 어울리는 와인이다. 라치오지역, 아부르쪼 지역에서 잘 자라는 품종이다.

④ 베르멘티노

베르멘티노(Vermentino)는 사르데냐 섬의 품종이 유명하다. 색이 황금빛의 연한 색을 보여준다. 향은 아로마틱하며 산도도 좋다. 기분 좋은 밝고 경쾌하며 명랑한 향취를 느끼게 해주는 좋은 화이트와인으로 평가된다. 리구리아의 주요한 화이트 품종이다.

⑤ 베르디키오

Verdicchio는 마르케 지역의 화이트와인이다. 금빛색의 살구, 사과 향이 많이 나는 품종으로 해산물과 잘 어울린다는 평가를 받고 있다.

⑥ 알바냐

에밀리아-로마냐의 주요한 청포도 품종이다.

⑦ 그레케토

Grechetto는 움브리아의 주요한 청포도 품종이다. Greco라고도 불린다.

(2) 레드와인

① 네비올로

Nebbiolo 또는 Nebbia로 불리는 이탈리아 최고의 포도품종이다. 안개라는 의미를 지닌 품종으로 현재 와인전문가들이 가장 관심을 갖고 있는 토착품종이다. 연한색에 복합적인 부케가 일품인 와인으로 레드와인의 황제라고도 불린다. 바디감과 복합미가 완성도 높은 최고의 품종으로 평가된다. 송로버섯향이 대표적인 향으로 느낄 수 있다.

피에몬테의 대표적인 품종이기도 하다. 토양과 기후에 매우 민감한 품종이다. 늦게 수확하는 만생종이며 서늘한 기후지역에서 잘 자란다. 포도껍질이 얇으나 강한 성향으로 피노누아 보다도 더 재배하기가 어렵다는 평가를 받는다.

향과 맛은 딸기, 민트, 유칼립투스, 감초, 초코렛, 바닐라, 타바코, 송로버섯의 향이 지배적인 품종이다.

롬바르디아의 주요한 적포도 품종이기도 하다.

② 바르베라

바르베라(Barbera)는 야생적이고 스파이시하며 탄닌감도 있고 이탈리아 와인의 기본적인 산도도 갖추고 있는 품종이다. 네비올로와 블랜딩 되는 경우도 있고 독자적으로 와인이 생산되기도 한다. 롬바르디아의 주요한 레드 품종이다.

③ 산지오베제

Sangiovese는 이탈리아의 가장 전형적인 대표품종이라고 할 수 있다. 산도를 지니고 있는 오랜 전통의 이탈리아 레드의 대표주자이다.

④ 네로 다볼라

Nero d'Avola는 시칠리아를 중심으로 생산되는 토착품종이다. 진한 색깔과 중상 이상의 바디감을 갖는 현지의 품종이다. 해산물과 잘 매칭되는 와인품종이다. 좋은 네로 다볼라에서는 강력한 꽃향기 아로마가 피어오른다는 평가를 받는다. 체리, 오디 향도 기본적인 네로다볼라의 특징을 보여준다.

최근 전문가들을 통해 주목받는 품종으로 예측되고 있다.

⑤ 브라케토

Brachetto는 진한 로제빛의 피에몬테 지역의 품종이다. 주로 우리나라에는 약발포성의 와인이 수입된다. 모스카토와는 다른 차원에서 청량감을 주는 품종의 와인이다. 장미향, 수박향 등의 독특한 뉘앙스를 나타낸다.

⑥ 돌체토

Dolcetto는 이태리 와인 가운데 레드와인 중 산도가 대체로 낮은 편의 품종이다. 색깔은 진하다. 혹자는 프랑스의 가메품종으로 만드는 보졸레누보와 비교하기도 하는데, 동질적이지 않다. 이탈리아의 다양한 품종을 경험하는데 나름 독특한 품종으로 이해될 수 있다.

⑦ 네그로 아마로

Negro Amaro는 오랜 역사를 지닌 품종으로 터프한 스타일이다. 이탈리아의 풀리아[62] 지역 등 남부지역에서 생산된다. 색이 진하고 탄닌감으로 쓴 맛을 지닌다. 네그로는 검은 의미를 아마로는 쓴 의미를 지닌 이탈리아어이다. 강렬한 레드색상이다. 농익은 과일향, 블랙커런트, 블랙베리, 블루베리 향이 느껴진다.

⑧ 네렐로 마스칼레세

이 품종은 시칠리아 에트나 화산지역에서 생산된다. 에트나 화산은 활화산으로 해발 3,350m의 지역이다. 높은 지대에서 와인밭이 개간되어 일교차가 높다. 토양에서는 미네랄 성분과 황 함량이 높아 와인의 복합미, 산도를 형성해 준다(www. keumyang.com)고 한다.

시칠리아 네렐로 마스칼레세 와인

에트나 파소로쏘 와인 2015년산 이다. 산딸기, 계피, 매운향, 붉은 과일, 풍부한 산도가 특징이다. 에트나 화산의 제각기 다른 고도에서 재배한 네렐로 마스칼레제를 블랜딩하고 큰 중고 오크통에서 숙성시켰고 필터링하지 않은 와인이다(와인21닷컴). 지역의 떼루아가 잘 반영된 와인으로 평가된다. 소비자가격은 14만원 내외이다.

⑨ 사그란티노

Sagrantino는 움브리아의 주요한 레드품종이다. 두꺼운 껍질, 높은 탄닌, 적은 수확량으로 고품질과 소량 생산의 장기 숙성형 와인이다. 완성된 와인은 높은 탄닌, 풀바디, 블랙베리, 마이올렛, 후추, 감초 등 진한 향신료 풍미(와인지식연구소)를 나타낸다.

---

62) 그리스인에 의해 포도밭이 발견되고 로마인에 의해 지속되어 현재에 이르는 천혜의 포도재배지역으로 평가된다.

⑩ 몬테풀치아노

Montepulciano는 아부르쪼, 마르께 지역에서 생산되는 진한 빛의 산도가 있고 과일향과 바디감이 있는 토착품종이다. 색이 진하며 알코올 도수도 상대적으로 높다. 레드와인이지만 이탈리아 와인이 산도가 높은 품종이 대체적으로 많은 것처럼 같은 맥락에서 산도가 있다.

아부르쪼 지역에서 가장 대표적인 품종으로 미세기후의 영향으로 잘 재배되는 품종으로 평가된다. 구조감이 좋고 복합적이며 우아하며 밸런스가 좋다. 그리고 피니쉬도 좋다는 평가이다. 국내에서도 가격대비 바디감이 좋다는 평가로 선호되는 품종이기도 하다.

이탈리아 프리미티보 와인

루카렐리 깜뽀 마리나 프리미티보 디 만두리나 와인이다. 풀리아 지방의 프리미티보 100%의 와인이다. 소비자가격은 7~8만원대이다. 라벨의 문양은 태양(Sole), 바다(Mare), 대지(Terra), 열정(Passione)을 의미한다. 점토질의 토양에서 생산되는 부드럽고 감도도 느껴지는 와인으로 과실향의 풍만한 느낌을 갖게 된다.

⑪ 프리미티보

Primitivo는 풀리아 등 남부지역에서 생산된다. 산도도 있고 탄닌감을 갖추고 있다. 이 품종은 미국으로 넘어가 미국의 대표품종인 진판델로 발전하였다. 즉 원조는 이탈리아라고 할 수 있다. 색도 진하고 끈끈한 뉘앙스를 지닌 알코올 도수도 높은 따뜻한 느낌의 품종이다. 어느 정도의 당도가 느껴지는 와인품종이다.

(3) 기타

국제화된 품종으로 까베르네 소비뇽, 메를로, 까베르네 프랑이 재배된다. 피노 네로[63] 등 품종이 생산되고 있다. 최근 메를로는 풀리아 지역에서도 생산되는 만큼 이탈리아의 전통적인 품종이 주를 이루고 있지만 국제적인 품종의 저변확대도 많아지고 있다는 측면에서 새로운 발견으로 인식된다.

---

63) 피노 네로는 풀리아 지방의 와인이 유명하다. 프리미티보와 함께 이 지역에서 생산되는 대표적인 품종으로 산도가 있고 색이 진하며 향신료의 뉘앙스도 있고 풀리아지역의 색이 진하며 바디감 있는 느낌을 지닌 와인이다.

참고 유기농 와인

최근 유럽의 와인시장에서의 새로운 트랜드는 유기농와인이다. 유럽의 마트에 가서도 이러한 와인의 출시와 판매가 이뤄지고 있는 것을 보게 된다. 일반적인 와인보다 가격은 다소 비싸며 이러한 와인트랜드를 좋아하는 사람들에게 인기를 끌고 있다. 시음을 하면 기존 와인보다는 좀 더 자연적인 느낌을 받게 된다.

[고종원교수의 세계와인 문화이야기 _ Italy]

풍부한 지역색과 자연스러움, 이탈리아 와인

지중해의 관광 보고인 아름다운 이탈리아는 필자가 여행사에서 근무했던 시절 해외출장을 유럽에 나가면 가장 좋았고 손님들도 가장 만족했던 지역으로 좋은 인상을 간직하고 있는 곳이다. 그러한 이유에는 이탈리아가 갖고 있는 기후적 환경과 사람들의 밝고 활기찬 성격이 영향을 미쳤다고 생각된다. 지중해의 따사로운 햇살과 사람들의 흥겹고 활기찬 목소리 그리고 그들의 정감이 이탈리아의 이미지를 긍정적이고 호의적으로 바라보게 했던 것 같다.

이탈리아는 지역적으로 지역색이 강하다. 사람들의 성격이 그렇듯이 이탈리아 와인의 특징은 지역적으로 색다른 다양성에 있다고 하겠다. 이탈리아인의 낙천적이고 친절한 성격처럼 이탈리아 와인은 프랑스에 비해서 정형적이지 않고 정확한 느낌보다는 정겹고 자연스럽고 부담스럽지 않은 특징을 지니고 있다고 생각된다.

이탈리아는 전역에서 다양한 포도품종을 재배한다. 포도품종만큼 다양한 경험을 할 수 있는 곳이 바로 이탈리아다. 와인이 거의 국토의 전역에서 생산되고 있다. 재배되고 있는 품종만 2000종이 넘는다. 특정지역에서 생산되는 이탈리아 토착품종만 600종에 달하는 것으로 추산되고 있다.

이탈리아의 주요 와인생산지는 피에몬테, 토스카나, 베네토이다. 이탈리아에서 가장 많이 재배되는 포도품종은 산지오베제(Sangivese), 카타라토 비앙코 코무네(Catarratto Bianco Comune), 트레비아노 토스카(Trebbiano Toscano), 몬테풀치아노(Montepulciano), 바르베라(Barbera), 메를로(Merlot), 트레비아노 로마뇰로(Trebbiano Romagnolo), 네그로아마로(Negroamaro), 모스카토 비안코(Moscato Bianco), 샤르도네(Chardonnay), 가르가네가(Garganega), 네로 다볼라(Nero D'Avola) 순이다.

피에몬테지역에서는 아르네이스, 코르테제, 모스카토 등의 화이트 품종과 바르베라, 돌체토, 네비올로 중심의 레드와인이 생산된다. 토스카나지역은 트레비아노, 베르나차 중심의 화이트 품종 그리고 산지오베제 중심의 레드 품종이 생산된다. 베네토지역에서는 화이트 품종으로 가르가네가, 트레비아노, 프로세코가 주로 재배된다. 레드 품종으로는 코르비나, 몰리나라, 론디넬라가 생산된다.

내수용 포도주로 많이 소비되는 이탈리아 와인

이탈리아는 국토의 전역에서 와인이 생산된다. 20개 행정구역에서 모두 생산된다. 4000천년 이상의 전통을 지닌 이탈리아 와인은 프랑스처럼 마케팅보다는 내수용 포도주로 소비되고 지역적인 자부심으로 생산되어 왔고 소비되었다. 1970년대 이후 국제적인 경쟁력을 갖추기 위해 슈퍼 투스칸이라는 와인을 생산하고 세계시장에서 주목받게 되었다. 아직도 와인에 대한 자부심과 함께 다른 나라의 와인을 수입하여 시음하기 보다는 자신들의 와인을 즐겨 소비하는 경향을 갖고 있는 나라이다.

다양하고 흥미로운 토착품종이 많다

이탈리아 와인의 강점은 다양하고도 흥미로운 토착품종이 많다는 점이다. 아마도 세계 최고라는 것에 이견을 두는 사람은 없을 것이다. 그러나 반면에 혼란스럽기도 하다. 다양한 품종만큼 기후도 다양하다. 중부지방과 남쪽은 지중해성 해양기후, 동쪽은 아드리안 해안의 온대기후, 북쪽에는 내륙지방의 차가운 겨울과 무더운 여름기후를 나타내고 있다. 이탈리아는 기후적으로 매년 큰 차이가 없어서 프랑스처럼 빈티지의 영향은 상대적으로 없는 편이라고 할 수 있다.

이탈리아는 구릉이 포도밭의 주요 지형형태이다. 이탈리아의 고품질 와인은 피에몬테와 토스카나의 구릉지대에서 생산된다고 할 수 있다. 끼안띠(Chianti)의 포도주와 브루넬로 디 몬탈치노(Brunello di Montalcino) 등의 산지인 토스카나주는 구릉의 비율이 66.5%에 달하며 움브리아주는 70% 등 주요 주들의 포도재배지인 구릉이나 산지 면적이 70% 이상인 사실은 지형적 요소(이탈리아 통계청(ISTAT) ; 이탈리아 농산물시장 정보연구소, 2001)가 갖는 중요성이라 하겠다. 포도재배의 최적지인 구릉지대가 널리 분포되어 있다는 것으로 이탈리아의 지형자체가 포도재배에 적합한 곳이라는 특징을 알 수 있다.

이탈리아 와인의 체계는 1963년에 DOC(Denominazione di Origine Controllata) 법규가 도입되면서 발전하기 시작한 것으로 보면 된다. 1980년에 최상급인 DOCG 등급을 신설했다. 1992년 IGT등급이 도입되면서 이탈리아의 와인의 품질이 보장을 위한 시스템이 완료됐다.

이탈리아의 특질적인 테루아는 산악이 많은 알프스 일대의 북부지방의 대륙성 기후, 바다에 인접한 북부동서 지역과 중남부 지방의 지중해성 기후와 80%를 차지하는 국토의 산맥과 언덕 그리고 미세기후 형성이 일어나는 지형조건과 석회질, 진흙, 모래, 화산토 등의 토양일 것이다.

로마시대부터 와인은 일체감과 소속감을 주는 역할

이탈리아인에게 포도주는 로마시대로 부터 모든 사람들이 로마제국의 일원이라는 정체성을 포도주를 통해 마시며 확인하는 일상이었다는 점에서 포도주 시음이 의미하는 바는 크다고 할 수 있다. 포도주는 로마시민들에게 로마제국의 일원으로서 정체성을 확립시켜주는 요소로 작용한 것이라고 하겠다. 로마제국이 번성하면서 귀족, 시민, 평민, 노예, 식민지 및 속국의 주민들에 이르기까지 로마라는 제국의 하나의 공동체의 일원으로서의 일체감과 소속감을 주는 역할을 와인이 했다는 점에서 의의가 크다고하겠다.

로마에서 기독교가 공인된 후에도 포도주는 술보다도 음식과 생활로서 시민들이 즐기고 예수님의 피로서 종교적 의미가 부여되었던 것도 사실이다.

이탈리아인에게 포도주는 예술의 주제와 소재이며 수많은 예술작품과 문학에 등장하고 있다. 현대에 있어서도 현실에서 중요한 생활의 필수적인 도구라고 할 수 있다.

로마는 당시에 세계의 최대강대국으로 포도와 올리브는 주변국과의 가장 중요한 교역품이었으며 국가의 부를 나타내는 산물로 인식되었다. 와인은 로마가 상업국가로 발전하도록 역할을 한 부가가치가 높은 상품이었던 것이다. 로마는 철저한 신분사회였으나 이러한 이질감을 동질감으로 전환시키고 로마제국의 정체성을 갖게 한 매개체 중 하나가 와인이었다.

로마시대로 부터 와인은 이탈리아인에게 식사시 필수적인 음식으로 자리하고 있다. 와인은 즐거운 식사를 빛내는 좋은 음식으로 인식되고 있다. 이탈리아인에게 와인은 주제가 있는 대화의 소재이다. 그들에게 와인은 모르는 사람들과도 가교역할을 하도록 돕는다. 와인에 관련한 대화가 그들을 가깝게 하는 매체로 역할을 한다.

와인은 관련된 역사와 유래, 예술, 스토리 등 문화의 집합체로 대화하고 의견을 교환하며 소통하는 가장 중요한 대화의 소재로서 역할을 하고 있는 것이 이탈리아인의 와인문화이다.

이탈리아 각 지방의 음식과 어울리는 와인들

이탈리아 와인은 현지 각 지방의 음식과 더욱 잘 어울린다. 가장 대표적인 음식은 피자와 스파게티이다. 이러한 와인과 음식의 조화가 더욱 독특하고 개성적인 맛을 지니게 하는 것이다.

프랑스 음식이 손이 많이 가고 음식소스에도 시간이 많이 걸리는 우아하고 세밀한 요리하고 한다면 이탈리아의 요리는 간편하고 단순하며 자연스러운 맛이 특징이다. 준비시간과 조리시간이 상대적으로 적게 든다.

이탈리아 사람들은 가정적이다. 대체로 일찍 귀가하고 가족들이 함께 시간을 많이 보낸다. 그러한 차원에서 이탈리아 사람들은 가정에서 요리를 즐겨한다. 이탈리아 요리는 단순한 특징이 있다.

한 두가지 재료를 갖고서 맛있고 독특한 요리를 만들 수 있는 장점이 있다.

이탈리아 와인은 저자가 가장 좋아하는 와인으로 다양성과 새로운 것을 추구하고자 하는 욕구에 부응한다. 자기의 색깔인 지역색이 분명히 드러난다. 자기를 숨기지 않는 솔직함이 좋다. 품종이 다양해서 식상하지 않고 계속적으로 탐구하게 하는 매력이 있다. 이탈리아의 각 지방 와인은 각기 차이가 있는 테루아가 반영되서 흥미롭다. 이탈리아인에게 와인은 동질감을 위한 교류의 수단이며 사람들 간에 가교의 역할을 한다. 그리고 그들에게 와인은 일상의 생활로서 자리잡고 있다. 특히 이탈리아 와인과 이탈리아 음식의 조화는 더욱 훌륭하다. 언제나 와인을 통해 이탈리아의 다양함과 개성을 만나고 느끼는 것은 즐겁고 행복한 일이 아닐 수 없다. 오랜 친구를 다시 만나는 것처럼 이탈리아 와인의 익숙함이 반갑고 정겹다.

출처 : HOTEL & RESTAURANT 2015.03.

Spain

pais vasco
galicia
navarrd
la rioja
castilla y leon
catalunya
aragon
madrid
castilla-la mancha
extremadura
valencia
murcia
andalucia

1. 와인개요

스페인 와인은 우리나라에서도 벨류와인으로 평가되는 가격대비 품질이 좋은 와인이다. 특히 향과 함께 맛으로 평가되는 와인의 특성을 지닌 와인으로 음식과 매칭이 중요한 와인이다.

식재면적이 가장 많은 구세계이다. 구세계 와인의 가격이 신세계국가에 비해 높은 상황에서 스페인은 구세계 중에서도 프랑스, 이탈리아에 비교해서 가성비가 좋은 와인이 많다.

2. 떼루아

스페인의 날씨는 늘상 좋고 토양에 영양분도 많다는 평가를 받는다. 이는 피록세라의 피해시 프랑스 보르도 와인생산자들이 리오하를 선택하여 이주해 포도를 재배한 사례를 통해서도 알 수 있다.

스페인 전역에서 와인을 생산한다. 북서쪽은 습하고 덥다. 그리고 남동쪽은 무덥다. 남부는 지중해 해안으로 온화하다. 스페인은 식재면적이 가장 많은 것으로 알려져 있다.

3. 스페인 와인 특징과 문화

스페인은 남부와 동부가 지중해성 기후, 내륙에는 대륙성기후대를 형성하며 전역에서 와인이 생산되는 나라이다. 식재면적도 세계에서 제일 큰 면적으로 평가된다. 일조량이 좋아서 스페인 와인은 알코올 도수가 상대적으로 높다.

스페인의 와인은 특히 맛이 강조되는 와인이기도 하다. 블랜딩으로 와인이 만들어 지기도 하지만 단독품종으로 만들어 지는 품종도 많다.

스페인 사람들은 간편한 안주인 타파스(Tapas)와 함께 가볍게 와인을 하루에도 몇 차례 시음하는 일상화된 나라로 평가할 수 있다. 예전부터 스페인 와인은 유럽와인가운데에서도 강하고 진해서 오페라에서도 스페인 와인을 마시며 괴로움을 잊으라는 권고가 나타나기도 한 특징의 와인으로 평가할 수 있다.

참고 타파스 문화

타파스는 스페인 와인문화의 핵심이다. 와인과 간단히 먹은 소량의 음식으로 전채요리라고도 말한다. 햄, 초리소 소시지를 기반으로 발전했다고 한다. 가장 대표적인 것이 핀초스(Pinchos)로 꼬치에 꽂은 음식으로 바스크와 나바레 지방의 바에서 한입 크기의 요리나 스낵으로 빵에 얹어 먹는다. 소금에 절인 대구인 바까라(Baccala), 매콤한 알리올리를 뿌린 감자튀김인 파타타스 브라바스(Patatas bravas), 염장한 최상급의 생 햄인 일명 하몽으로 불리는 하몬 이베리코(Jamon iberico)가 대표적이다.

우리나라에도 소개되어 와인매니아를 중심으로 인기를 끌고 있는 하몽은 스페인와인과 잘 어울리는 음식으로 소개되고 있다.

타파스는 낮 12시, 저녁 6~7시 사이에 즐기며 점심식사 전, 저녁식사 전에 간단한 요기시간(세계음식명백과 ; 네이버지식백과)이다.

스페인의 타파스 문화는 스페인 여행을 하다보면 길에서도 자주 보게 된다. 사람들이 와인 한잔과 타파스를 카페나 비스트로에서 즐기는 모습을 자주 보게 된다. 점심이나 저녁을 보통 2시간 정도 즐기는 그들에게 타파스(Tapas)는 와인과 함께 오랜 동안 형성된 그들의 문화로 자리잡고 있다.

안달루시아에서 간단한 안주인 타파스가 유래되었다는 것은 시에스타, 집시의 춤문화와도 연계된 그들의 여유와 낭만 그리고 열정이 와인과 음식으로 정착된 것으로 여겨진다.

4. 와인 재배 지역

(1) 리오하(Rioja)

리오하 Torre Muga 와인

토레 무가 2014년산 와인이다. 현지가격 소비자가가 9만원 초반대이다. 세계와 스페인와인에서 상위 1%에 속한다. 오크, 바닐라, 담배향, 가죽향, 스모크, 흙향, 블랙베리, 자두, 검은 과일향이 감지된다. 템플라니오, 가르나차 품종이 블랜딩 된 와인으로 진한 탄닌감과 강한 깊이의 뉘앙스를 주는 평점이 높은 와인이다.

스페인은 프랑스의 영향을 많이 받은 국가이다. 피레네 산맥을 넘어 프랑스의 기술과 영향을 받은 지역이 리오하라고 할 수 있다. 1870년 유럽 전역에 포도병충해인 피록세라 진딧물이 창궐했을 당시, 보르도의 생산자들이 이를 피해서 포도재배에 이상적인 날씨와 토양을 갖춘 대안으로 리오하를 선택하여 이주해 포도를 심고 재배하기 시작하였다.

리오하 와인은 너무 달거나 드라이하지 않아 목 넘김[64]이 부드럽다는 평가를 받고 있다. 리오하와인은 프랑스 영향으로 프렌치오크통 숙성을 통해 베리류의 향과 풍부한 과일향과 복합미를 지니고 있다. 레드와인이 주종을 이루고 로제와인과 화이트와인도 15%, 10% 정도 생산(Kalpak class, 41 : 2018 winter)하고 있다.

리오하와인은 우아함과 부드러우며, 음식과 조화로운 맛을 강조하는 와인이다.

(2) 칼라타유드(Calatayud)

까리네냐 보다 내륙으로 위치한 산지이다. 가르나차[65]가 주요 품종으로 보통 35년 이상이면 올드바인으로 불린다. 이 지역에서는 올드바인 비율이 높다. 120년 이상의 고목도 생산되고 있다. 척박해 보이는 산지로 아라곤 지방에서 가장 높은 해발 고도인 700~1,100m에 위치한다. 만생종

64) 리오하지역의 대표품종인 강하고 깊은맛인 템플라니오는 사실 과일향이 풍성하며 목 넘김이 부드러운 것처럼 맛이 중요한 와인품종이기도 하다. 색깔도 진하고 알코올 도수도 기본적으로 높다.

65) 이 지역 가르나차가 품질이 매우 우수하다는 평가를 받고 있다. 높은 지대에서 햇빛의 일조량을 포도가 감당하기 위해 껍질이 두꺼워지며 완숙을 위해 오랜 시간 소요되는 만큼 경쟁력을 지니게 된다는 평가이다.

인 가르나차가 10월 중순이후까지 자란다. 과실 풍미와 구조가 좋다는 평가를 받는다. 기원전 2세기경 로마제국에서 이곳 와인이 제일 맛있다는 평가도 받았다(와인 21닷컴 공식 블로그)고 전해진다.

(3) 까리네냐(Carinena)

북동부에 위치한 생산지역이다. 오래된 고목[66]에서 생산되는 가르나차는 품질이 좋다. 해발 850m의 고도에서 생산되는 이 품종의 와인은 좋은 평가를 받는다.

(4) 리베라 델 두에로(Ribera del Duero)

이곳은 템플라니오를 중심으로 매우 좋은 복합미를 나타내며 알코올 도수가 높으며 인상적인 강렬한 뉘앙스를 주는 와인생산지역이다. 국내에서도 매우 인상적인 와인으로 소비자 만족도가 우수한 와인을 생산하고 있다. 알레한드로 페스케라 와인이 가장 대표적인 브랜드로 국내에서 인기가 있다.

(5) 라만차(La Mancha)

가장 생산량이 많은 내륙의 생산지이다. 이곳에서는 화이트 품종인 아이렌, 레드 품종 보발 모나스트렐, 템플라니오 등을 생산한다. 가르나차, 시라, 까베르네 소비뇽으로 만드는 좋은 와인도 생산하고 있다. 메를로도 재배된다. 이곳에서는 가성비 좋은 와인이 생산되고 있다.

메를로, 시라, 템플라니오 품종을 결합하여 복합미 있는 와인을 최근에는 생산하고 있다.

66) 2016년산 비나스 바에하스(Vinas Viejas)와인은 수령이 40년 이상으로 까리네냐 지방의 가르나차 품종으로 2018년 영국 디켄터(Decanter)지에서 World wine awards 실버메달 90점을 획득하였다. 풍미와 깊이 밸런스 등에서 좋은 모습을 보였다.

리베라 델 두오로 페스케라 와인

알레한드로 페르난데스 페스케라 와인이다. 템플라니오 100%의 강하고 진한 스페인의 대표와인으로 평가된다. 견고한 구조감으로 와인시음시 미리 열어 놓아야 한다는 평가이다. 가격은 할인가 6만원대이다.

라만차 와인

라만차 산후안 와인 2016년산 이다. 메를로, 쉬라, 템플라니오가 결합된 와인으로 이탈리아 레스토랑에서 3~4만원대 판매된다. 스페인 와인은 가성비가 상대적으로 좋다.

(6) 발데페냐스

라만차 바로 밑에 위치한다. 이곳에서도 템플라니오와 라만차의 주요품종이 재배되고 있다.

(7) 말라가

남부의 지중해기후를 갖춘 와인생산지이다. 론다지역은 템플라니오 품종을 중심으로 까베르네 소비뇽 등의 품종들이 재배된다. 블랜딩 와인의 경우 프랑스 스타일을 지향한다.

(8) 토로(Toro)

스페인에서 강한 포도를 생산한다. 날씨가 건조하고 매우 더운 지역이다. 이 지역은 일교차도 크다. 스페인의 다른 지역보다도 더 강하고 산도가 높은 와인을 생산하는 특징을 보인다. 견고하고 집중도가 높고 구조감이 좋다는 평가를 받고 있다. 투우로도 유명한지역이다. 템플라니오를 주로 생산한다. 템플라니오의 가성비 좋은 와인[67]을 생산하는 지역으로 인식되어 있다. 토로 지역의 고목에서 생산된 포도는 복합미와 집중도가 좋다.

(9) 후미아(Jumilla)

모나스트렐 품종이 잘 알려진 지역이다. 스페인의 남동부지역이다. 더

---

67) 토로의 마츠(Matsu) 유기농와인은 일본어로 기다림 또는 소나무의 의미이다. 와인의 레이블 이미지가 스페인의 유명작가 벨라 아들레와 실바도 프레네다의 작품으로 포도농장의 농부들이다. 3세대를 표현한다. 중간급인 엘레시오(El Recio)는 강인한 남자의 의미로 향이 짙고 맛이 깊어 중후하다는 평가이다. 90년 old vins으로 깊이와 숙성미가 있다. 농익은 과일향, 바닐라 및 초코렛향의 잔향이 좋다는 평가이다. Tinta de toro(템플라니오)100%로 14개월 프렌치 오크숙성한다. 적은 수확량으로 만들어지는 와인이라는 설명이다. 토로와인의 특징을 잘 보여주는 와인(www.enoterra.co.kr)으로 구매가 5만원 내외이다.

운 날씨로 모나스트렐 품종이 이 지역에서 유명하다.

(10) 발렌시아

중남부에 위치한 지역이다. 모나스트렐 등 스페인의 기존에 재배해 온 전통적인 품종이 잘 자란다. 그러나 최근에는 까베르네 소비뇽 등 국제화된 품종을 생산하고 있다.

(11) 알리칸테

발렌시아 밑에 있는 지역이다. 무더운 지역으로 건조하다. 이곳에서는 모나스트렐(Monastrell)[69] 품종이 잘 자란다.

5. 품종

(1) 레드

① 템플라니오(Tempranillo)

스페인의 대표주자로 볼 수 있다. 리오하 등 주요산지에서 생산되는 레드품종이다.

보르도 이주자들을 통해 프랑스 양조기술이 유입되고 스페인의 토착품종인 템플라니오[70]의 특성을 살려 경쟁력을 완성하게 된다. 스페인

스페인 최고의 와인 베가 시실리아 우니코

베가 시실리아 우니코 그랑 리제르바 2004 빈티지 와인이다. 리베라 델 두오로 지방 와인이다. 템플라니오를 중심으로 까베르네 소비뇽이나 메를로 품종이 블랜딩된다. 체리, 미네랄, 스파이시, 나무, 오크향이 나는 적당한 산도와 풀바디 그리고 탄닌감이 높다. 100만원 내외의 가격이다. 한정 출시되며 숙성[68] 등 10년 이상 와이너리에서 보관 후 시판된다. 최고의 상태에서만 판매한다는 원칙이 있다. 영국 찰스 황태자와 다이애나비 결혼식 연회에서 사용된 최고의 와인

68) 발효 후에 큰 용량의 나무 배럴에서 25개월, 새 오크 배럴에서 17개월, 한 번 사용한 배럴에서 10개월, 다시 큰 용량의 나무 배럴에서 22개월 숙성(네이버 지식백과 ; 와인21닷컴)한 특별한 와인으로 평가된다.

69) 프랑스에서는 무르베드르(Mourvedre), 호주에서는 마타로(Mataro)로 불린다. 남성적인 진한 포도품종으로 평가된다.

에서는 선씨벨이라고도 불린다.

템플라니오는 기본적으로 당도를 지니고 있으며 알코올과 조화된 풍미를 지니고 있는 스페인의 대표적인 품종으로 음식과 조화가 잘 되는 맛이 강조되는 와인품종이다. 탄닌을 갖추고 향, 섬세함, 숙성잠재력을 강화하는 품종으로 평가받는다.

다크 초코렛, 가죽향이 전형적인 향취로 평가된다. 진한 체리빛 레드 색상으로 좋은 템플라니오에서는 우드향, 신선하고 향긋한 과일향, 풍성한 진한 탄닌, 지속적인 여운도 특징이다. 체리, 블루베리, 신선한 과일향, 미네랄, 복합미가 특징이다.

② 가르나차(Garnacha)

스페인의 대표품종가운데 하나이다. 알코올 도수가 높은 특징을 갖고 있다. 스페인에서는 독자적인 품종으로 출시가 많이 된다. 가르나차 품종은 다른 품종과 결합하여 복합미 등 경쟁력을 배가시키는 역할을 하는 품종이기도 하다.

최근 가르나차는 프랑스에서는 그르나쉬라는 품종으로 이 품종에 대한 높은 관심과 연구의 차원에서 학회가 만들어 질 만큼 많은 관심을 받고 있는 품종이기도 하다.

카카오향, 강한 과일향, 바닐라 향이 느껴진다. 강한 탄닌감과 끈적거리는 느낌이 있는 강렬한 스타일의 산도, 알코올, 탄닌의 밸런스가 좋은 품종이다.

③ 모나스트렐(Monastrell)[71]

프랑스에서는 므드베드르라는 품종이다. 묵직하고 색이 진하며 야성

에클라 모나스트렐 와인

오른쪽 사진이 에클라 2010 빈티지 모나스트렐 와인으로 가성비가 매우 좋다는 평가를 받는다. 국내에서 3만원대로 판매된다. 참고로 왼쪽 와인은 이탈리아 베세보 아글리아니코 와인이다.

---

70) 템플라니오는 진한색을 갖고 있으며 다크 초코릿의 향과 상대적으로 높은 알코올 도수 그리고 가죽향을 지니고 있는 스페인의 대표주자 품종이다.

71) 호주에서는 마타로(Mataro)로 불린다. 에클라 지역이 매우 무더워서 포도나무는 낮은 자세로 자란다. 에클라 와인은 로버트파커의 좋은 점수와 평가를 받고 있다.

적인 뉘앙스도 있는 스파이쉬한 풍미도 느껴지는 스페인의 품종이다. 더운 지역에서 잘 자라는 품종이다. 알코올 도수가 높다.

참고 에클라(Hecula) 와인

무르시아 지역으로 알리칸테 지방에 속한다. 여름에 45℃에 육박하는 불볕더위에서 생산된다. 건조한 곳으로 세부산지가 에클라이다. 무더운 지역으로 포도나무는 낮은 자세로 깔려 자란다(와인쟁이부부 포스트). 이 와인은 벨류와인으로 우리나라에도 많이 수입되어 있다. 가격도 품질에 비해 매우 놀랍다. 로버트 파커가 90점 이상을 준 와인으로 현지에서 10유로 정도면 구입할 수 있다. 알코올이 높고 농후한 와인으로 평가된다.

석회석 토양에서 잘 자란다. 독특한 향취 즉, 블랙베리 외에 사냥 고기향, 가죽향이 지배적이다(와인지식연구소)라는 평가이다. 모나스트렐 품종에서는 약간 비린향과 냄새가 감지되기도 한다. 특히 스페인은 모나스트렐이 독자 품종으로 가성비가 좋다.

④ 시라(Sirah)

스페인에서도 시라품종은 생산된다. 라만차 지역의 시라[72]는 밸런스가 매우 좋다. 라만차에서는 메를로, 시라, 템플라니오 품종이 블랜딩된 와인이 출시되고 있다.

⑤ 그라시아노(Graciano)

템플라니오와 주로 결합되어 완성되는 품종이다. 산도, 풍미를 갖춘 품종이다. 숙성의 잠재력을 지닌 품종으로 평가된다.

⑥ 마수엘로(Mazuelo)

프랑스 랑그독 루시옹에서는 카리냥이라고 불리는 품종으로 스페인에서는 마수엘로(mazuelo)로 불린다. 산도가 높고 탄닌이 강하고 색깔

---

72) Dehesa del Carrizal 2013년 빈티지는 알코올 도수가 15%인데도 매우 밸런스가 좋다. RP점수도 90점이다.

도 진한 품종이다. 스페인 북동지역인 아라곤이 태생으로 알려지고 있다. 아라곤지방에서는 카리네냐(Carinena), 카탈루냐에서는 삼소(Samsó)로 불린다(네이버지식백과).

건조한 기후에서 잘 자라는 품종으로 미디엄바디에 해당하는 품종을 평가한다. 칠면조와 잘 어울린다는 평가가 있다. 이탈리아 사르데니아에서도 인기있는 품종으로 알려지고 있다.

북동부 카탈루냐지방의 프리오라트에서는 수확량을 통제하여 장기 숙성형 고급와인을 만든다고 한다. 프랑스에 비해서 고급와인으로 업그레이드 한 것이 스페인의 마수엘로로 평가된다. 지중해 기후에 적합한 품종으로 손수확[73]하며 곰팡이에 취약해서 습한 해양성 기후인 프랑스의 보르도나 남서부지역에서는 적합하지 않은 품종으로 알려져 있다(m.terms.naver.com). 검은 과일향, 블랙베리, 카시스향이 지배적인 품종이다. 딸기와 감초 그리고 빵의 향이 느껴진다는 전문가의 의견도 있다.

⑦ 멘시아(Mencia)

스페인의 북서부 갈라시아 지방과 카스티야 레온 지방에서 만날 수 있는 색이 진하고 향취가 있는 품종이다. 갈라시아 비에르쪼(Bierzo)지역 멘시아 품종은 벨류와인[74]이 많다.

비에르쪼의 깊은 편암(Schist)토양에서 자란 포도는 진하고 집중도가 높은 와인이 만들어진다(네이버 지식백과 ; 와인지식연구소)는 평가를 받는다.

⑧ 까베르네 소비뇽(Cabernet Sauvignon)

---

73) 포도송이가 가지에 강하게 매달려 있어서 기계수확이 어렵다(와인지식연구소 ; 네이버 지식백과)고 한다.

74) 알바오 팔라시오스 페탈로스 와인은 적절한 산도와 바디감이 있고 탄닌도 적절하다. WS(와인스펙테이터)평가에서도 좋은 성적을 거두었다. 2018년 35위, 2015년 53위, 2012년 57위, 2011빈티지는 26위에 올랐다. 2016빈티지는 WS92점을 획득하였다. 전반적으로 좋은 성적을 낸 대중성을 지닌 소비자가 6만원대의 좋은 와인이다.

스페인 쁘띠 베르도 와인

후안 드 후아네스 쁘티베르도 품종의 2015년산 와인이다. 발렌시아 지방에서 생산된다. 검붉은 과일, 흑연 향이 감지되며 부드러운 탄닌과 풀바디의 와인으로 현지가는 1만5천원대이며 국내 소비자가는 6만원대에 판매된다.

스페인의 발렌시아 지역에서는 이 품종이 재배된다. 페네데스 지역에서 생산되는 이 품종은 좋은 와인[75]으로 평가되고 있다.

⑨ 쁘띠 베르도(Petit Verdot)

이 품종은 보르도에서 재배되는 풀바디의 와인이며 스파이시하며 탄닌과 알코올 함량이 높은 특징을 갖는다. 스페인의 동남부, 칠레, 미국의 캘리포니아 등지에서 생산된다.

참고 마스 라 플라나(Mas La Plana)

페네데스에서 만들어진 마스 라 플라나(Mas La Plana)는 1970년 세계 최고의 보르도 특1등급인 라뚜르(Latour)를 제치고 파리올림피아드에서 우승함으로서 주목받았고 작은 포도밭에서 만들어진 까베르네 소비뇽으로 만들어져 주목을 받았다. 강한 루비색, 송로버섯향, 블랙커펀트, 크랜베리, 딸기향이 감지된다. 탄닌의 뛰어난 조화가 인상적이다. 커피, 담배향도 느껴진다. 피니쉬가 길고 도발적이라는 평가를 받고 있다. 14.5%이지만 밸런스가 매우 좋다. 노란색이 약간 섞인 검은색 라벨과 강한 인상으로 인해 별칭이 '검은 전설'이라고 불리기도 한다.

이 와인은 국내에서 할인시 7~8만원대로 구입할 수 있어서 좋은 시음의 기회가 된다는 점에서 의미가 있을 것으로 생각된다.

(2) 화이트

① 아이렌(Airen)

스페인 아이렌 와인

강한 스타일의 오크숙성도 가능한 품종이다. 라만차, 발데페냐스 지역에서 많이 재배되고 있다. 알바체테라고도 불린다. 건조한 기후, 대륙성 기후에서도 잘 자란다. 스페인에서 가장 많이 생산되는 화이트 품종이다.

스페인에서는 차츰 템플라니오 생산이 증가하는 만큼 아이렌은 점차

75) 마스 라 플라나가 이 품종으로 만들어져서 올림피아드에서 우승으로 세계시장에서 유명해졌다. 시중에서 8~9만원대에 구입할 수 있는 와인으로 강추하고자 한다.

줄어들고 있는 상황이다. 이는 레드와인의 증가에 힘입어서 변화가 보이는 결과이다. 대중적인 스타일의 와인으로 일반적인 와인품종이다.

색은 엷은 노랑색이다. 꽃향, 이국적인 과일 아로마가 감지된다. 레몬, 사과향이 난다. 아이렌은 만생종이다. 태양과 가뭄을 잘 견디고 산도는 낮은 편으로 평가된다. 척박한 토양에서도 잘 자라는 활력이 있는 포도품종이다. 프랑스의 위니블랑처럼 스페인에서 브랜디를 생산하는데 가장 많이 사용되는 포도품종으로 평가된다(와인지식연구소).

② 알바니뇨(Albanino)

스페인의 북서지역 갈라시아 지방의 리아스 바이사스 지역의 화이트 품종이다. 감귤류[76], 복숭아의 생기있는 풍미에 아몬드 향이 느껴진다. 해산물과 마리아주가 좋고 생기와 상큼함을 지닌다.

스페인에서도 매우 인기가 있고 새로운 화이트 품종을 찾는 매니아에게 충분히 어필하는 벨류와인이다. Albarino는 스페인에서 가장 잘 자라는 대표품종으로 평가된다.

③ 베르데호(Verdejo)

스페인의 화이트 품종으로 대중적이며 현지에서 가장 인기있는 품종으로 여겨진다. 리오하를 중심으로 톨레도 등 많은 지역에서 벨류와인으로 생산된다. 루에다(Rueda)지역에서도 좋은 베르데호를 생산한다. 스페인에서 이 지역 베르데호 품종을 자주 만날 수 있다.

루에다 지방 베르데호 와인

루에다 지방의 베르데호 와인은 현지에서도 선호되는 화이트와인이다. 까스틸로 드 아자 2015년 빈티지이다. 황금빛 색, 다양하고 화려한 아로마, 과일향이 풍부한 신선하며 바디감도 있는 벨류와인이다. 가격은 현지에서 보통 10~15달러 정도면 괜찮은 와인을 구매할 수 있다.

④ 비우라(Viura)

스페인의 습한 북서쪽 지역과 무더운 남쪽을 제외하면 스페인 대부분의 지역에서 생산된다. 카스티야 라만차, 아라곤 지방에서도 잘 생산된다.

76) 감귤류라고 하면 오렌지, 레몬이 대표적인 예이다. 감귤류는 시트러스(Citrus)라고 하며 화이트와인의 대표품종인 샤르도네에서 많이 감지된다. 참고로 왕귤(Grapefruit)은 소비뇽블랑의 대표적인 향이다.

특히 카바(CAVA)와인의 블랜딩 품종으로 많이 사용되어 카탈루나 지역에서의 수확량이 많다. 리오하에서는 오크숙성으로 비우라 품질이 좋다.

이 품종은 현지에서 마까베오(Macabeo)로도 불린다. 프랑스의 남부 루시옹 지역에서도 생산된다. 시트러스향, 꽃향, 아몬드향이 감지된다. 독자적인 품종이기 보다는 블랜딩용으로 많이 사용된다(와인지식연구소 ; 네이버지식백과)고 하겠다.

참고 프레시넷, 꼬르동 네그로 카바 브뤼(Freixenet, Cordon Negro Cava Brut)

2019년 kov 와인 기사 오피시에 승급식에서 만찬주로 사용된 것이 카바와인이다. 벨류와인으로 샴페인과 비슷한 퀄리티를 지니고 있어서 품질에 있어서 우수한 스파클링 와인으로 평가된다.

품종은 Macabeo, Xarello, Pardllada 블랜딩된다. 까탈루나 지방의 Cava 와인으로 스파클링 와인으로 인기가 높다. 당도와 산도는 낮은 편이다. 알코올 도수는 11~12도이다. 식전주로 좋고 해산물, 샐러드, 스페인의 카나페와 잘 어울린다.

옅은 노랑색 컬러로 레몬향, 풋사과, 배, 복숭아, 멜론, 파인애플, 미네랄, 견과류 등이 느껴진다. 미디엄바디의 피니쉬가 우아한 스파클링 와인이다. 검은 병에 담긴 샴페인과 같은 품질이 좋은 스파클링 와인이다. 신선한 산미, 상큼한 스파클링 와인으로 저온발효를 통해 부드러운 맛을 내는 현대적인 카바와인이다.

베를린 와인트로피 금메달, Decanter 월드 와인 어워드 2011 은메달 수상, IWC 2014 동메달 등을 수상한 소비자가 2만원대의 벨류와인이다. 프랑스 샹파뉴 방식으로 만들어진 가성비가 좋고 권장되는 와인으로 평가된다. 참고로 네그로는 검은 색을 의미하고 Brut는 드라이하다는 의미이다.

⑤ 모스카텔(Moscatel)

Moscatel 품종은 스페인의 라만차 지역 등에서 재배된다. 포르투갈의 뮈스까(Muscat) 품종, 이탈리아의 모스까토 다스티 와인의 품종과 같다. 포르투갈에서는 달콤한 강화와인을 주로 만든다. 매혹적인 꽃향기가 특징이다. 천연적인 아로마가 복합적이다.

⑥ 팔로미노

Palomino 품종은 스페인의 알달루시아 지방의 헤레즈(Jerez)의 주정 강화 와인인 쉐리와인을 만드는 품종이다. 하얀 석회토양에서 이 품종이 재배된다. 독특한 풍미는 부족하다는 평가를 받는다.

⑦ 페드로 히메네스

Pedro ximenez 품종은 스페인의 남서부 코르도바(Cordova), 바다호스(Vadajoz)등에서 생산된다. 생산량은 많지 않으나 스페인의 대표적인 품종으로도 평가된다. 미국 캘리포니아, 남아공, 호주, 아르헨티나에서도 생산된다. 당도가 가장 높은 화이트품종으로도 알려져 있다. 쉐리와인 블랜딩시 소량이 들어간다. 말린 과일, 감초향이 감지된다.

6. 스페인 등급 체계

스페인 와인은 숙성기간에 따라 등급이 구분된다. 레드와인의 경우, 호벤, 크리안자, 리제르바, 그랑 리제르바로 구분된다. 리오하, 리베라델두오로 지역의 와인인 경우 숙성기간을 명시하는 등급체계가 중요한 기준이 되고 있다.

(1) 호벤(Joven)

일반적인 와인으로 숙성기간이 별도로 요구되지 않는다.

(2) 크리안자(Crianza)

6개월이상 오크 배양을 해야 하며 최소 2년을 숙성시켜야 한다. 스페인 레드와인의 경우, 크리안자급이면 기본적인 오크 풍미 등을 갖춰서 시음하기에 적당하다.

(3) 리제르바(Riserva)

12개월 오크 배양을 해야 한다. 최소 3년을 숙성하야 하는 등급이다.

(4) 그랑 리제르바(Gran Reserva)

18개월 오크 배양을 포함하여 최소 5년을 숙성해야 한다.

코로나스 템플라니오 와인

토레스사의 코로나스 템플라니오 2016년산 와인이다. 150년의 전통의 토레스사가 생산한 와인으로 페네데스, 프리오라트 지역에서 좋은 와인을 오래전부터 공급한 회사로 알려지고 있다. Catalunya에서 생산된 현지가 1만원 초반~중간의 가성비 좋은 템플라니오 와인이다.

참고 마르께스 데 리스칼(Marques de Riscal)

세계에서 가장 존경받는 와인브랜드로 인식된다. 스페인 왕실이 사랑하는 최고의 와인명가로 불린다. 1895년 보르도 만국 박람회에서 비프랑스산 와인 최초로 보르도 최고의 명예 타이틀을 수상하였다. 1858년 스페인 리오하에 설립된 최초의 와이너리이다. 루에다 지역 최초로 베르데호 품종을 재개발하여 와인을 생산하였다. 세계적인 건축가 프랭크 게리가 디자인한 럭셔리 호텔과 와인리조트를 운영하고 있다.

또한 죽기 전에 가야 할 세계휴양지 1001로 평가되고 있다. 2019년에는 세계에서 가장 존경받는 와인 브랜드 TOP10(Drink international)로 선정되었다.

참고 또레스(Torres)

1870년대 창업하여 스페인 페네데스(Penedes)와인을 세계적인 수준으로 격상시킨 회사이다. 까베르네 소비뇽, 샤르도네 등 새로운 품종을 도입하여 과학적인 방법으로 좋은 결과를 창출하였다. 대표적인 와인이 1970년 파리 와인 올림피아드에서 우승한 마스 라 플라나(Mas La Plana)이다. 60년 동안을 벌크와인을 생산하다가 세계적인 와인메이커가 되었다. 1932년부터 미겔 또레스(Miguel Torres)가 운영하다가 작고 후 1062년부터는 아들이 운영하고 있다(허용덕 외 : 2009).

참고 히드로공항의 스페인 와인 세일

영국 사람들은 와인평가에는 세계적인 인재들이 많은 나라이다.

와인의 평가에 익숙한 영국의 히드로 공항에서 최근에 와인매장을 찾아 보니 중저가의 와인을 세일하는 것들이 다소 눈에 띤다. 그중에 스페인 리오하 지역의 크리안자급 와인을 1+1세일(한병을 사고 한병을 추가 구입하면 할인)을 하는 것을 발견하게 된다. 가격도 국내보다 저렴한 13000원대로 판매하고 있어서 눈길이 간다. 해외에서 이러한 경험은 새로운 정보와 구입의 기회로 여겨진다.

[고종원교수의 세계와인 문화이야기 _ Spain]

우리를 사로잡는 짙은 빛과 강한 향의 스페인와인

스페인 와인은 프랑스, 이탈리아에 밀려 주목을 별로 받지 못하다가 최근 구세계 와인의 또 다른 대표주자로 인식되면서 소비가 늘어나며 관심을 끌어내고 있다. 년대 들어서 유럽, 미국, 일본의 와인매니아를 중심으로 인기를 모으며 소비가 증가되었고 국내에서도 최근에 부각되고 있는 상황이다. 우리나라에서도 수입에 있어서 호주에 이어 6위의 수입국가로 떠오르고 있다. 또한 중저가 와인의 수입증가 등으로 인해 연도별 증가율이 가장 높게 나타나고 있다. 한-EU FTA협정에 따라 지속적인 증가가 예견된다. 스페인은 기원전 1,000년 전부터 포도를 재배한 나라다. 스페인 와인의 경쟁력은 가격대비한 품질경쟁력에 있다. 같은 유럽권 프랑스와 이탈리아에 비해 편안함과 다가서기가 부담스럽지 않고 구세계의 우아함까지 느끼게해준다.

스페인 와인은 진한 향과 강렬한 맛이 특징

스페인은 와인재배면적이 세계에서 가장 큰 나라이며 와인생산량은 프랑스, 이탈리아 다음으로 많은 구세계의 대표주자이다. 그래서 스페인 와인은 광활한 대지의 풍부함으로 표현되고 있다. 정열과 태양의 나라 스페인 와인은 진한 향과 강렬한 맛이 특징이다. 스페인의 유명한 토마토축제와 소몰이축제처럼 스페인사람들은 정열적이며 때로는 거칠어 보이기도 한 성격을 지니고 있다. 스페인 사람들처럼 스페인 와인은 강렬함으로 표현된다. 정열적인 느낌을 갖게 되며 스페인의 다양한 기후 가운데 건조하며 메마른 환경처럼 건조하고 화끈한 느낌을 받게 된다. 스페인와인은 다른 측면에서는 토양이 기름진 느낌으로도 표현될 수 있다. 스페인 레드와인의 경우 대체로 색이 진하고 깊게 표출되고 있다. 강렬한 맛과 완만한 탄닌이 복합적으로 표출된다. 이러한 면모로 인해 스페인 와인에 긍정적인 평가가 내려지고 벨류와인(Value wine)으로 평가받게 되는 것이다.

잠자는 거인, 잠재력의 스페인 와인

스페인 와인은 잠재력이 무한한 잠자는 거인으로 평가되고 있다. 재배면적에 비해 생산성이 떨어지지만 희소성의 가치와 스페인 전역에서 생산되고 표현되는 다양성이 장점으로 작용하고 있다. 스페인와인의 숨은 저력은 1970년 프랑스 보르도 등급과 겨룬 올림피아드에서 마스 라 플라나(Mas La Plana) 와인의 우승으로 세계의 주목을 받게 된다. 소위 '검은 전설(black legend)'로 불리는 마스 라 플라나를 통해 스페인와인은 주목받게 됐다.

리베라 델 두에로에 위치한 배가 시실리아(Vega Sicilia)는 고인이 된 다이애나 왕세자비와 찰스 왕세자가 결혼식 축하주로 쓰인 와이너리로 스페인와인의 전설로 명명된다. 프랑스의 까베르네 소비뇽과 메를로, 말백 그리고 알비노 등을 도입하여 템플라니오를 중심으로 블랜딩하여 좋은 빈티지에만 와인을 생산하는 '스페인의 로마네 콩티'로 명명되는 '우니코'는 오크통에서만 6년 이상 숙성을 거쳐 세계 최장 숙성할 수 있는 와인으로 명성을 얻고 있다. 100년 이상 보관이 가능한 이 와인은 진귀함으로 인해 '돈이 아닌 우정으로만 구입할 수 있는 와인'으로 세간에서 회자되고 있을 만큼 가치와 명성을 얻고 있는 전설적인 와인이다.

최고로 평가되는 마리아주

스페인와인은 특히 현지음식과 가장 잘 어울리며 와인과 현지음식의 마리아주가 최고로 평가받는다. 홍합과 조개 그리고 사프란 향료가 들어간 해물밥으로 유명한 파에야(Paella), 넓적다리를 소금에 절여 말려 먹는 하몬(Jamon)은 와인과 함께 먹는 스페인 최고의 음식으로 여겨지고 있다. 스페인의 레드와인은 생선이나 야채에도 잘 어울린다. 왜냐하면 스페인 와인은 너무 무겁고 부담스럽지 않기 때문에 그렇다. 스페인에서도 와인에 어울리는 음식을 추천할 때 재료의 신선함의 중요성을 강조한다. 스페인사람들은 와인과 먹는 안주거리로 타파스(Tapas)를 즐긴다. 타파스는 식욕을 돋우는 애피타이저로 올리브나 치즈와 함께 먹거나 오징어 등 해산물과 튀겨서 먹는다. 타파스는 와인과 잘 어울리며 종류도 다양한 간식거리이다. 치즈도 우유치즈, 양젖 치즈, 염소 치즈 등 지방마다 다양하다. 스페인문화를 말할 때 놓쳐서는 안 되는 것이 바로 타파스로 다양한 소시지와 토마토로 만든 타파스는 스페인식 와인스타일로 '타파스 하나에 와인 한잔'이라는 낙천적으로 먹고 마시고 대화하는 그들의 와인문화가 반영되고 있는 것이라 하겠다.

지역마다 템플라니오를 중심으로 다양한 품종 생산

스페인의 와인생산지역으로 주목해야 할 곳은 리베라델두에로(Ribera del Duero), 리오하(Rioja), 페네데스(Penedes), 프리오라트(Priorat), 헤레스(Jerez) 지역이다. 리오하는 스페인 최고급 와인의 산지로 프랑스의 영향을 가장 많이 받은 곳이며 포도병충해의 피해가 없었던 곳이다. 리베라 델 두오로는 리오하와 쌍벽을 이루는 곳으로 진하고 농축된 와인이 특징이다. 페네데스는 화이트와인 산지로 스파클링와인 까바(Cava)를 생산하는 곳이다. 프리오라트는 최근 레드와인의 명산지로 떠오르는 곳이다.

헤레스는 스페인와인의 대명사 같은 세리의 산지로 알려져 있다. 동키호테의 무대인 라만차지역은 세계에서 가장 넓은 와인생산지역이다. 20년전 화이트 품종이 스페인의 와인품종가운데 80%를 차지할 만큼 많은 종류를 차지한다. 90년대 이후 레드와인의 소비확대로 현재는 스페인에서 레드와인이 증가하는 상황이다.

스페인은 지역마다 템플라니오를 중심으로 다양한 품종의 와인을 생산하고 있다. 스페인 와인의 등급은 6개월 오크배양을 포함한 최소 2년을 숙성하는 크리안자(Crianza), 1년 오크숙성 최소 3년을 숙성하는 리제르바(Riserva), 2년 오크숙성 병입 후 3년 숙성 등 최소 5년 숙성하는 그랑 리제르바(Gran Reserva) 등이 있다. 스페인와인은 라벨에 표기된 숙성기간에 따라 품질을 평가하고 있다. 숙성에 따라 등급을 구분하는 것이다.

총 200여종의 포도 품종 재배

스페인은 북쪽으로 프랑스와 경계를 이루는 피레네산맥, 서쪽은 포르투갈과 대서양, 동남쪽은 지중해가 펼쳐져 있다. 내륙은 무더움과 적은 강수량을 보이며 강들이 바다로 향하고 있다. 스페인은 유럽 서남쪽에 위치한 지형적 조건 즉, 아프리카와 유럽을 잇는 입지조건과 이민족의 침입 등으로 인해 자연스럽게 다양한 외래품종의 유입이 많았다. 이러한 포도품종은 세월이 흐르면서 토착화되어 현재 스페인의 토착품종이 되었다고 할 수 있다.

가장 대표적인 스페인의 토착품종은 템플라니오(Tempranillo)라고 할 수 있다. 페네데스, 리베라 델 두에로, 라만차, 나바라, 토로, 발레페냐스 등 대부분의 스페인 전역에서 생산된다. 짙고 붉은 빛깔에 적정한 탄닌과 산도를 지닌다. 리오하(La Rioja)가 대표적인 산지로 이 품종의 고향으로 알려져있다. 리베라 델 두에로에서도 최상급의 와인을 생산한다. 템플라니오는 다른 품종과 블랜딩함으로써 경쟁력을 갖게 되는데 주로 가르나차(Garnacha), 까리네나(Carinena), 그라시아노(Graciano), 모나스트렐(Monastrell), 까베르네 소비뇽, 메를로 등과 혼합하여 훌륭한 와인을 생산하게 된다. 화이트와인 품종으로는 아이렌(Airen), 비우라(Viura), 말바시아(Malvasia) 등의 품종이있다. 총 ? 여개의 포도품종이 스페인에서 재배된다.

열정만큼이나 여유와 휴식을 즐기는 스페인 사람들

한편 스페인은 아르헨티나 와인에도 많은 영향을 미쳤다. 현재 아르헨티나는 스페인처럼 와인과 음식의 소비량이 큰 나라로 스페인의 식민지배 시절부터 와인문화는 영향을 받고 있다. 스페인의 포도병충해 피해에 당시 와이너리들이 아르헨티나로 많이 진출했고 가격이 저렴하면서 품질이 좋은 와인들이 생산됐으며, 아르헨티나는 1990년대 이후 와인소비량이 세계에서 가장 많은 나라 가운데 하나로 부상하게 되었다. 즉, 유럽의 어떤 나라보다도 와인을 즐기고 많이 시음하는 문화가 잘 형성되었다고 할 수 있다. 열정만큼이나 스페인 사람들은 여유와 휴식을 즐긴다. 매일 그들이 필수적으로 갖는 낮잠 시간인 시에스타(Siesta)가 그들의 넘치는 에너지의 근원인 것 같아 보인다. 강렬한 와인의 스타일을 지닌 짙은 빛과 강한 향의 스페인와인은 많은 현대인이 추구하는 트렌디한 와인이 아닐까 생각해 본다. 개인적으로 스페인와인은 아내와 시음하면서 가장 좋은 테스팅 평가를 받은 와인으로 의미와 가치가 있고 기억에 남는 와인이기도 하다. 열정적인 축제의 나라인 스페인 각 지방의 축제에서 권하는 와인과 타파스를 기대하면서 금번 스페인 와인문화이야기를 마친다.

출처 : HOTEL & RESTAURANT 2015.03.

Portugal

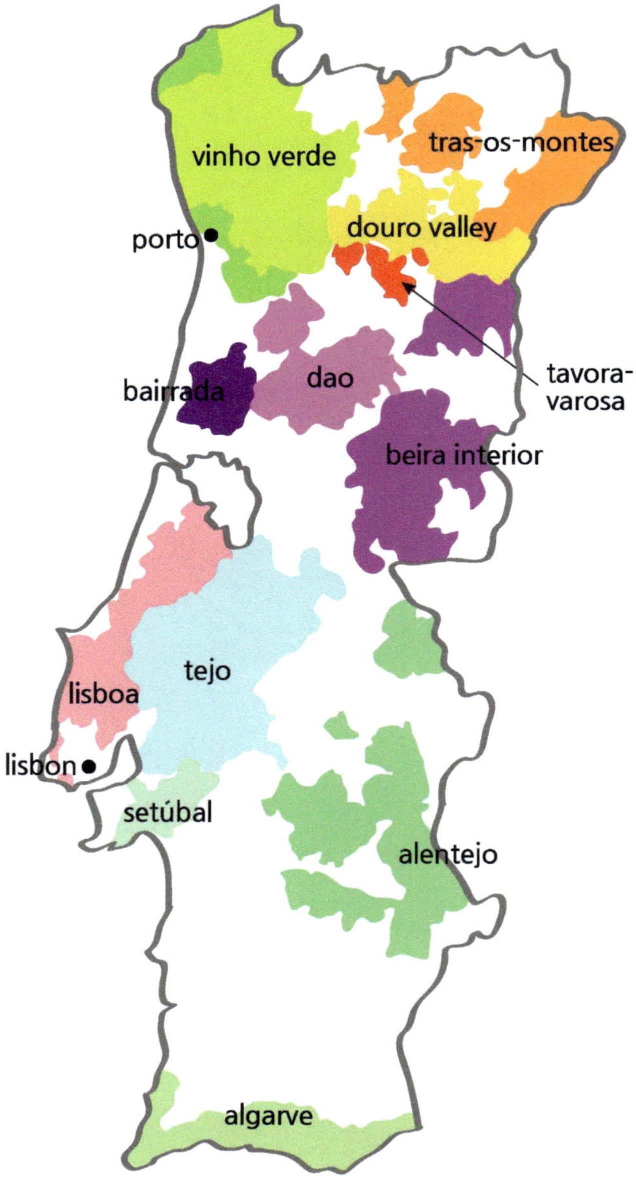
vinho verde
tras-os-montes
douro valley
porto
tavora-
varosa
bairrada
dao
beira interior
tejo
lisboa
lisbon
setúbal
alentejo
algarve

1. 와인개요

스페인에 바로 인접한 유럽의 최서남단지역의 이베리아 반도의 나라이다. 이베리아 반도의 약 15%를 차지한다. 국토의 서쪽이 긴 해안선을 따라 대서양에 인접해 있다. 마젤란의 인도양 발견, 브라질의 식민지화, 필리핀의 발견 등 세계항로를 구축하면서 발전했던 나라로 기억되고 있다.

영국과의 1703년 메뚜엔 조약으로 포르투갈은 와인생산지로서의 입지를 잡게 된다. 도우루(Douro)는 1756년 지정산지로 설정되어 성문법으로 와인산지로 보호하게 되었다.

이후 큰 발전없이 시간이 지나고 1986년에 EU의 회원국이 되면서 와인이 활성화를 띄게 되었다. 마데이라[77], 포트와인(Port)외에도 일반와인이 발전하게 된다. 포르투갈의 와인생산은 스페인, 프랑스, 이탈리아에 이어 유럽에서 4번째 생산국이다. 포르투갈은 지중해와 대서양 그리고 대륙성 기후를 나타낸다.

2. 테루아

와인의 역사가 구대륙으로 4천년의 역사를 지니고 있다. 청동기시대로부터 시작되었다는 고고학자들의 연구로 타르테소스, 페니키아, 로마인 등 포르투갈을 거쳐간 민족들이 포도를 재배하고 와인을 생산한 흔적을 남겼다(최현태, 2016.7.15).

포르투갈 와인은 이 지역에서만 자라는 독특한 자생 포도품종들로 알바링뉴, 뚜리가 나시오날, 뚜리가 프랑카, 엔크루자두 등 250개 이상의

---

77) 세계 4대 주정강화와인이다. 포트와인, 쉐리와인 그리고 시칠리아 마르살라와 함께 알려져 있다. 열대성기후를 보이는 아프리카에 위치한 화산섬이다. 베르데호, 보알, 말바시아 등의 품종이 생산된다. 알코올 도수 17~21도의 아페리티프 와인으로 인기가 높다.

다양한 토착품종이 있다. 화강암, 편암, 점토질, 사암, 셰일 토양까지 전역에 펼쳐지는 다양한 토양에서 자란다. 그리고 200개 이상으로 분류되는 미세기후도 다양한 토착 품종이 생겨난 배경이다(세계일보, 206.7.15).

3. 와인산지

도우로, 바이라드, 다웅, 세뚜발, 리스보아, 알렌떼주가 주요산지이다.

(1) 도우로

두우로는 레드와인을 최근 많이 생산하고 있다. 전통의 포트와인 생산자들이 많은 지역이기고 하다. 도우로(Douro)[78]산지는 포르투갈의 북동쪽에 위치한다. 도우로 밸리는 깊고 긴 계곡으로 포도밭들이 강을 끼고 가파른 비탈에 심겨져 있다. 한국의 계단식 논과 비슷한 모양이다.

도우로강은 포르투갈 최상의 산지인 도우로 DOC를 흐르는 강이다. 스페인에서 리베라 델 두에로, 루에다, 토로 등의 와인산지를 거쳐서 유입된다. 강의 길이는 897km이다. 스페인에서는 두에로, 포르투갈에서는 도우로라고 부른다.

(2) 다웅

다웅은 진하고 견고한 레드와인을 생산하고 있다. 다웅(Dao)에서 재배되는 자엥(Jaen)품종은 스페인보다 활력이 더한 안정적인 수확을 보이며 스페인에서는 멘시아(Mencia)라 불린다. 포르투갈에서는 낮은 산도에 가벼운 스타일의 레드와인을 만들며 장기숙성을 위해서는 투리가 나시오날

78) 북부지역으로 유네스코가 지정한 세계문화유산 지역이기도 하다.

같은 강건한 품종과 블랜딩(와인지식연구소 ; 네이버지식백과)한다고 한다.

참고 페리퀴타 오리지널

제조사는 1834년 Jese Maria da Fonseca이다. 가족이 7세대에 걸쳐 운영하고 있다. 세투발 페넨술라, 알렌티조, 두오로 지역에 650ha의 포도밭을 소유하고 있다. 생산된 포도의 80%를 세계 70여개국으로 수출하는 와이너리이다.

이 와인은 카스텔라오 45%, 트린카데이라 40%, 아라고네즈15% 블랜딩되었다. 프렌치와 아메리칸 오크통세서 6개월 숙성되었다. 200년 역사의 포르투갈 최고의 와이너리로 포르투갈 최초의 병입와인이다. 2019년 대한민국 주류대상, 구대륙 레드와인부문 대상을 수상한 와인이다. 1850년 이래 만들어져 오는 와인이다.

(3) 리스보아(Lisboa)

긴 해안지역에 걸친 산지로 사토와 해풍으로 포도에 영향이 부정적이라는 평가도 있다. 보르도의 메독에 비유한다. 해안에서 벗어나 내륙의 언덕이나 높은 산 뒤의 포도밭을 좋은 와인재배지역으로 간주한다.

온난한 해양성기후, 석회석과 사토가 혼재한 토양으로 이 지역을 설명한다. 알리깐떼 부쉐, 뚜우리가 나시오날, 띤따 미우다 등 레드 품종과 말바지아, 아린뚜 등의 화이트 품종이 이지역의 대표품종(최훈, 26 : 2019)이다.

(4) 알렌떼주(Alentejo)

이 지역 와인산지를 구아디아니강이 흐른다. 포르투갈의 중남부에 위치한다. 국토의 1/3을 차지할 만큼 큰 지역이다. 이곳에서 와인생산량이 많다. 평지와 구릉이 많다. 리스브아에서도 약 차로 2시간 정도의 거리에 있다.

이 지역은 2016년 와인 앤수지애스트가 세계 10대 와인여행지로 선정한 지역이기도 하다.

(5) 비뉴 베르데(Vinho Verde)

그린 와인이라는 뜻의 포르투갈 북쪽의 와인생산지이다.

(6) 페넨슐라 드 세투발

이 지역은 포르투갈에서 최초로 와인을 병입한 곳으로 알려져 있다. 발포성 와인, 주정강화와인도 생산한다. 포르투갈의 남부에 위치한다. 17~18도의 주정강화와인은 원산지 명칭 통제 제도에 의해서 모스카텔 데 세투발 D·O·C (Moscatel de Setubal D·O·C)로 지정돼 있고 명성도 있다. 품종의 명칭은 머스캣 오브 알렉산드리아(Muscat of Alexandria)로 불린다.

4. 품종

(1) 레드

① 뚜우리가 나시오날(Touriga Nacional)

포도알이 작다. 높은 탄닌과 산도가 특징이다. 진한 향과 강한 탄닌이 특징이다. 색깔이 진하다. 더운 곳에서 잘 자란다. 적은 소출에 복합미와 섬세함을 지닌 품종(손진호, 2010 : 131)이라는 평가가 있다.

조생종으로 일찍 수확한다. 생산량은 많지 않다. 이 품종은 복합적인 와인을 구성하는 역할을 한다.

② 띤따 로리츠(Tinta Roriz)

스페인에서는 템플라니오로 불린다. 짙은 껍질과 색상, 높은 당도, 적절한 산도 등이 특징이다. 포르투갈의 두오로와 다웅 지역에서 많이 생산되는 품종이다. 세밀하고 부드러운 역할을 하는 품종이다.

③ 뚜우리가 프란세사(Touriga Francesa)

당도와 산도가 좋고 과일향이 좋은 품종이다. 떨떠름한 맛[79]과 다소 쓴 맛이 보여 지며 더운 곳에서 잘 자란다. 이 지역에서 가장 좋은 품종이라는 평가도 있다. 스페인의 대표품종인 템플라니오와 같은 품종이다. 포트와인, 테이블와인 등 좋은 와인을 생산한다.

껍질이 짙고 높은 당도와 적절한 산도를 함유한 품종이다. 포트와인을 만드는데 필요한 레드와인 품종이다. 이 품종은 와인의 지속성을 돕는 역할을 한다.

④ 띤따 로리즈(Tinta Roriz)

이 품종은 스페인의 템플라니오의 포르투갈식 명칭이다. 스페인과 포르투갈을 지나는 도우로(Douro)강의 대표품종이다. 좋은 와인에서는 과일과 꽃의 풍미, 미네랄이 잘 조화되어 여운을 남기며 복합적이며 우아한 향기를 표출한다.

참고 아니무스 틴토(Animus tinto)

도오로 지역의 와인으로 2017년 빈티지는 2016년 Wine Enthusiast Best Buy, 2018 Decanter Bronze를 수상하였다. 검은 과일향, 미디엄바디의 적절한 드라이함을 갖추고 있다는 평가이다. 토착품종인 틴타 로리츠 30%, 투우리가 나시오날 30%, 투우리가 프란차 40% 블랜딩되었다.

스파이시하고 잘 익은 붉은 과일향, 자두, 삼나무향이 느껴진다는 평가이다. 가성비가 좋은 와인으로 구입처마다 차이가 있어서 2~4만원대의 가격으로 구입가능하다. 섬세하고 복합적이며 지속적인 부케가 느껴지는 와인이다.

Animus 두오로 2017빈티지 와인

포르투갈 와인이 국내에 많이 유입됨에 따라 와인전문 카페에서도 시음할 수 있는 상황이다.

⑤ 기타

바가, Castelao, Trincadeira, Aragonez 이 있다.

---

79) 시음시에 전문가들은 earthy하다고 표현한다.

(2) 화이트

① 베르데호(Verdelho)

매우 화사하고 밝은 느낌의 과일향이 나는 화이트 품종이다. 화려한 아로마가 매력적이다. 스페인과 포르투갈에서 대중적으로 만나게 되는 밸류 화이트와인의 품종이다. 원래는 마데이라섬에서 주로 쓰여던 품종이다. 색깔도 밝은 황금빛의 보기 좋은 빛이다. 숙성시에는 노블와인이 된다.

② 말바지아(Malvasia)

이탈리아 품종에 많이 나오는데, 원래 그리스가 원조라고 한다. 색상이 노란색으로 향과 풍미가 좋다는 평가를 받는다. 화사하며 경쾌하다. 향과 풍미가 좋다는 평가를 받는다.

③ 알리칸트 부쉐(Alicante Bouschet)

알렌떼주 지역에서 많이 생산되는 품종이다.

④ 기타

로우레이로, 아린토, 비칼, 알바린호(마이클슈스터, 232 : 2007)품종이 있다. 트라자두라, 루레이로, 아잘 등 토착품종이 많다.

참고 Casal Garcia 와인투어

까잘 가르시아는 1939년 포르투갈의 비뉴 베르데 와인을 최초로 병입 판매를 시작하였다. 1870년 설립된 와이너리로 Guedes Family가 6세대에 걸쳐 운영하는 보기 드문 와이너리이다. 1500년대부터 와인을 양조했다는 기록이 있다고 한다. 까잘 가르시아는 1870년 최초로 병입 와인판매를 시작했다고 한다.

희귀한 나무와 꽃들로 가득 찬 300년 역사의 정원은 국제 와인투어의 최상급의 장소로 선정되었다. 참고로 까잘 가르시아는 비뉴베르데 지역에서 토착품종인 트라자두라, 루에이로 등의 품종으로 화이트와인의 경쟁력을 지니고 있다. 청사과 감귤, 밸런스가 좋고 아시아 요리와 잘 어울린다는 평가이다. 대한민국 주류대상 화이트부문 대상을 수상하기도 하였다.

참고 마데이라

포르투갈의 령으로 리스본과 모로코의 중간에 위치한 열대성 기후의 화산섬이다. 강화와인[80]으로 유명한 지역이다. 어느 여행자는 마데이라 와인 한 잔을 마치 사향처험 미묘한 달콤함이 느껴진다는 느낌을 표현(트립 어드바이저, 미국)하고 있다.

품종은 세르씨알, 베르데호, 부알, 말바지아, 틴타 네그라 몰레(마이클슈스터, 230 : 2017)가 주요한 품종으로 재배된다. 산악지대로 골짜기와 가파른 경사지에 포도밭이 위치한다.

5. 포트와인

발효과정에서 고농도의 브랜디(코냑)를 첨가해서 도중에 발효를 중단시켜서 만들어지는 알코올 강화와인이다. 영국이 포르투갈에서 와인을 이동시킬 때 와인이 지나치게 발효되고 변질되는 것에 대해 방책을 마련한 방법이 브랜디(코냑)을 첨가하게 되었다.

디저트 와인으로 세계적인 인지도를 갖게 되었다. 알코올 도수는 17~20도로 달고 진하다. 디저트 음식, 즉 단맛의 디저트와 잘 어울리며 소화를 돕는 역할을 한다.

6. 포트와인 등급

(1) 루비 포트

2~3년 된 일반 포트와인이다. 루비색을 띤다. 루비 레드 칼라이다. 과일향과 아로마향이 감지된다. 식전주와 식후주로도 좋다. 오크통에서 숙

80) 산도가 전체적으로 높다. 숙성연도에 따라 마데이라와인의 품질은 비례한다.

성시키기도 한다.

(2) 타우니 포트

10년 이상 숙성된 포트와인이다. 갈색을 띤다. 산미는 중간, 단맛이 강하며 견과류, 말린 과일향, 카라멜 향이 감지된다. 바디감은 풀바디하다. 타우니 포트는 디저트, 식전주나 식후주로도 좋다.

포트 와인

(3) 빈티지 포트

좋은 해에 수확한 포도로 2~3년 오크에서 숙성 후 병입한 포드와인을 말한다.

(4) 레이트 바틀드 빈티지 포트(Late Bottled Vintage Port)

오크에서 충분히 숙성시키고 늦게 병입한 빈티지 포트(손진호, 2010 : 130)와인을 말한다.

7. 주요생산자

Noval, Dow's, Graham's, Quinta do Vallado, Quinta do Crasto, Quinta de Ventozelo 등이 포르투갈 와인의 주요생산자이다.

Germany

hanmburg
berlin
cologne
(kőln)
saale-unstrut
sachsen
mittelrhein
frankfurt
ahr
rheingau
rheinhessen
mosel
nahe
franken
hess. bergstr
pfalz
baden
württemberg
munich
meersburg

1. 와인 개요

독일은 위도가 높다. 레드와인보다 화이트와인의 명산지가 많다. 맥주가 유명한 나라이지만 와인에 대한 역사도 중세시대부터 수도원을 중심으로 생산되어 왔다. 1980년대까지 거의 90% 정도가 화이트와인을 생산해 왔다. 상대적으로 추운 날씨와 잦은 비로 포도재배에는 좋은 환경은 아닌 곳이지만 나름대로 잘 극복하여 좋은 화이트와인을 생산해 오고 있다. 현재는 레드와인 생산비율이 30% 정도가 된다. 라인가우(Rheingau), 라인헤센(Rheinhessen), 모젤(Mosel)지역을 중심으로 여러 지역에서 생산되고 있다. 대표적인 품종은 산도와 당도가 잘 조화된 리슬링(Risling)[81]으로 장기숙성에도 적합한 품종이다. 독일 와인은 당도가 적고 산도가 높아 알코올 도수가 평균 9% 정도로 낮고 신선한 맛이 있다는 평가이다. 리슬링 외에도 뮐러 트루가우(Mueller Thugau)[82]품종으로 많이 재배되고 있다. 만숙종인 리슬링의 독일에서의 어려운 적응성을 이 품종으로 해결하고자 하는 차원에서 식재되었다고 한다(두산백과).

2. 와인등급

(1) Qmp

특별 품질 표기의 고급와인을 말한다. Qualitatswein mit pradikat로 독일 와인 중 최고의 품질만 엄선된다. 6가지 등급으로 카비넷, 슈페트레제,

81) 독일에서 가장 좋은 품종으로 평가된다. 향기가 다양하며 우아하면서도 상큼한 고급와인을 만든다(두산백과)는 평가이다. 실제적으로 초보자에게 가장 쉽게 접할 수 있는 당도와 산도가 조화로운 품종이며 숙성시에는 휘발성의 벤젠 등 특유의 향이 표출되기도 하며 저장성이 좋은 품종이다.

82) 뮐러 트루가우는 독일의 가을의 습기와 추위를 해결하는 품종으로 역할 하고 있다. 1882년 리슬링과 구테델(Gutedel)품종이 접목되어 개발되었다(네이버 지식백과).

아우스레제, 베렌아우스레제 등이 있다. Qmp는 독일에서 가장 좋은 등급으로 프랑스 AOC, 이탈리아 DOCG, 스페인 DOC, 포르투갈 DOC와 같다.

(2) Qba

지정된 지역에서 나는 질 좋은 포도주의 의미이다. 독일의 13개의 생산지에 국한하여 이 등급이 주어진다. 당해 지역의 특성과 맛을 보장할 만큼 숙성되고 인정된 포도로 만들어야 한다. 숙성기간은 오래지 않아도 되며 알코올 도수를 위해 가당을 하는 것도 허용된다(허용덕 외 ; 네이버 지식백과).

독일의 Qualitatswein Bestimmter Anbaugebiete는 프랑스의 VDQS(Vin delimite de Qualite Superieure), 이탈리아 DOC, 스페인 DO, 포르투갈의 IPR(Indecacao de proveniencia Regulamentade)와 같다.

3. 와인구분 체계

독일 와인은 등급과 당도와 도수를 통해 구분하는 것이 독일의 와인구분 체계이다.

(1) 카비넷(kabinett)

당도가 48g/리터이다. 수도사들이 카비넷에 숨겨두고 몰래 시음했다는 유래를 갖고 있다. 첫 수확물로 제조한 와인이다.

(2) 슈퍼트레제

늦게 수확한 포도로 와인을 제조한다. 까베넷 보다 당도와 알코올 도수가 높다.

(3) 아우스레제

완숙한 포도로 수확하여 와인을 제조한다.

라인헤센 베렌아우스레제 와인

베렌아우스레제 2012년 와인이다. 라인헤센지역의 와인으로 당도가 있어서 디저트 와인으로 적당하다.

(4) 베렌아우스레제

과숙한 포도를 선별하고 수확하여 와인을 제조한다.

(5) 아이스와인

눈이 올 때 포도를 수확하여 와인을 제조한다.

(6) 트로켄아우스레제

건포도에 가깝게 마른 포도를 수확하여 와인을 제조한다. 가장 당도가 높고 알코올 도수도 높은 특징을 갖는다.

4. 품종

독일은 유럽에서도 위도상 서늘한 날씨로 잘 익고 자연스러운 스타일의 피노누아[83]와 가장 인지도 있는 리슬링을 생산한다. 독일은 화이트와인의 경쟁력을 지닌 국가이다. 특히 리슬링, 뮐러트루가우, 돈펠트너, 피노그리 및 피노블랑, 실바너, 피노누아를 주로 생산하고 있다.

(1) 화이트

83) 시골적이고 자연적인 스타일의 피노누아를 말한다.

① 리슬링(Riesling)

리슬링 품종은 산도와 당도가 가장 적절하게 조합된 품종으로 평가된다. 또한 저장성도 화이트와인 가운데에서는 가장 좋은 편이다. 즉 산도가 그만큼 충분하게 내포되어 있는 품종이다. 일반적으로 이 품종은 당도가 많은 편으로 초보자들이 선호한다. 그러나 드라이한 와인을 추구하는 매니아들에게 리슬링은 휘발유성 향을 내포하며 미네랄향이 독특하게 발산되는 품종으로 선호되기도 한다.

드라이한 스타일, 스위트한 스타일 등을 만든다. 독일의 가장 지명도가 있는 모젤, 라이가우, 라인헤센 지역 등에서 생산된다.

② 바쿠스(Bacchus)

이 품종은 독일의 토착품종이다. 바쿠스는 로마 신화에 나오는 포도나무와 포도주의 신으로 그리스 신화의 디오니소스에 해당 한다. 실바너, 리슬링, 뮬러트러가우가 접합된 품종으로 평가된다. 이국적인 과일향, 산미는 낮으나 달콤한 특징을 갖는다(와인21닷컴).

③ 숀부루거(Schoenburger)

1979년 독일 가이젠하임대학에서 피노누아, 샤슬라, 뮈스까 함부르크 품종을 접합한 품종이다. 조생종으로 부드럽고 과일풍미가 좋다(wine21.com)는 평가이다.

④ 뮐러 트루가우(Muller Thrugau)

복숭아와 여러 가지 꽃향기가 발산된다. 감미도 있는 품종으로 평가된다. 독일, 이탈리아 북부, 헝가리, 오스트리아 등 동구권에서 잘 재배되는 품종이기도 하다.

리슬링과 마들렌 로얄(Madeleine Royal) 품종이 교배되었다. 옅은 풀색이 반영된 밝은 노란색으로 넛맥, 야생허브류, 산뜻한 풀향의 진한 시트러스의 과일향이 감지된다. 향기로우며 미디엄 풀바디의 가성비 좋은 구조감을 갖는다(네이버 지식백과)는 평가이다.

⑤ 실바너(Silvaner)

산도가 높고 시트러스향, 청사과가 느껴지는 약간 드라이한 와인으로 평가된다. 중저가의 실바너는 당도가 있는 느낌의 품종으로 만들어지기도 한다.

⑥ 피노그리(Pinot Gris)

독일에서의 피노그리는 Weissburgunder(바이스부르군더)라고 불린다. 알코올 함량이 풍부하다는 평가를 받는다. 아로마틱하고 향기가 좋아 최근에 많은 주목을 받고 선호도가 높아가는 품종이다.

⑦ 피노블랑(Pinot Blanc)[84]

피노블랑은 Grauburgunder(그라우부르군더)라고 불린다. 시트러스, 복숭아, 꿀향이 느껴진다는 평가이다. 부드러움과 산미의 밸런스가 좋다는 평가이다.

⑧ 쇼이레베

Scheurebe 품종은 케르너와 비슷하게 평가된다. 독일과 오스트리아에서 재배되는 신품종이다. 실바나(Silvana)와 리슬링(Riesling)의 교배종이다. 독특한 맛으로 달맞이 꽃 열매가 감지된다. 숙성기간이 길다. 늦게 수확한 슈페트레제 와인은 적당한 당도, 익은 배와 사과향 등 열대과일향(허용덕 외 ; https : //terms.naver.com)이 느껴진다는 평가이다.

---

84) 인근 지역인 프랑스 알자스 지방에서는 포도재배의 20%를 차지하고 있다. 알자스에서는 크레망(Cremant)와인 생산에 많이 사용되고 있다(외식용어해설 ; 네이버 지식백과)고 한다.

⑨ 케르너

레드품종인 트롤링거와 화이트 품종 리슬링이 교배되어 만들어진 품종이다. Kerner는 껍질이 두껍고 조숙종이다. 라인헤센, 팔츠 등에서 재배된다. 머스켓 향기, 산뜻한 산미, 황금빛 컬러, 파인애플, 자두 과일향(허용덕 외 ; 네이버 지식백과), 감도가 느껴지는 품종이다.

(2) 레드

① 슈페트부르군더(Spaetburguder)

Ahr지역에서도 피노누아가 생산된다. 독일 피노누아는 Spatburg-under(슈페트부르군더)로 불린다. 크랜베리, 체리, 얼시한 느낌이 난다는 평가이다. 나름 야생적인 느낌을 주는 피노누아를 생산한다.

상대적으로 추운 모젤, 라인가우에서도 생산되나 비교적 온화한 팔츠, 바덴에서 잘 생산된다. 산도와 당도의 균형감이 좋다는 평가이다.

독일의 바덴지역 피노누아 와인

독일의 후버 피노누아 2011년산 와인이다. 나름 저장성이 있고 밸런스가 좋은 와인이다.

② 포르투기저(Portugieser)

Portugiser의 원산지는 포르투갈이지만 포르투갈에서 생산하지는 않고 있다. 병충해에 취약하고 재배가 쉽지 않다. 독일, 오스트리아, 체코, 헝가리 등에서 생산된다. 그리고 프랑스의 가이악(Gaillac)에서도 소량 생산된다. 독일에서는 Pfalz에서 주로 생산된다.

이 품종은 병충해에 약하고 재배에 손이 많이 간다. 향이 풍부하고 맛이 부드럽다는 평가이다. 산도는 낮아서 장기 숙성은 어렵다. 복합적인 풍미는 약한 편이다. 추천요리는 치킨요리이다.

③ 트롤링거(Trollinger)

독일의 레드품종인 Trollinger는 가볍고 과일향이 풍부하다. 산뜻한 산도를 갖으며 야생의 베리향이 감지된다. 순한 소고기 요리가 이 와인과 함께 추천된다. 독일의 포도재배 면적의 2.4%(나무위키)를 차지한다.

④ 도른펠더(Dornfelder)

미디움 바디를 갖고 있는 레드와인이다. 감도가 있으며 과일향이 느껴진다. 탄닌감은 약간 있으며 스파이시한 산도가 약간 있다는 평가이다. 중저가의 와인으로 초보자에게 적당한 와인이다. 독일 현지에서는 가장 대중화된 베이스의 와인이다.

라인가우 지역
볼라츠 리슬링 와인

라인가우 볼라츠 2018년산 리슬링 와인이다. 라벨에 라인가우 지역의 1573년도 볼라츠성이 그림속에 보인다. 마치 背山臨水(배산임수 : 산을 등지고 물을 바라보는 지세의 뜻)의 느낌을 갖게 되는 지역이다. 독일 라인가우 지역은 리슬링의 경쟁력을 지니고 있다. 현존하는 최고의 오래된 리슬링의 명성을 구축한 와인생산자인 슐로스 볼라츠는 1211년에 시작되어 2011년 와인판매 800주년을 맞았다. 살구, 복숭아, 감귤, 사과, 꿀, 미네랄을 갖춘 중세 이래 투박한 오랜 전통을 이어온 와인으로 평가된다. 병의 짙은 에메랄드색의 병은 산화를 방지하는 역할도 한다는 수입사 금양인터내셔날의 설명이다. 소비자 가격은 4만원 내외이다.

5. 주요산지

유명 산지를 보면 다음과 같다.

(1) 라인가우(Lainau)

독일와인의 화이트의 명산지이다. 가장 오래된 고급와인을 생산하는 전통적인 재배지역으로 평가되고 있다. 규모는 가장 적은 생산지역이다. 주로 라인강 남쪽에 포도밭을 형성하며 산의 경사지에서 재배된다. 이는 최적의 환경으로 여겨지는 구조이다. 강 근처에 포도밭이 위치하여 물 사용이 용이하고 자연적으로 온도를 조절할 수 있다는 장점을 갖는다.

포도원 뒤에는 타우누스산맥이 위치하여 찬바람을 막아주는 역할을 한다. 라인가우 산지는 리슬링 품종에 이상적인 토양층을 형성하고 있다. 토양층이 깊고 석회성분이 많다. 모래와 진흙과 자갈 그리고 사암으로 형성되어 있다. 밀러투르가우, 슈페터부르군더[85] 등의 품종이 생산되는 지

85) 피노누아(Pinot noir)를 말한다. 독일에서는 슈페터부르군더라고 명명한다. 서늘한 지역에서 재배되는 재배하기 까다로운 품종이다.

역이기도 하다(최영수 외, 2005 ; 문화콘텐츠닷컴).

라인가우에서는 리슬링, 피노누아를 주로 생산한다.

(2) 라인헤센

독일에서 가장 넓은 포도재배지역이다. 리슬링이 가장 고급스러운 품종으로 평가된다. 포도재배지역이 주로 평지이다. 붉은색을 띤 사암, 판암으로 토양이 형성되어 있다. 이러한 토양에서 자란 리슬링은 수분이 많은 특징을 보인다. 라인헤센에서는 뮐러트루가우 품종 등도 생산된다(한국콘텐츠진흥원 ; www.kocca.kr).

그리고 돈펠트너, 실바너 품종도 생산된다.

독일의 돈펠트너 와인

라인헤센 지방의 돈펠트너 와인 2012년 빈티지이다. 현지에서는 가장 대중적인 일반와인으로 분류된다.

(3) 모젤

모젤지역은 햇빛을 받기 위해 포도밭이 매우 경사지다. 즉 가파른 밭이 형성되어 포도수확시 주의해서 수확해야 하는 상황이다. 위도가 높은 독일의 산지는 일조량이 매우 필요하다. 특히 모젤지역의 경우, 햇빛을 위해 포도산지가 매우 가파르게 형성되어 있어서 포도 수확시 많은 사고가 생겼을 만큼, 위험하기도 하여서 안전장치를 달고 포도수확을 하고 있는 상황이다.

리슬링의 산지이다. 모젤지방은 포도밭이 일조량의 부족으로 햇빛을 위해 많이 경사져 있는 것이 특징이기도 하다.

모젤 자르 루버 와인

1988년 빈티지이다. 리슬링 슈페트레제 와인으로 2017년 시음에도 저장성을 바탕으로 시음에 문제가 없는 상태를 보여주었던 인상적인 와인으로 평가된다.

(4) 기타 산지

아르(Ahr), 미텔라인(Mittelrhein), 모젤-자르-루버(Mosel-Saar-Ruwer), 나헤(Nahe), 팔츠(Pfalz), 프랑켄(Franken), 뷔르템베르크(Wurttemberg),

바덴(Baden) 등이 있다.

① 팔츠

리슬링, 돈펠트너, 뮐러트루가우가 대표적인 품종이다.

② 바덴

남서부에 위치한다. 피노누아, 뮐러트루가우, 게브르츠트라미네가 생산된다.

③ 프랑켄

뮐러트루가우, 실바너, 피노누아가 대표적인 품종이다.

④ 뷔텐부르크

리슬링, Schiava, 블라우프랭키쉬를 생산한다.

⑤ 나헤

북부는 사암이 많고 라인헤센 와인과 비슷하다. 남부는 점판암질 토양으로 주로 리슬링, 뮐러트루가우, 실바너 등이 재배된다. 남서부의 보석(이정훈, 2013 : 181)으로 평가되는 지역이다.

나헤 지역의 리슬링 와인

나헤 지역의 리슬링 아우스레제 와인 2016년산이다. 산도와 당도가 가장 잘 조화된 품종이 리슬링으로 저장성도 좋다.

Austria

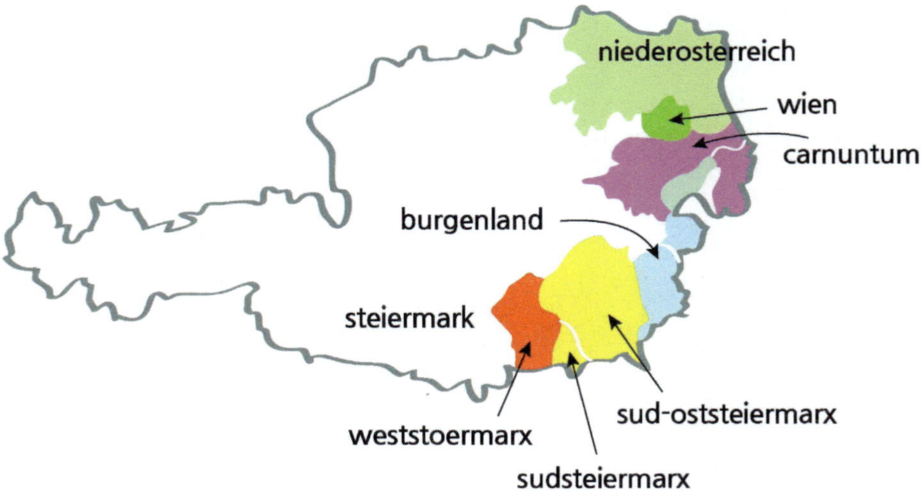
niederosterreich
wien
carnuntum
burgenland
steiermark
weststoermarx
sudsteiermarx
sud-oststeiermarx

오스트리아 와인

오스트리아 감리체 소비뇽블랑 2013년 산 와인이다. 병입 모양을 보면 유리 캡으로 다른 와인과는 다르게 독특하다. 코르크나 트위스트 캡이 아닌 유리로 병마개를 형성하고 있다.

1. 와인 개요

화이트와인이 전체 생산량의 90% 정도를 차지할 만큼 화이트와인이 대세이다. 독일보다 남쪽에 위치하며 고도가 높아서 당도가 높고 신맛이 적은 포도가 생산된다. 독일과 비교해서 좀 더 부드럽다는 평가이다. 내수가 많아서 20% 정도만 수출되고 있다(고종원 외, 2011 : 323). 오스트리아 와인은 대륙성기후의 영향으로 여름에 덥고 겨울에는 추우며 눈이 많다. 여름에 일조량이 좋고 일교차가 있어서 포도 숙성과 산도를 형성하게 한다. 오스트리아에서는 블라우프랭키쉬, 뮐러트루가우는 대중화되어 있는 상황이다.

2. 와인등급 및 품질체계

당도에 따라 포도등급과 체계가 결정된다. 카비네트의 수준이면 당도가 17°KMW 이상인 20.1 브릭스(Brix)로 카비네트를 마시면 당도가 상대적으로 높다는 느낌을 갖게 된다(김준철, 2009 : 405~406 ; 고종원 외, 2013 : 286).

등급 및 품질체계는 아래와 같다.

타벨바인(Tafelwein) - 란트바인(Landwein) - 크발리테츠바인(Qualitats-wein) - 카비네트(Kabinett) - 프레디카츠바인(Pradikatswein)

프레디카츠바인 부터는 보당이나 포도주스를 첨가할 수 없다. 오스트리아에서는 고급와인에 속한다. 슈페트레제(Spatlese), 아우스레제(Auslese), 베렌아우스레제(Beerenauslese), 아이스바인(Eiswein), 슈트로바인(Stroh-wein), 아우스브루흐(Ausbruch), 트로켄베렌아우스레제(Trokenbeeren-auslese)가 프레디카츠바인에 속한다.

슈페트레제는 당도 19°KMW이고, 트로켄베렌아우스레제는 당도가 30°KMW로 매우 당도가 높다(김준철, 2009 : 405~406 ; 고종원 외, 2013 : 287).

오스트리아는 주로 화이트와인 중심으로 와인의 당도에 비례해서 와인이 평가되는 경향을 지니고 있다고 하겠다.

3. 지역

(1) Osterreich

Weinland에 속한 포도재배지이다. 좋은 리슬링[86]과 그뤼너펠트리너를 생산한다.

4. 품종

(1) 레드와인

① 블라우프랭키쉬

Blaufrankisch는 야성적인 느낌의 품종이다. 신선하고 힘이 있는 와인으로 평가된다. 오스트리아 등 동유럽[87]에서 많이 경험할 수 있는 품종이다.

---

86) 이국적인 아로마, 높은 알코올 도수(약 13.5%), 바디감도 있는 풍미 등 상당히 인상적인 와인들이 있다.

87) 오스트리아, 헝가리, 슬로바키아, 체코에서 가장 일반화된 품종으로 많이 생산된다.

② 쯔바이겔트

Zweigelt는 오스트리아 외에도 헝가리에서 많이 재배되는 품종이다. 풀바디한 느낌을 주는 품종으로 평가되고 있다. 아울러 부드럽다는 평가를 받는다.

③ 블라우부르군더

Blauburgunder는 피노누아 품종과 같다. 서늘한 지역에서 생산되는 품종이다.

(2) 화이트와인

① 리슬링

Riesling은 산도와 당도의 조화가 좋은 품종이다. 오스트리아 리슬링은 독일에 비해서 힘이 센 느낌을 받는다는 평가이다. 좋은 리슬링은 이국적인 향취와 아로마가 뛰어나다. 저장성도 좋아서 좋은 와인은 잘 보관하면 좋은 시음을 할 수 있는 품종이다.

② 뮐러트라가우

Muller-Thurgau는 꽃과 과일향이 좋다는 평가를 받는다. 오스트리아에서 대중적인 품종으로 자리 잡고 있다.

③ 그뤼너펠트리너

Gruner Veltliner는 오스트리아에서 가장 잘 자라는 대표적인 품종이며 독특한 품종으로 가장 경쟁력 있는 품종으로 평가된다(고종원 외, 2011 : 327). 이국적인 향취를 나타낸다. 오래동안 숙성 후 시음하는 것 보다는 일정기간 내 숙성하는 것이 좋은 시음을 할 수 있다. 알코올 도수가 13.5% 정도로 바디감의 느낌도 레드와인에 비해 떨어지지 않는 품종이다. Troken[88]스타일의 와인도 많으며 스파클링 와인의 느낌도 감지된다.

④ 기타

소비뇽 블랑, 리슬링, 실바너, 샤르도네, 게부르츠트라미네 등 기타 화이트 품종이 생산된다.

88) Dry한 의미이다. 일반적으로 스위트 하지 않은 보통의 와인 스타일을 말한다.

Greece

thrace
macedonia
limnos
epirus
thessaly
north aegean
central greece
ionian sea
samos
peloponnese
cyclades
athens
santorini
rhodes
crete

1. 와인 개관

그리스 와인은 지중해성 기후지대로 좋은 환경을 지니고 있다. 또한 이탈리아가 로마시대를 통해 많은 지역에 와인을 보급하고 확대시키기 전 그리스는 헬레니즘 시대를 통해 앞서서 와인보급을 했던 나라로 기억되고 있다. 그만큼 오랜 역사와 전통을 지닌 나라로 평가된다. 이러한 내용을 뒷받침 해주는 것이 그리스가 지중해 무역을 통해 각국에 와인을 전해 주었고 프랑스의 론 밸리에 포도나무를 전해 주었다(고종원, 2011 : 352 ; 2018 : 282)는 내용이다. 그리스 제국이 15세기 중반 이후 몰락하고 침체의 시기를 400여년간 보내다가, 1821년 독립한 후 1981년 유럽공동체의 회원국이 되면서 부활하였다. 포도를 유럽의 프랑스, 스페인, 이탈리아 등 지중해와 흑해 연안에 식민지 건설시 포도나무를 가져다 심고 와인을 제조하였다.

그리스 와인의 역사는 5천년의 역사를 지니고 있다. 와인을 담아두는 용기로 양포라를 예전에는 사용하였다. 내수소비가 많아서 수출은 10% 선으로 알려져 있다.

그리스의 떼루아는 건조한 기후와 라이트 스톤으로 표현된다. 이는 전반적으로 포도재배에 적합한 건조한 기후대와 토양에 있어서 작은 자갈밭을 형성하고 있다는 의미로 해석된다.

2014년 기준 그리스 와인생산량은 2900만 hl로 수치상으로 전 세계 17번째 와인생산국에 해당한다. 화이트와인이 지배적이다.

호주 시드니 소재 그리스 정통 레스토랑

그리스 현지 음식과 그리스 와인을 경험할 수 있는 곳이다.

레드는 전체생산량의 3분의 1 정도이다. 그리스 토착품종이 90%로 와인의 대부분을 차지한다. 크레타섬, 펠로폰네소스 그리고 마케도니아 및 중부 그리스의 주된 생산은 아티카 지역의 아테네와 비오티야이다. 가장 넓은 레드와인 아펠라시옹은 네메아, 드라이 화이트와인은 파트라스, 스위트와인은 사모스, 파트라스는 마브로다프네 품종의 본부이며 스위트 레드 아펠라시옹이기도 하다(그리스와인 데이 프레스 디너 자료 : 2016).

그리스 와인은 토착품종만 300여개가 되며 그리스 와인의 80%는 자국민이 소비하고 있는 상황으로 알려지고 있다. 1971년 그리스 와인분류가 시작되었고 1981년 재정비 되었다. 프랑스의 원산지통제명칭과 같은 등급의 원산지 명칭보호 PDO와인과 지리적 표시보호 PGI와인으로 나뉜다. 지리적 표시 보호등급 와인은 다시 지방와인, 지구와인, 지역와인으로 세분화된다. 와인레이블에 산지 이름을 별도 표시하는 PDO등급에 속하는 지역은 33곳이며 PGI등급은 120곳으로 알려져 있다(Konstantinos Lazarakis ; 2016 Greek wine day).

최근에 그리스 와이너리들은 높은 알코올 도수에 집착하지 않고 와인산지의 떼루아의 특징을 살려서 개성을 드러내는 와인생산에 노력하고 있다.

그리스는 이탈리아, 스페인과 함께 세계 3대 올리브[89] 생산국이기도 하다. 특히 레드 및 블랙 올리브를 많이 식용하며 샐러드, 파스타, 피자에 많이 사용한다. 올리브유를 통해 여러 음식에 사용하며 많은 소비를 하는 것으로 알려져 있다. 올리브는 불포화지방산, 항산화와 항염성분으로 세계적인 건강식품으로 인정되고 있다. 고혈압과 심장병에 좋다고 평가된다. 와인과 올리브가 들어간 음식과 매칭은 매우 좋다고 하겠다.

89) 올리브는 와인의 역사와 함께 약 5000~6000년 전부터 인류와 함께 한 것으로 추정된다. 시리아, 팔레스타인 지역에서부터 시작되어 지중해 지역에서는 고대로마시대에서 확장된 것으로 보인다. 참고로 그리스가 블랙 올리브를 많이 식용하며 스페인에서는 그린 올리브를 많이 식용한다고 한다.

2. 그리스 와인의 경쟁력

세계적인 여성 와인평론가인 잰시스 로빈슨은 현대 와인의 형태는 그리스에 근원이 있다고 언급하였다. 이는 양조용 포도 재배기술과 와인 생산기술이 그리스에서 개발된 것이 많다는 의미이다. 포도밭 단위면적당 포도 수확량을 제한하여 포도의 당도를 끌어 올리거나, 포도품종에 맞는 토양을 잘 관찰하고 연구하여 와인의 품질을 높이는 등 고대의 그리스인들이 포도재배를 개발하고 체계화시켰다는 평가를 받고 있는 것이다. 그리스 와인은 400여 품종이 존재(김성윤, 조선일보 : D4면 ; 고종원 : 284)하는 것으로 평가된다. 토착품종 외에도 국제화된 품종까지 포도를 생산하고 있다.

화이트와인은 국내전문가들의 시음에 의해서도 매우 경쟁력을 지닌 품격의 와인으로 평가되고 있다.

3. 생산지역 품종

(1) 화이트와인

그리스 와인은 화이트와인이 유명하다. 뮈스까, 아시르티코, 말라구지아 등이 유명하다. 그리스 화이트와인은 자기색이 분명하고 경쟁력이 있다. 이국적인 과일향 등이 나타난다는 점에서 인상적이다.

① 뮈스까(Muscat)

사모스 섬의 와인으로 유명하다. 보통 디저트 와인으로 만들어진다.

② 아시르티코(Assyritiko)

산토리니섬 와인

산토리니섬은 화산재 지역의 토양이다. 화이트와인은 그리스의 경쟁력 있는 품종으로 만들어 진다.

우리에게 잘 알려진 산토리니 섬에서 생산된다. 산토리니 섬은 라임스톤에 둘러 쌓여 있고 화산활동이 빈번하게 일어났던 곳으로 다양하며 복잡한 토양구조를 형성하고 있다.

신선하고 아삭한 산도가 특징이다. 시트러스 향이 독특하다. 전통적으로는 오크배럴 숙성을 시킨다. Cyclades에서도 생산된다. 샤르도네와 비슷한 느낌의 와인으로 평가된다.

미네랄 풍미도 있고 식전주로도 선호된다. 드라이한 스타일과 스위트한 와인 모두 양조된다.

아시르티코 품종은 그리스의 토착품종으로 오스트리아, 이탈리아, 터키 등에서도 재배된다.

참고 산토리니[90] 품종 앗시리(Athiri)

그리스의 고대품종이다. 산토리니의 토착품종이다. 마케도니아와 아티카, 로도스에서도 재배된다. 껍질이 두껍고 달콤한 과일향이 특징이다. 알코올 도수와 산미가 다소 낮다. 향이 좋아서 아시르티코와 블랜딩되어 빈산토 와인 양조에도 사용되는 품종이다(2016 그리스와인 데이 프레스 디너 자료).

말라구지아 와인

말라구지아 싱글 빈야드 2016 년산 와인이다. 검은색 병 색깔로 레드와인으로 착각하기 쉽다.

③ 말라구지아(Malagouzia)

기르기가 쉬운 품종이 아니다. 예민하고 잘 썩는다는 평가가 있다. 향기롭고 산미는 낮아 산미가 좋은 품종과 블랜딩하기도 한다. 그리스에서는 새롭게 부흥시킨 품종으로 주목 받고 있다. 살구, 복숭아향이 기본적으로 나고 정제된 느낌도 캐치된다. 이 품종은 비오니에 품종과 비슷하다는 평가가 있다. 꿀향도 감지된다.

---

90) 산토리니섬에서 자라는 포도나무는 높이가 매우 낮다. 둥지, 바스켓 모양의 포도나무 형태이다. 강한 바람과 건조한 태양의 영향으로 바스켓 모양의 포도나무 안에서 포도가 자라게 한다. 포도는 바스켓안에서 작게 열린다. 이는 현지의 특성에 따라 포도나무의 작황상황이 지역마다 다르다는 것을 알려주는 내용이다. 이러한 재배방식을 쿨루라 방식이라고 한다.

④ 로디티스(Roditis)

Savatiano로도 불린다. 과일향이 많고 밸런스가 좋은 품종이다. 피노그리지오와 유사하다는 평가를 받는다. 산도도 있고 향취가 독특하다. 펠로폰네소스가 원산지이며 껍질이 분홍색이다.

⑤ 기타

소비뇽블랑, 비오니에, 샤르도네 등 국제화된 품종도 생산된다. 청포도 품종으로 모스코필레로 토착품종이 있다.

(2) 레드와인

① 시노마브로(Xinomavro)

최근 주목받는 와인[92]들이 강렬하고 탄닌감과 바디감 그리고 농축미가 있는 것처럼 시노마브로는 이러한 특성을 잘 갖추고 있는 좋은 품종이다. 특히 고목의 시노마브로는 강렬하며 알코올 도수도 높아 매니아들에게 어필하기에 좋은 와인으

고목인 Xinomavro Reserve Vieilles Vignes Single Block 2016 시노마브로 와인

그리스 북부 Amyndeon(아민테온)지역의 시노마브로 와인이다. 고목에서 나오는 깊이 있는 부케가 느껴진다. 피노누아, 네비올로와 비슷해서 별칭이 그리스의 바롤로로 불리는 품종이다. 토마토, 스모키한 검은 과일, 딸기, 진한 체리, 정향 등이 감지된다. 풀바디하며 풍부한 과일향이 깊다. 블랙베리, 자두가 느껴지며 탄닌이 부드럽다. 지속적인 아로마와 잔향이 오랬동안 입안에 머문다. 평점이 매우 높다. 현지가격은 2만원 중반대이다. Vivino[91]에서는 그리스와 세계의 상위 1%에 속한다고 평가된다. 최고의 가성비를 지닌 와인이다.

그리스 비오니에 와인

그리스의 게로바실리오 비오니에 와인 2016년산 와인이다. 화이트와인의 경쟁격을 지닌 그리스 와인의 경쟁력을 감지할 수 있다. 화이트와인임에도 14% 알코올을 함유한다. 세계 대회에서 금상을 수상하였다.

시노마브로 와인

그리스 현지식당(시드니 소재) 레스토랑에서 판매되는 고급 시노마브로 와인이다. 2015년 산이다.

---

91) 비비노(Vivino)는 가격대별로 베스트 와인을 추천하며 앱을 통해 비비노 커뮤니티를 통해 와인을 평가한다. 우리나라에서도 가격별 탑 챠트를 소개한다. 와인의 레이블 사진을 찍어서 와인에 대한 전반적인 검색과 정보를 얻을 수 있는 앱으로 최근 국내에서도 많은 사람들이 와인을 검색할 때 사용하고 있다.

92) 세계적인 와인평론가 로버트파커의 좋은 점수 즉, 90점 이상 받는 와인들은 대부분 진하고 강렬하고 바디감과 농축미를 갖춘 와인들로 평가된다. 이러한 추세에 있어서 그리스의 시노마브로는 이러한 특징을 잘 갖추고 있다고 할 수 있다. 가격은 국내에 7~10만원대의 소비자 가격을 형성하고 있다.

로 평가하고자 한다.

색은 피노누아처럼 진하지 않다. 탄닌감은 확실하게 감지된다. 스파이시한 느낌도 갖추고 있다. 미디엄바디로 산도도 좋다. 피노누아와 유사하다는 그리스인들의 평가이다. 에어링 후, 즉 오픈 후 시간이 지나며 좋은 와인으로 평가된다. 유기농으로 만들어진 이 품종은 좋은 평가를 받는다.

② 림니오(Limnio)

그리스의 토착품종으로 새롭게 부상하고 있다. 생산량이 적다. 림니오 품종은 램노스섬에서 발견되는 레드 품종이다. 아리스토텔레스가 언급한 기록을 찾을 수 있는 정도로 오래된 품종이다. 그리스에서 재배되는 가장 오래된 품종으로 평가된다. 전 세계 약 70ha 포도원에서 재배될 정도로 희귀품종이다. 오레가노와 비슷한 허브풍미, 까베르네 소비뇽과 까베르네 프랑에 탄닌구조를 더해주며 풍미에 약간의 산뜻함을 주기 위해 블랜딩 된다(그리스와인 데이 프레스 디너 자료 : 2016)고 한다.

호메로스가 언급한 기록이 있는 오래된 품종이다. 검은 열매과실, 향신료, 덤불숲, 상대적으로 높은 부드러운 산미를 지니고 있다.

③ 마브로트라가노(Mavrotragano) / 마브로다프네(Mavrodaphne)

엷은 타우니 스타일이다. 스위트한 미디엄바디의 주정강화 디저트 와인이다. 펠레폰네스 지역에서 생산된다. 검은 과실 풍미가 진하다. 풀바디하며 탄닌이 많다는 평가이다.

④ 아기오르기티코(Agiorgitiko)

이 품종은 오크 숙성, 진한 루비색을 지닌 과일향이 좋고 탄닌이 부드러운 와인이다. 메를로와 유사한 품종으로 평가된다. 로제와 스파클링 와인도 만든다.

Turkey

edirne
rirklareli
tekirdag
canakkale
manisa
usak
izmir
denizli
antalya
ankara
tokat
nevsehir
kayseri
malatya
elazig
diyarbakir

1. 와인 개요

터키의 와인생산도 오래전부터 시작된 것으로 평가된다. 그리스인의 영향을 받아 포도주가 생산된 것으로 보인다.

터키는 현지의 토착품종이 20여개이며 국제화된 품종도 10여개를 주로 생산하고 있다. 국제화된 품종은 세계시장에 수출을 위한 차원에서 재배된다. 에게해와 지중해 연안을 따라 생산하며 내륙에 아나톨리아 지방에서 주로 생산하고 있다.

빈카라 스파클링 와인

야사신 2015년 빈티지이다. 전문가 평가를 통해 시음해 본 결과는 상당히 양호하며 좋은 평가를 내릴 수 있었다. 알코올 13도의 피노누아로 만든 스파클링 와인이다.

2. 와인 재배 지역

(1) 쉬린

이즈미르주 셀축시에서 동쪽으로 8km 정도 떨어져 있는 그리스인들이 이주하여 만든 마을로 와인을 생산한다. 석류와인 등 다양하게 와인을 생산한다. 쉬린제의 카플란 카야(Kaplan Kaya)는 쉬린제 포도주 경영대회에서 2009년도 1위를 차지한 자연산 과일로 주조한 와인[93]으로 가격이 35터키리라(한화로 약 7천원)로 벨류와인이다.

(2) 앙카라

앙카라 지역에서도 와인이 생산된다. 대륙성 기후지역이다. 여름에는 덥고 겨울에는 추운 지역이다. 일교차가 와인 생산에 반영되고 있다. vinkara 와이너리에서 Narince 품종[94] 와인이 생산된다. Vinkara 와이너

93) 모과, 체리, 석류 등 과실로 발효하여 만든 와인이다.

94) 화이트와인임에도 프랑스의 225리터 버건디 오크에서 14개월 숙성된다. 산도가 높고

리의 Yasasin은 터키에서 처음으로 생산된 스파클링 와인으로 전통적인 방식으로 생산된 훌륭한 세계적 수준의 스파클링 와인[95]이다. Kalecik 지역에서 피노누아도 생산된다.

터키 앙카라 투라산 와인

까베르네 소비뇽, 시라가 블랜딩된 투라산 그랑 리저브 2014년산 와인이다. 터키도 와인의 역사가 오래된 곳으로 이 와인에서는 유칼립투스, 후추, 삼나무 및 향나무, 붉은 과일향이 감지된다. 현지가격은 5만원내외로 평점이 좋다.

(3) 위르굽

이 지역은 카파도키아 지역에 위치한다. 일교차가 있고 건조한 지역의 스타일이다. Turasan이라는 와이너리가 잘 알려져 있다. 이곳 와인은 일본과 브뤼셀 와인대회에서 수상 실적도 있다. 투라산와이너리는 1943년에 시작되었다. 토양은 사암등으로 형성되어 있다.

(4) 아나톨리아

아나톨리아의 Wine house 와인인 Okuzgozusm는 13.5%로 탄닌이 부드럽다. 이 와인은 진한 루비색이다. 부식토, 낙엽, 달콤한 붉은 과일, 버섯향, 미디엄바디의 와인이다. 자연적이고 원초적인 느낌의 탄닌감을 지니고 있다. 네비올로의 느낌을 주는 와인이다. 체리, 넛맥, 딸기향이 느껴진다. 현지가격 2만5천원대의 와인으로 저자가 포함된 전문가 평가에서 85점정도의 점수가 부여되었다.

(5) 에게해

이 지역에서는 국제화된 품종이 많이 재배된다. 해안지역으로 세미용,

풀바디한 드라이 와인이다. 오크 숙성으로 감귤류의 향과 오크 아로마가 잘 느껴지는 와인이다. 알코올 도수 13.5%의 바디감 있는 토착품종으로 샤르도네의 느낌을 갖는다. 이 품종은 샤르도네와 블랜딩 하기도 한다.

95) 알코올 13%의 드라이한 와인이다. 2015년 산 Kalecik karasi는 피노누아를 말한다. 연한 황금빛을 띤 배향, 사과향, 흰꽃향, 미네랄이 느껴지는 산도가 적절한 바디감이 미디엄 바디의 스파클링 와인이다.

그르나쉬, 메를로 등이 생산된다.

(6) 지중해 지역

토착품종 중심으로 생산된다.

참고 Kavaklidere 와이너리

중앙 아나톨리아 지방의 마니사, 카파도키아, 앙카라의 양조장에서 40여종의 와인을 생산하는 규모가 터키에서는 큰 와이너리이다. 1929년에 설립하였다.

3. 품종

(1) 화이트

① Narince

터키의 토착품종이다. 섬세하고 아로마가 좋다. 산미가 좋고 과일향이 복합적이다. 드라이한 스타일이다. 중앙 아나톨리아의 카파도기아 지역에서 생산된다. 오크배럴이 가능하며 산도가 좋다. 해발 900~950m의 대륙성 기후에서 자라는 품종이다.

② Emir

미네랄이 느껴지는 품종이다. 감미도 갖추고 있다. 깔끔한 드라이함이 평가된다. 중앙 아나톨리아의 카파도기아 지역의 와인으로 화이트와인이 좋은 평가를 받고 있다.

③ 샤르도네

적응성이 좋은 품종답게 터키에서도 생산된다.

④ 기타

토착품종들이 생산되며 에게해 지역에서는 세미용품종도 생산된다.

(2) 레드

① 오쿠즈고주

내륙의 중앙 아나톨리아 지역에서 재배된다. 대륙성 기후에서 자라는 토착품종이다.

② 보가즈케레

중앙 아나톨리아 지역에서 주로 재배되는 토착품종이다.

③ 기타

현지의 품종 외에도 까베르네 소비뇽, 메를로, 시라, 그르나쉬 등 국제화된 품종[96]도 생산되고 있다.

참고 터키 와인잔

터키에서도 와인잔이 생산된다. 파사바체(Pasabahce)의 브랜드로 알려져 있다.

96) 까베르네 소비뇽, 시라 등의 품종은 프렌치 오크를 사용하여 숙성시키는 등의 방식을 통해 와인을 고급화하는 노력을 기울이고 있다. 투라산 와이너리가 대표적인 예이다.

Hungary

tokaj
ászár-neszmély
eger
bükkalja
pannonhalma
mátra
sopron
etyek-buda
balatonfelvidék
mór
balatonfüred
-csopak
badacsony
somló
kunság
tolna
balatonmelléké
csongrád
pécs
balatonboglár
villány
hajos-baja
szdkszárd

1. 와인 개요

동유럽에서 와인을 다양하게 생산하고 있는 나라이며, 유명한 토카이 와인의 나라이기도 하다. 헝가리에서는 블라우프랭키쉬, 뮐러트라가우는 대중화 되어 있는 상황이다.

헝가리 와인은 고대로부터 와인을 생산하여 왔다. 헝가리에 22곳의 와인산지가 있다. 그리고 와인양조축제가 열리고 있다.

참고 토카이 와인

토카이 아수(Tokaji Aszu[97])는 세계에서 가장 독특한 와인의 하나이다. 자연의 기적으로 불리기도 한다. 토카이 시는 부다페스트에서 동쪽방향으로 230Km 떨어진 지역에 걸쳐있다. 토카이 와인은 복합적인 향과 아름다운 밸런스로 세계적인 유명한 레스토랑과 호텔에서 디저트와인으로 서비스되고 있는 최고의 와인으로 와인의 왕으로도 불렸던 와인이다.

토카이 와인

토카이 지역은 화산토양이다. 토까이 와인은 프랑스의 소테른, 독일의 트로켄베렌아우스레제처럼 귀부와인이다. 저장성이 뛰어나다. 프랑스의 루이 15세가 정부인 마담 드 뽕빠두르와 함께 시음하면서 "이 와인은 왕들의 와인이며 와인의 왕이다"라고 말한 것이 잘 알려져 있다(박한표, 2007 : 173 ; 고종원 외, 2011 : 333).

2. 떼루아

토양은 화산과 암반토양으로 혼재되어 있다. 가을은 좀 더 길고 드라이한 기후를 보인다. 주의의 강과 숲에는 매일 아침 깊은 안개가 형성된다. 이로 인해 아수와인은 곰팡이가 형성되고 특별한 귀부와인으로 만들어진다.

3. 품종

곰팡이로 인해 당분이 많이 함유된 귀부와인의 품종은 푸르민트

---

97) ASZU 등급의 스위트한 푸르민트 와인은 품질이 좋고 숙성의 잠재력도 큰 것으로 평가되고 있다.

(Furmint)품종이다. 푸르민트 품종은 헝가리의 화이트 품종이다. 먼저 오스트리아 부르겐란트에서 스위트한 아아스부르흐(Ausbruch)를 만드는데 사용되었다. 녹색, 노랑빛을 띠는데 노랑색이 좋은 평가를 받는다. 향이 복합적이며 잔향[98]이 오래간다는 평가이다.

푸르민트 품종은 산도가 좋고 황설탕, 오렌지, 훈연향, 스파이스, 다크 초콜릿, 담배향이 감지된다(wine21.com)는 평가를 받는다.

헝가리에서는 대중화된 블라우프랭키쉬, 필러트르가우, 쯔바이겔트 등도 인상적인 품종의 와인이다.

참고 토카이 오크숙성

발효 이후에는 헝가리 오크 배럴에서 수년간 발효와 숙성된다. 결과는 매우 복합적인 단맛의 와인이 된다. 타의 추종을 불허하는 맛, 즉 독보적인 토카이가 완성된다. 이것이 토카이 아수이다.

4. 와인 재배 지역

(1) 토카이

토카이 와인은 27개의 마을과 6,000ha[99]의 포도밭을 형성하고 있다. 1737년 칙령에 의해서 와인지역의 범위가 정해져 구획화 되었다. 토카이는 역사적인 문화적 경관으로 인해 2002년 세계문화유산 지역으로 선정(hellohungary.com)되었다.

---

98) 잔향은 피니시(finish) 즉, 끝맛이 오래간다는 의미이다. 불어로는 꼬달리(caudalie)로 표현된다. 좋은 와인은 시음 후 잔향이 입안에 남아서 감돌기 때문이다.

99) 1815만평, 60㎢의 규모이다.

(2) 에게르

Eger와인은 토카이의 서쪽으로 가까운 편이며 헝가리 북동부 산간지역이다. 황소의 피라는 별칭을 갖고 있다. 헝가리의 대표음식인 굴라쉬와 잘 어울린다. 닭튀김 요리도 잘 매칭된다는 평가를 받는다. 카다르(kadarka)품종이 주품종으로 메를로, 까베르네 프랑, 피노누아, 시라, 블라우플랜키쉬 등 13개 품종 중 3~4개가 블랜딩된다. 카다르는 양조가 쉽지 않아 케크프란코스(kekfrankos)품종으로 대체되기도 한다(고종원 외, 279 : 2017).

역사적으로 16세기 중반 오스만 투르크 군이 8만명 공격해올 때, 2,000명의 에게르 성을 지키는 병사들에게 에게르 적포도주를 마시고 술의 힘으로 적을 공격하게 했고, 입 주위와 의복이 핏빛으로 물든 이들을 보고 황소의 피를 마시고 힘을 얻었다고 생각한 오스만 투르크 군이 달아났다는 일화에서 별칭이 생겼다고 한다(한국교직원신문, 2017.3.6. : 7면 ; 고종원 외, 280 : 2017).

황소의 피라는 별칭을 지닌 에게르 와인

에게르 와인 2011빈티지이다. 현지가격은 2만5천원대이다. 스토리텔링이 재미있게 유래된다.

Croatia

croatian uplands
istria & kvarner
slavonia & danube
dalmatia

1. 와인개요

최근에 한국인의 여행과 함께 부각되고 있는 와인이다.

크로아티아 와인은 내수가 많아서 우리나라에 소개되지 않거나 수입이 거의 없어서 잘 알려지지 않았으나 현재 그 가치와 평가가 좋아 대두되고 있는 와인이다. 크로아티아 와인은 300개 이상의 포도재배 지역이 있다. 67%가 화이트, 레드가 30%, 로제가 1% 정도 생산된다. 10% 미만이 최상급 와인, 70%가 중급, 25%가 테이블 와인이다.

2. 테루아

지리적 위치가 와인재배에 최적인 지중해성기후를 갖추고 있다. 이탈리아와 아드리안해를 마주보며 해안을 중심으로 로마인들에 의해서 포도재배를 시작하였다.

3. 특징

이탈리아처럼 크로아티아 와인은 내수가 많고 역사가 오래된 전통을 지닌 와인이다. 특히 화이트와인의 경쟁력이 있고 해산물과의 조화가 좋다는 평가를 받는다. 관광객들에게 포십와인이 잘 알려져 있다.

4. 재배 지역

철레닉카쉬델이안스키 지역에서 플라바치 말리 품종이 재배된다. 연간

5천만병 이상이 생산되는 벨류와인으로 평가되며, 자다르 근처 Bunta Skala지역의 포십(Posip)와인이 방문자들에게 유명하다.

이스트라지방에서는 레드품종인 테란이 생산된다. 이스트라지방의 모토분은 중부지역에 위치한 산골마을로 트러플의 산지로 알려져 있다. 이곳에서는 트러플, 스테이크와 와인을 매칭하여 즐기고 있다.

5. 품종

(1) 화이트

① 웰쉬리슬링

웰쉬리슬링(Welschrisling)이 주요한 화이트 품종이다. 동유럽에서 주로 생산된다.

② 말바시아

상큼하고 부드러운 화이트 품종이다.

(2) 레드

① 말바지아 이스타스카

최근 전문가들에 의해 주목받고 있는 품종이다. 크로아티아 이스트리아와 베랄다 지역의 토착품종이다.

② 플라바치 말리

이 품종은 캘리포니아의 진판델과 같은 품종으로 밝혀졌다. 원래는 이탈리아의 남부 풀리아 지역에서 많이 생산되는 프리미티보(Primitivo)가 미국에 유입되어 정착한 진판델이다. 즉, 크로아티아에서도 잘 재배되는 품종으로 맥을 같이 하고 있는 것을 알게 된다. 아드리아해를 두고 인접해 있는 크로아티아와 이탈리아의 품종의 유사성이 보여 진다고 하겠다.

해안의 달마치아(Damatia)지역에서 생산된다.

Plavac Malisms 크로아티아의 토착품종으로 강한스타일의 레드품종이다. 이 품종은 약간의 스위트한 뉘앙스를 지닌 끈끈한 느낌의 알코올 도수가 높게 나오는 풍미 있는 와인이다.

③ 블라우프랭키쉬

이 품종은 오스트리아 등 동유럽에서 잘 재배되고 있는 블라우프랭키쉬(Blaufrankisch)품종이다.

④ 포십

포십(Posip)품종[100]은 살구, 복숭아, 꽃향 등이 나며 오스트리아 와인처럼 유리병마개를 사용한다.

⑤ 까베르네 소비뇽

향신료, 후추향이 많이 나는 풀바디한 스타일의 와인의 성격을 지닌다.

⑥ 테란

이스트라 지방의 레드와인이다.

⑦ 기타

바빅(Babic), 디낙(Dingac), 포스트업(Postup)품종도 유명하다.

---

100) 트립어드바이저가 추천하는 자다르 Konoba Mlalo Misto식당에서 포십와인과 갈라마리 통구이, 모듬조개찜, 맛조개, 모시조개, 홍합, 문어새우 카르파치오, 먹물 스파게티 등이 잘 어울리는 메뉴로 추천하고 있다. 이용객들의 좋은 평가를 받는다. 아드리안해에서 잡히는 해산물이 현지 와인과 마리아주가 잘 매칭되어 훌륭한 조화를 이루고 있다.

Romania

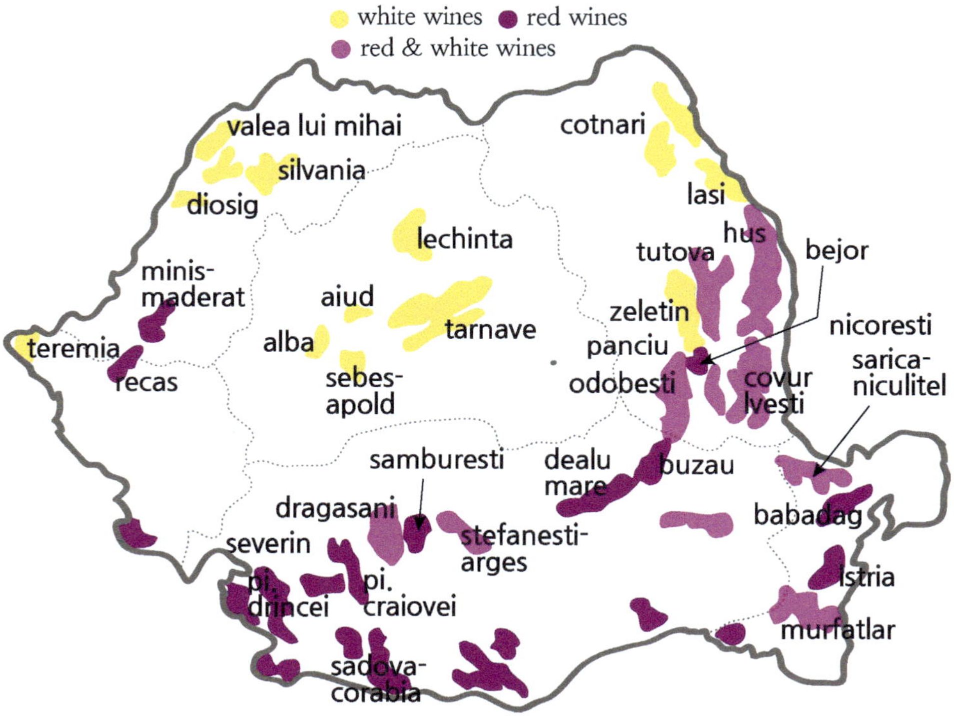
white wines
red wines
red & white wines
valea lui mihai
silvania
diosig
cotnari
lasi
lechinta
hus
tutova
bejor
minis-
maderat
aiud
zeletin
nicoresti
tarnave
alba
teremia
panciu
sarica-
niculitel
recas
odobesti
covur
lvesti
sebes-
apold
samburesti
dealu
mare
buzau
dragasani
babadag
severin
stefanesti-
arges
pi.
drincei
pi.
craiovei
istria
murfatlar
sadova-
corabia

1. 와인개요

동유럽의 와인 생산국으로 국내에도 동안 와인이 수입되어 소개되어 왔다. 레드생산량이 화이트와인 보다 많다. 세계 생산량의 2.5%를 생산하는 만큼 비중이 적지 않다.

2. 품종

페테아스카는 화이트와 레드품종이다. 동유럽과 몰도바에서 생산되는 토착품종이다.

(1) 레드

페테아스카, 네그라, 까베르네 소비뇽, 메를로, 피노누아를 생산한다.

(2) 화이트

페테아스카, 알바, 벨쉬리슬링을 생산한다(마이클슈스터, 2007 : 236)

Israel

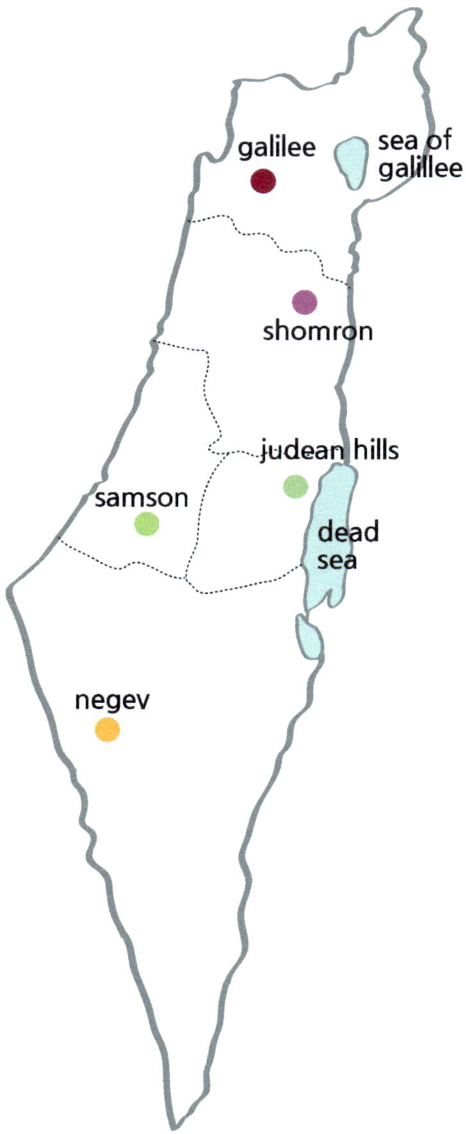
galilee
sea of
galillee
shomron
judean hills
samson
dead
sea
negev

1. 와인 개요

이스라엘 와인은 경쟁력을 지닌 와인이다. 이스라엘은 지중해성 기후로 와인재배에 적합하다. 이스라엘은 유대인 정결법에 영향을 받아 유기농와인 생산도 되고 있다.

특히 골란고원에서 이스라엘 와인 브랜드인 야르던 와인은 국내에서도 소개되어 좋은 평가를 받았다. 국외의 수상실적도 지닌 와인이다. 이스라엘 북부에 레바논도 와인생산을 하는 등 주변국가에서도 기후 등의 영향으로 오래전부터 와인을 생산하고 있다.

2020년 전반기에 한국에 수입된 Barkan 와인은 갈릴리 지역의 와인으로 쉬라즈, 메를로, 까베르네 소비뇽 와인을 선보였다.
현지에서는 피노타쥐도 생산하는 것으로 알려졌다. 바르칸 와인은 쉬라즈, 까베르네 소비뇽[101]의 반응이 국내에서는 좋았던 것으로 알려진다.

이스라엘 갈릴리지역 야르덴 와인

야르덴 와인으로 메를로, 까베르네 소비뇽 등 생산된다. 품질은 세계대회에서 수상할 만큼 품질이 우수하다. 골란고원에서 생산되는 좋은 와인으로 구입가격은 5~7만원대이다.

2. 와인 품종

국제화된 품종이 재배된다. 까베르네 소비뇽, 메를로 등 프랑스 스타일의 와인이 주로 재배되고 있다. 이는 레바논 등 프랑스 영향을 받은 결과로 보인다.

이스라엘 바르칸 까베르네 소비뇽 와인

바르칸 까베르네 소비뇽 2018년산 와인이다. 2만원 후반대의 와인으로 중동지역의 특별한 경험이 가능하다. 갈릴리 지역은 호수에서 불어오는 바람과 일조량이 좋고 일교차가 있어서 포도재배에 좋은 기후대를 형성하고 있다.

101) 전반적으로 밸런스가 좋은 편이다. 오크향, 타바코, 초콜릿, 자두, 블랙베리, 흙, 가죽, 스모키향이 난다는 평가이다. 원만한 스타일의 와인이다. 현지가격이 1만5천원 정도이며 국내에서는 2만8천원선에서 판매되었다.

Chapter 06
신세계 와인

Australia

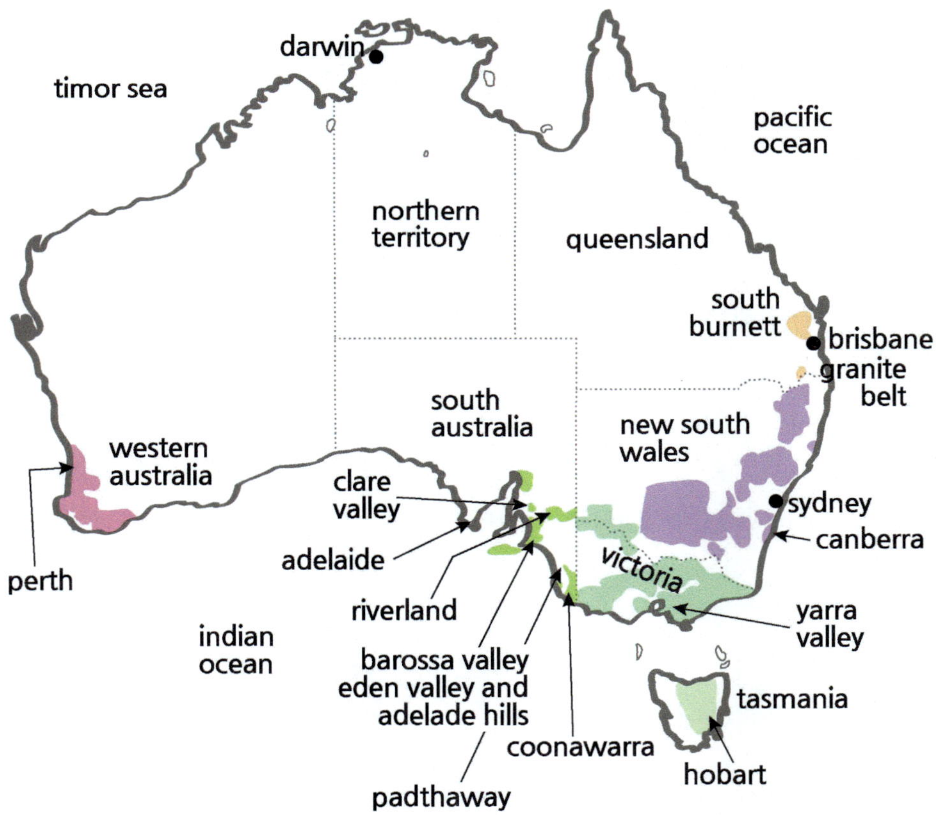
darwin
timor sea
pacific
ocean
northern
territory
queensland
south
burnett
brisbane
granite
belt
south
australia
new south
wales
western
australia
clare
valley
sydney
canberra
adelaide
perth
victoria
riverland
yarra
valley
indian
ocean
barossa valley
eden valley and
adelade hills
tasmania
coonawarra
hobart
padthaway

1. 와인 개요

호주 와인은 미국 와인과 함께 대중적이고 대량생산하는 차원에서 긍정적인 평가를 내릴 수 있다. 특히 포도나무 수령이 대부분 30년 이상이라는 측면에서 저렴한 와인도 품질과 가치 차원에서 좋은 평가가 내려지고 있다. 또한 신세계 와인 국가답게 도전적인 정신[1]이 와인 재배에 반영되어 새로운 시도가 전개되고 있는 것을 보게 된다.

호주 와인에 대한 평가와 선호도는 신세계 국가들로 이중에 미국은 호주와인에 대해서 긍정적이고 좋은 평가와 소비가 있는 나라이다. 신세계 국가이며 기본적인 당도 뉘앙스를 공유하며 가격대배 벨류와인이라는 공통적인 공유점이 있다고 평가하고자 한다.

호주와인의 특징은 올드바인, 즉 고목이 많아서 농축미가 좋은 와인을 생산하며 가격도 상대적으로 저렴하다는 특징을 갖는다. 한편, 와인제조 회사들이 인지도를 갖고 있으며 대량생산하는 회사와 브랜드가 특징이기도 하다. 다시말해 생산량이 많다는 점이다.

그리고 호주와인은 도전정신을 갖추고 있다. 다른 나라에서 시도하지 않은 품종의 결합을 통해서도 알 수 있다. 예를 들면 쉬라즈와 비오니에를 블랜딩한다던지 까베르네 소비뇽과 쉬라즈를 블랜딩하는 등 새로운 시도를 통해 발전을 꽤하는 노력이 발견된다.

호주는 현지에서도 다른 나라 와인보다는 자국의 와인을 주로 판매한다. 뉴질랜드 와인이 다소 눈에 띄는 정도이며 자국의 와인을 주로 구매하는 스타일이다.

역사적으로는 1788년 영국식민지로 편입되면서 포도나무가 식재되고 와인생산이 시작되었다. 호주의 포도밭 면적은 약 13만 5,000ha이다. 250

---

1) 도전적인 정신이란 기존의 재배방식의 틀에서 머무르지 않고 새로운 품종의 조합으로 완성도를 높이는 노력을 말한다. 예를 들면 까베르네 소비뇽과 쉬라즈 그리고 쉬라즈와 비오니에의 블랜딩 등 다른나라에서도 쉽게 볼 수 없는 블랜딩으로 새로운 차원에서의 시도가 인상적이다.

여년의 짧은 역사 속에서 빠르게 산업을 규모화해서 총 65개 생산구역에서 100종의 품종으로부터 다양한 와인을 생산하고 있다. 맛깔스러운 샤르도네, 크리미한 토스트-스파이시 풍미의 쉬라즈는 호주와인의 전매특허(손진호, 2020년 3월호 ; 172)라는 평가를 받는다.

2. 주요 지역

(1) 사우스 오스트레일리아

남호주(South Australia)지역은 쉬라즈를 중심으로 호주의 최대산지로 명성을 쌓아온 지역이다. 원래 프랑스의 쉬라 품종이 호주에 넘어와 가장 대표적인 호주의 품종인 쉬라즈로 발전하고 명성을 쌓게 된 중심지역이다.

사우스 이스턴 오스트레일리아는 1853년부터 역사를 갖고 있는 하디스(Hardys)브랜드가 잘 알려져 있다. 이지역에서는 쉬라즈, 까베르네 소비뇽 등 품종을 주로 생산한다. 덥고 강한 일조량이 있는 지역이다.

바로사 밸리, 클레어 밸리, 에덴 밸리가 전통적으로 유명한 산지이다.

하디스 와인

호주 현지에서 일반적으로 인기있는 와인이다. 랑혼크릭과 라임스톤 코스트 지역에서 생산된 쉬라즈 품종이다. 현지가격은 1만원~1만5천원대로 선호되는 와인이다.

① 품종

이곳은 더운 날씨를 보이는 지역이다. 그래서 쉬라즈도 진하다. 리슬링은 드라이하며 버터향이 많은 샤르도네가 특징적이다. 스모키하고 풍만한 느낌의 쉬라즈, 세미용, 샤르도네가 생산된다.

■ 레드

▸ 쉬라즈 : Shiraz는 보랏빛의 진한 색상이다. 라스베리, 블랙베리 등 붉은 과실이 감지된다. 자두향, 모카 커피향도 감지된다. 스파이시한 향과 맛도 특징이다. 호주의 쉬라즈는 알코올 도수가 높고 풍성한 느낌과 과일향 그리고 후추향이 특징이다. 강한 쉬라즈가 돋보인다.

남호주의 쉬라즈는 더운 지역에서 재배되는 만큼 알코올 도수가 높다. 그리고 고급 쉬라즈 와인일수록 우아한 탄닌감과 적절한 산도 그리고 알코올 도수가 잘 느껴지지 않은 밸런스가 좋다.

▸ 까베르네 소비뇽 : 남호주에서는 따뜻한 날씨와 좋은 일조량으로 좋은 품종을 생산하고 있다. 더 훌륭한 까베르네 소비뇽[2] 와인을 만들기 위해 프렌치 오크에서 많은 시간 숙성시켜 출시한다. 붉은 과일향과 커피향 등의 특징을 갖는다. 남호주 지역 가운데 테라로사와 석회질 토양의 까베르네 소비뇽은 품질이 우수하다. 호주의 전통적인 블랜딩에는 까베르네 소비뇽을 주축으로 쉬라즈를 약간 블랜딩하는 방식이 일반적이기도 하다. 이러한 품종의 블랜딩으로 와인의 밸런스를 강화시켜 준다는 평가이다. 좋은 까베르네 소비뇽[3]에서는 까시스, 자두, 블랙베리향, 오크, 바닐라, 초콜릿, 민트, 후추, 정향 등이 감지된다. 프랑스 보르도 외에도 호주의 남호주 지역에서 좋은 결과를 내고 있다는 평가이다.

참고 killerman's Run Cabernet Sauvigono 2017

호주의 클레어 밸리에서 생산되는 까베르네 소비뇽 와인이다. 현지가격은 4만원 중반대이다. 좋은 평가를 받고 있는 와인으로 국내에서는 할인매장에서 3만원 내외에 구입에 가능하다. 남호주의 좋은 까베르네 소비뇽을 느낄 수 있는 와인으로 추천하고자 한다. 언급한 좋은 까베르네 소비뇽의 모범적인 예를 평가하고자 한다.

---

2) 호주에서도 싱글빈야드 와인이 좋다. 구세계 만큼 빈티지가 중요하지는 않지만 빈티지(수확연도)의 상황도 많은 영향은 받는다. 20개월 정도 프렌치오크에서 숙성시킨 Tapanappa(2013빈티지, Whalebone Vineyard에서 생산된 까베르네 쉬라즈 블랜딩 와인, Wratton Bully지역)은 원만한 탄닌, 산도, 바디감 등 조화로운 와인으로 14도를 느끼지 못할 만큼 밸런스가 좋다. 현지가격 50달러(미화) 내외이다.

3) 특히 쿠와나라, 서부지역의 마가렛리버 지역이 꼽힌다. 좋은 까베르네 소비뇽에서는 밸런스가 좋고 진하고 과일향이 풍부하며 민트, 유칼립투스가 감지된다. 기후는 보르도와 유사하다. 미국의 캘리포니아 나파 밸리의 까베르네 소비뇽은 상대적으로 풍부하며 알코올 도수가 높다는 평가이다. 그리고 보르도의 좋은 까베르네 소비뇽 만큼 복합미는 부족하다는 평가이다. 호주의 이 품종은 과일향, 산도, 탄닌의 좋은 밸런스를 이룬다. 오크숙성을 통해 와인의 조화가 향상을 가져온다(vivino)는 평가이다.

- 메를로 : Merlot는 부드럽고 밸런스가 좋은 품종이다. 대한항공에서 최근 얄룸바 메를로[4] 품종을 대양주 노선에서 서비스 하는바, 이 품종의 가성비가 좋은 와인이 공급되고 있다.
- GSM 블랜딩 : 호주는 전술한 바와 같이 새로운 시도를 많이 한다. 그르나쉬(Grenache), 쉬라즈(Shiraz), 므드베드로(Moudvedre) 3개의 품종을 블랜딩하여 복합미를 끌어올리고 있다. 이러한 블랜딩 방식은 프랑스의 남부 샤토네프뒤파프의 기본적인 블랜딩 방식이기도 하다.
- 까베르네 소비뇽 / 메를로 블랜딩 : Cabernet Sauvignon과 Merlot 품종의 두가지 블랜딩으로 완성도를 높인다. 호주는 새로운 품종의 조합으로 좋은 와인을 만들기 위한 도전적인 블랜딩을 앞서서 하는 국가로 평가되고 있다.

■ 화이트

- 샤르도네 : 오크숙성을 한 버터리한 샤르도네(Chardonnay)가 많이 출시된다. 더운 곳에서 자란 샤르도네는 색상이 진하고 알코올 도수가 높다. 그러나 산도는 상대적으로 낮고 바디감은 풀바디에 가깝다. 향은 복숭아, 바닐라, 열대과일, 벌꿀향에 가깝다(고종원 외, 47 : 2013)는 평가이다.
- 리슬링 : 좋은 리슬링(Riesling)은 독일의 모젤 등의 지역과 같이 알코올 향이 감지되는 드라이한 품종으로 생산된다. 빅토리아 지역의 서늘한 기후에서 리슬링은 산도와 당도가 조화로운 품종으로 생산된다. 더운 기후임에도 상대적으로 서늘한 지역에서 리슬링을 생산한다. 호주의 리슬링은 독일의 당도와 산도가 조화로운 리슬링과는 달리 드라이하며 레몬, 라임향과 감귤향이 감지되는 산도가 있는 뉘앙스의 스타일이다. 특히 클래어 밸리의 리슬링이 이런 특징을 갖고

클레어 밸리 지역의 리슬링 와인

클레어 밸리의 리니 로드 2018빈티지 리슬링 와인이다. 감귤향이 감지되는 청량한 느낌의 인상적인 리슬링 와인으로 현지가격은 1만5천원대이다.

4) The Y 시리즈로 현지 마트에서 15~20 호주달러로 구매 가능하다.

있다. 신선하고 새콤한 산미로 청량감이 넘친다(손진호, 2020년 3월호 ; 172)는 평가를 받고 있다.

▸ 소비뇽블랑 : 서늘하고 미세한 기후 지역은 복숭아 향의 소비뇽 블랑(Sauvignon Blanc)으로 평가된다.

참고 페탈루마(Petaluma) Picadilly valley Chardonnay

이 와인은 남호주의 샤르도네라고 믿기 어려울 만큼 차분하고 미네랄이 많이 느껴지고 프랑스의 샤샤느 몽라쉐의 느낌과 샤블리의 느낌을 받게 되는 와인이다. 첫빈티지가 1976년으로 애들레이드힐 지역에서 생산되었다. 열대과일향을 중심으로 살구, 복숭아, 핵과일, 레몬, 흰복숭아, 천도복숭아, 자몽, 사과향이 감지된다. 피카딜리 밸리는 남호주에서 가장 기온이 서늘하다.

그래서 인지 언급한 프랑스의 부르고뉴의 좋은 샤르도네가 시음시 떠오르게 할 만큼 차분함 가운데 냉정함과 정숙함 그리고 와인의 자연스러움[5] 가운데서의 깊이와 무게감이 은연중에 다가온다. 강수량은 겨울에 많다. 봄여름이 건조하다. 오크숙성시 프렌치 스타일 등을 접목한다. 당의 제거 과정에서 유익한균을 넣어 말로라틱 발효를 하여 와인의 신선도, 복합성 등을 높인다고 한다. 알코올 도수는 14도이다.

얄룸바 비오니에 와인

와인스펙테이터에서 좋은 성적을 거뒀다. 2018년에는 Top 56위에 올랐다. 프랑스 론의 비오니에와 다른 점이 오크숙성을 하지 않아서 더 신선한 아로마가 느껴진다는 평가이다. 더운 지역의 강렬한 꽃향기와 풍미가 감지된다. 얄룸바에서는 호주 최초로 비오니에 품종을 식재했다(와인21닷컴)고 한다. 얄루마는 호주 와인의 와인 제조의 명문가로 150년의 전통을 갖고 있다. 국내 소비자가는 4만원 정도이며 현지에서는 1만5천원 정도에 구매가 가능하다.

▸ 세미용 : 세미용(Semillon)은 호주에서 가장 잘 자라는 화이트 품종이기도 하다. 신선하고 새큼한 산미로 청량감이 넘친다(손진호, 2020년 3월호 ; 172)는 평가를 리슬링과 동일하게 받고 있다.

▸ 비오니에 : Viognier는 새롭게 부상하는 품종이다. 새로운 와인산지에서 식재하고 있다. 도전적인 호주의 컨셉과 같은 방향에서 재배된다고 볼 수 있다. 멜론, 자스민, 장미, 살구, 복숭아 향을 지닌다. 유연하며 크리미한 질감도 감지된다. 풀바디하며 미네랄도 좋은 품종이다. 이 품종은 재배하기가 까다롭다는 평가가 있다. 프랑스 북부론의 비오니에에 비하면 풍성하다는 평가이다. 아카시아향, 꿀, 파인애플이 감지되며 스위트한 향이 특징이다. 풍미와 산도가 좋다. 산도는

---

5) 자연산도가 느껴진다는 평가도 있다. 산도로 인한 저장성이 있고 호주와인으로서 모던한 스타일의 샤르도네를 잘 나타낸다는 평가이다.

중간이며 알코올 함량은 높다.

② 바로사 밸리

호주와인의 특징이 대량생산하는 회사가 많다는 점으로 Barossa valley에서는 제이콥스 크리크[6], 펜폴즈, 울프 블라스, 피터르만, 살트램, 알룸바[7], 올랜도, 토브랙 등의 와인제조업체들이 많이 있다. 쉬라즈, 까베르네 소비뇽, 샤르도네, 세미용 등 품종이 생산된다. 바로사 밸리는 와인축제로도 잘 알려진 곳이기도 하다. 이곳 와인지역에서는 좋은 와인을 위해서는 손 수확하는 등의 노력도 기울이고 있다.

이곳 산지는 호주에서 가장 유명한 와인생산지[8]로 평가된다. 여러 생산자 중 펜폴즈는 중간 크기이지만 가장 큰 명성을 지니고 있다. 바로사 밸리의 기후는 매우 덥고 건조하다. 샤르도네, 리슬링, 세미용, 까베르네 소비뇽, 그르나슈, 메를로, 무드베드로, 쉬라즈 등이 생산된다. 특히 고목일 경우 좋은 와인을 생산한다.

호주의 대표적인 브랜드 펜폴즈 와인

펜폴즈 쿠릉가 힐 쉬라즈 와인으로 펜폴즈 가운데에서는 대중적인 와인이다.

---

6) 1847년에 설립되었다. 바로사 밸리에서도 제일 큰 규모의 성공한 호주의 대표적인 와인회사이다. Jacob's Creek은 매일 전세계에서 100만잔의 와인이 소비된다고 한다. 지난 30년간 8,000개의 상패를 수상하였다. 세계 80개국에 수출되며 15개의 시장에서 넘버1 와인브랜드로 안착한 브랜드(와인리뷰 : 2019.5.28)로 평가되고 있다. 남호주 많은 지역에서 와인을 생산하는 회사이다. 제이콥스 크릭 바로사 시그니처 쉬라즈 17년산은 프리미엄 풀바디 쉬라즈로 삼나무, 바닐라가 느껴지며 초콜릿, 후추와 정향 아로마, 강한 자두, 벨베리 등이 감지된다. 유연한 탄닌감 등 밸런스가 좋고 5년 이상 저장성을 지닌 좋은 와인이다. 마스터쉐프가 추천한 와인으로 소개한다.

7) 최근 대한항공 서울-시드니 노선 일반석에서 이곳 와이너리의 피노그리, 메를로 품종의 와인이 서비스된다. 가격대비 우수한 품질을 나타낸다. 이런점에서 호주와인은 가성비가 좋다는 것을 확인하게 된다. The Y series 브랜드로 현지 마트가 10~20 호주달러로 구입 가능하다.

8) 바로사 밸리는 미국의 나파 밸리로 표현한다. 즉, 가장 뛰어난 와인을 생산하는 지역이다.

참고 홈플러스 호주 최고 가성비 와인 추천

그랜트 버지 gb56 쉬라즈

바로사 밸리의 와인이다. 1855년 설립된 현재 5대째 운영중인 가족회사이다. 바로사 밸리에서 가장 규모가 크고 존경받는 이름으로 꼽힌다. 2018년 와인평론가 제임스 할리데이의 평가에서 최고등급인 별 5개 와이너리로 선정되었다.

라즈베리, 블랙베리, 말린자두, 향신료, 구운 오크, 신선한 허브류의 풍미가 풍부하다는 평가이다. 붉은색 육류와 마리아주가 좋다(wineok)고 한다.

시중에서는 약 15,000~20,000만원대에 판매된다. 탄닌감이 압도하며 와인의 수령이 30~40년 이상으로 평가된다. 집중도가 있고 알코올 도수도 14%이다. 가성비 좋은 벨류와인이다.

③ 맥라렌 베일

맥라렌 베일 펜폴즈 템플라니오 와인

펜폴즈 셀러 리저브 템플라니오 2011년산 와인이다. 템플라니오 품종으로 특이한 시음을 하게 된 와인으로 기억된다.

Mclaren Vale은 지중해성 기후를 나타내는 지역이다. 좋은 쉬라즈를 생산한다. 호주가 고목이 많은 것처럼 이 지역의 쉬라즈는 가격대비 완성도[9]가 높은 특징을 지닌다.

골짜기가 많은 풍경을 보인다. 일조량, 고도 그리고 바다에서 부는 바람 등 국지적인 다양성이 있다. 모래가 많은 충적토, 진흙 토양이다(그랑 라루스 와인백과)라는 평가이다.

진하고 농축된 과일향과 알코올이 높은 쉬라즈를 기본으로 와인을 생산한다. 맥라렌 밸리의 경우 다렌버그 회사가 알려져 있다. 이곳에서는 쉬라즈, 무드베드로, 그뤼나쉬[10] 등을 블랜딩해서 복합미와 강렬한 뉘앙스를 주는 와인을 생산한다. 벨류와인으로 만족도를 높이는 지역이다. 샤르도네, 소비뇽블랑, 까베르네 소비뇽[11], 메를로 품종도 생산된다.

---

9) 호주와인은 고목재배로 농축미가 좋은 특징이 있다. 알코올 도수도 14%내외로 높다.
10) 오래된 고목은 잼의 과일향과 키르슈향이 깊고 달콤하다(그랑 라루스 와인백과 ; 네이버지식백과)는 평가이다.
11) 향신료, 땅콩 향, 잘 익은 검은과일향이 느껴지며 탄닌이 부드럽다는 평가(그랑 라루스 와인백과)가 있다.

맥라렌 베일 산지에서는 템플라니오[12])도 생산된다. 여러 종류의 품종이 생산되는 만큼 다양성도 보이는 지역이다.

다렌버그 와인

다렌버그 2015년 쉬라즈 그르나쉬 블랜딩 와인으로 맥라렌베일 지역 와인으로 강렬한 스타일이다.

참고 다렌버그(d'Arenberg)의 The Stump 까베르네 소비뇽 메를로

두 개의 품종이 각각 50%씩 블랜딩 되었다. 알코올 도수가 14.3%의 남호주 지역의 맥라렌베일의 와인이다. 여름이 덥고 고온건조하여 포도숙성에 좋다. 카시스, 바이올렛, 베리류의 향과 민트, 허브 향이 느껴진다.

풍부한 과실미와 우아한 탄닌감이 입안에서 조화를 이룬다는 수입사의 설명이다. 가격대비 품질이 좋은 벨류와인이다. 2013년 빈티지의 경우 탄닌감이 작렬하며 임팩트가 좋다. 가성비 좋은 추천와인으로 권장하고자 한다. 할인매장 가격은 15,000원 내외이다.

다렌버그는 1912년 설립되었다. 남호주 대표 부띠크 와이너리로 전통방식을 고수하면서 쉬라즈와 비오니에를 블랜딩하는 파격적인 시도와 스토리를 담은 독특한 제품명 등 독창성과 창의성을 인정받고 있는 호주가 인정하는 12개의 가족경영회사중 하나이다.

와인앤 스피릿(Wine & Spirit)매거진에서 올해의 100대 와이너리로 총4회 선정되었고 디켄터(Decanter)매거진으로부터 2017년에는 방문해야 할 와이너리로 선정(www.keumyang.com)되기도 하였다.

④ 쿠나와라

Coonawarra는 붉은 토양인 테라로사 지역으로 유명하다. 특히 이 지역에서는 까베르네 소비뇽[13]) 품종이 잘 자라서 좋은 와인을 생산한다. 이지역의 좋은 까베르네 소비뇽은 균형잡힌 근육질의 모습을 지녔다고 평가되기도 한다.

테라로사지역의 철분이 가득한 붉은땅으로 차별화된 특징을 보인다.

투핸즈 엔젤스 쉐어 쉬라즈 와인

풍부한 과일향과 부드러운 질감으로 클래식한 쉬라즈 스타일과 가성비(3~4만원대)로 좋은 평가를 받는 맥라렌베일의 전형적인 쉬라즈 와인이다.

---

12) 펜폴즈 셀러 리저브 템플라니오 2011은 오크, 바닐라, 토바코, 가죽, 흙향, 자두, 블랙커런트, 블랙베리향이 표출된다. 색상은 짙고 보랏빛이다. 지중해 피자(토마토, 고기, 살라미, 올리브 등 재료)와 어울린다(vivino)는 평가이다. 베리류와 체리향이 잘 감지되는 와인이다. 현지가격이 4만원 중반대로 시음시 특별한 경험으로 다가온 호주의 템플라니오로 기억된다. 10년 동안 병입 숙성이 가능한 와인이다.

13) 농축되고 블랙커런트, 유칼립투스 향이 특징이다. 탄닌이 견고하다. 구조감이 매우 좋다. 저장성도 좋다(그랑 라루스 와인백과)는 평가이다.

쿠와나라 지역 까베르네 소비뇽 와인

쿠나와라 지역의 The Laira 까베르네 소비뇽 와인 2015년산이다. 15~20달러 현지가격이면 가성비 좋은 까베르네 소비뇽을 만날 수 있다. 1960년대 이후 명성을 얻은 테라로사 토양은 배수성이 좋다. 토양에 철분이 함유되어 포도에도 반영된다는 평가이다. 이 와인은 밸런스가 좋다.

샤르도네, 리슬링, 메를로, 쉬라즈 등도 생산된다.

비교적 서늘한 기후대의 해양성 기후지역으로 고전적인 품종재배에 좋다는 평가이다. 지대는 비교적 낮고 평평하다. 토양은 촉촉이 젖은 석회석에 붉은 철광석과 점토 사토가 섞여있다. 호주지역에서도 포도 숙성이 빠른 곳으로 평가된다(허용덕 외, 2009 ; 네이버지식백과). 독특한 토양으로 호주에서 가장 좋은 까베르네 소비뇽을 생산하는 지역이다. 호주의 보르도로 불린다.

남호주에서 가장 남쪽에 위치한다. 바로사 밸리에서 400Km거리이다. 라임스톤 코스트(Limestone Coast)로 불리는 지역으로 호주에서 석회석이 가장 잘 분포된 곳이다. 석회암층은 해안을 중심으로 6개의 지질층을 형성하며 이 석회질 층은 철분을 함유한 점토질과 혼합되어 있다.

쿠나와라의 지하 깊은 석회암 층은 배수가 잘 조절되며 까베르네 소비뇽이 특화되어 있고 쉬라즈, 샤르도네 매우 품질이 우수하다(손진호, 2020년3월호 ; 173)는 평가이다.

⑤ 애들레이드 힐스

Adelaide Hills은 피노누아, 샤르도네, 리슬링이 잘 재배되는 지역으로 알려져 있다.

⑥ 랭혼 크릭

Langhome Creek은 최근 부상하고 있는 와인산지이다. 좋은 쉬라즈[14]를 생산하는 곳으로 주목받고 있다. 바다에서 불어오는 해풍으로 여름의 낮기온을 낮추고 습도를 올린다. 쉬라즈, 까베르네 소비뇽이 잘 자란다.

과일향이 좋은 품질에 부드럽고 풍부한 미디엄 레드와인이 생산된다. 블라스, 하디, 올랜도, 사우스코프 같은 회사들에 의해 블랜딩되어 생산된다(wine21.com).

14) 알코올 도수가 15도의 쉬라즈는 풍미가 매우 좋고 밸런스도 뛰어나다.

⑦ 클레어 밸리

호주 사우스오스트레일리아주에 있는 유명한 와인생산지이다. 주도 애들레이드에서는 약 130km 떨어져 있다. 1840년대부터 포도재배를 시작하였다. 생산하는 주요품종은 리슬링, 세미용, 쉬라즈, 까베르네 소비뇽 등이다. 와인투어가 활성화되어 있고 매년 5월에 와인축제가 열린다(두산백과).

Clare valley는 따뜻한 대륙성 기후로 오후에 부는 서늘한 바람이 포도를 서서히 익게 해준다. 건조한 지역으로 곰팡이 피해는 드물다. 보통 수확은 3월, 리슬링[15] 같은 품종은 늦은 5월경 수확한다. 토양은 대체로 붉거나 회갈색이며 남쪽 소구역은 하층토에 상당량의 석회암이 포함되어 있다. 이 지역 와인은 향이 깊고 구조가 단단하며 숙성잠재력이 크다(wine 21.com)는 평가이다.

⑧ 에덴 밸리

Eden valley[16]는 구릉지대로 1847년 조셉 길버트에 의해 포도나무가 심어졌다. 리슬링이 매우 유명하다. 쉬라즈, 샤르도네도 잘 생산된다. 기온은 바로사 밸리 보다는 낮고 수확시 시원한 상태에서 이뤄진다는 평가를 받는다. 토양은 하층토로 풍화된 바위에서 생성되었고 색은 회색에서 갈색을 띤다. 찰흙 모래에서 점토 찰흙의 토양이다. 철광석 자갈, 석영 자갈 그리고 암석 조각은 표면과 표면 아래에 나타난다(와인21닷컴).

---

15) 리슬링은 보통 만숙종으로 수확기간이 길다. 가장 저장성이 좋은 화인트 와인품종이기도 하다. 이곳의 리슬링은 유명한 품종이다.

16) 고도 370~500m 지역으로 서늘한 기후 지대이다. 샤르도네는 부드럽고 농축된 와인으로 평가된다. 19세기 독일에서 이민 온 사람들에 의해 심어진 리슬링은 단단하고 산도가 좋다. 신선하며 감귤류, 규석의 좋은 향이 난다. 쉬라즈는 과일 잼, 향신료, 유칼립투스향이 나며 부드럽고 감미로운 구조감이 느껴진다는 평가이다. 헨슈케(Henscheke) 등이 주요생산자이다(그랑 라루스 와인백과).

(2) 빅토리아

호주의 남동부에 위치한 Victoria주에서는 쉬라즈, 까베르네 소비뇽이 잘 생산된다. 피노누아, 리슬링도 서늘한 이곳 기후에서 잘 생산되고 있다. 서늘한 기후에서의 피노누아[17]와 샤르도네는 산도가 좋다는 평가를 받는다. 감귤향이 느껴지는 소비뇽블랑도 생산된다.

참고 브라운 브라더스(Brown Brothers)

호주의 125년된 와이너리로 국민선호도 1위의 와인브랜드로 알려져 있다. 모스카토, 뮈스카, 쉬라즈, 까베르네 소비뇽 등 다양한 와인을 빅토리아주에서 생산하고 있다.

① 야라 밸리

Yarra Valley는 서늘한 지역의 와인생산지이다. 그래서 피노누아, 비오니에 같은 품종을 생산하고 있다. 빅토리아주에서 가장 인지도가 있는 유명한 포도산지이다.

소비뇽 블랑 와인

태즈마니아 소비뇽블랑 와인은 서늘한 지역에서 생산된다. 뉴질랜드의 강한 뉘앙스 보다는 부드러운 밸런스를 지닌 와인의 성향을 갖는다. 호주의 공항에서 구입한 가격은 한화로 2만5천원대이다.

(3) 태즈마니아

Tasmania는 호주의 최남단 지역에 있는 섬으로 제일 작은 주이기도 하다. 주도는 호바트이다. 온대기후지역으로 와인산지가 있는 해안가는 서늘한 기후로 인해 좋은 피노누아 생산을 한다. 샤르도네, 소비뇽블랑[18] 와인도 잘 생산된다.

태즈마니아 피노누아 와인

로어링 비치 피노누아 2018년산 와인이다. 대중적인 와인 가운데 20~25(호주 달러)선으로 다른 와인보다는 가격이 상대적으로 높게 피노누아가 판매된다. 태즈마니아 지역은 해안선을 따라 서늘한 기후를 형성하고 있어서 피노누아 품종이 잘 자란다. 원만한 스타일의 피노누아를 느낄 수 있다.

---

17) 이곳의 피노누아는 자두향이 나는 특징이 있다는 평가이다.

18) 시트러스, 라임, 자몽, 키위, 리치 향이 감지된다. 잔디, 구즈베리, 후추향이 난다는 평가이다. 전반적으로 뉴질랜드의 강한 향취 보다는 은은하면서 전반적으로 향을 발산하는 밸런스가 양호한 와인으로 평가하고자 한다.

(4) 웨스턴 오스트레일리아

Western Australia는 호주 최대의 주로 주도는 퍼스다. 호주의 서남부 지역으로 온화한 기후대를 보인다. 보르도 스타일의 레드와인은 온화한 스타일이다. 까베르네 소비뇽, 메를로, 쉬라즈 등이 주로 생산된다. 샤르도네[19]는 보통 오크숙성을 하지 않고 출시한다.

이 지역의 대표적인 산지는 주정강화와인과 화이트와인[20]이 유명한 스완 디스트릭, 1990년 이후 최고의 와인산지로 인식되며 서핑으로도 유명한 마가렛 리버, 남서부 해안을 따라 200Km 펼쳐진 그레이트 사우던이다.

특히 마가렛 리버는 1970년 와인산지로 개척되었다. 많은 일조량, 차가운 해류의 시원한 기류를 형성하고 있다. 바다의 영향을 많이 받는 지역으로 프랑스 보르도와의 연관성이 1965년 존 글래드스톤즈 박사에 의해 밝혀졌다. 까베르네 소비뇽의 설명에 세련되고 우아하다는 표현이 보르도의 까베르네 소비뇽에서 자주 등장하는 표현과의 일치라는 설명이다. 즉, 보르도의 주요품종이 이곳에서 최적의 상태로 재배된다(이정훈 외, 2017 : 220~221)는 것이다. 르윈 에스테이트가 잘 알려진 와이너리이다.

마가렛 리버 까베르네 소비뇽 와인

마가렛 리버의 휴턴 까베르네 소비뇽 와인이다. 호주에서는 대중적이면서 데일리 와인으로 품질도 좋다. 2만원 내외의 가격대로 구입이 가능하다. 참고로 오른쪽은 태즈매니아의 피노누아로 품질도 좋고 가격은 3만원내외의 가격이다.

(5) 퀸즈랜드

Queenland는 열대습윤지역으로 브리즈번 북쪽에 위치한다. 사우스 버네트가 대표 산지이다. 쉬라즈, 샤르도네가 주요한 품종이다.

(6) 뉴사우스 웨일즈

New South Wales주는 주도가 시드니이다. 남동부에 위치한 호주에서

19) 이지역 샤르도네는 맛과 풍미가 강하지 않고 은은한 향취가 있는 와인이다. 미네랄 느낌도 장점이다.
20) 화이트와인이 각광 받는다. 베르데호, 슈냉블랑이 유명(이정훈 외, 2017 : 220)한 품종이다.

뉴사우스 웨일즈 와인

헌터 밸리의 부로켄우드 2019년산 와인이다. 소비뇽블랑, 세미용이 블랜딩되었다. 리치, 청사과향이 나는 와인이다. 현지가격은 1만5천원 내외로 가성비가 좋다.

첫 번째 포도나무가 재배된 지역이다. 대표적인 산지가 헌터 밸리[21)]이다. 헌터 밸리는 세미용와인이 세계적인 품질의 평가를 받고 있다. 샤르도네도 인기가 있다.

또한 까베르네 소비뇽의 경우도 경쟁력을 지닌 품종이다. 까베르네 소비뇽의 과일향과 산도를 잘 보존하기 위해 낮이 아닌 저녁이후에 포도를 수확한다는 명시도 하고 있다.

샤르도네, 시라즈, 세미용, 까베르네 소비뇽과 메를로 블랜딩의 와인이 가장 대표적으로 재배되고 있다.

이 지역은 헌터 밸리를 중심으로 많은 지역에 분포하고 있는 지역이다. 쉬라즈, 세미용, 까베르네 소비뇽, 메를로 등 블랜딩을 주로 하여 와인을 생산한다.

① 화이트 품종

▪ 세미용

세미용(Semillon)품종은 호주에서 가장 잘 자라는 대표적인 화이트 품종이다.

뉴 사우스 웨일즈 주의 헌터 밸리 지역 품종이 유명하다. 좋은 세미용의 경우, 저장성이 좋다. 10~20년을 보장한다는 평가이다. 견과류, 꿀, 토스토 향이 특색이다.

▪ 샤르도네

Chardonnay는 뉴 사우스 웨일즈 지역이 유명하다. 인기 있는 품종으로 알려져 있다. 남호주 지역의 샤르도네는 풍미가 좋고 바디감도 있고 더운 지역에서 생산된 만큼 색깔도 진한 뉘앙스를 보여준다.

---

21) 헌터 밸리가 잘 알려져 있다. 시드니에서 가장 근접한 경쟁력 있는 산지이다.

② 레드 품종

■ 쉬라즈

Shiraz는 호주의 대표품종이다. 프랑스의 론지역의 쉬라가 호주에 유입되어 가장 대표적인 품종으로 자리매김한 사례로 볼 수 있다. 알코올 도수가 높고 진하며 강한 스타일의 품종으로 평가된다. 후추 같은 스파이스한 향과 복합미와 탄닌감도 갖춘 매력적인 품종으로 평가되고 있다. 토스티한 오크향과 충분한 탄닌감이 특징이다. 향취가 강한 품종으로 여겨지고 있다.

■ 까베르네 소비뇽

뉴사우스웨일즈의 까베르네 소비뇽은 알코올 도수가 높고(14도 내외) 잘 익은 베리 과일향, 블랙커런트, 까시스향이 좋다.

■ 메를로

뉴사우스웨일즈의 Yenda지역에서 메를로가 생산된다. 옐로우 테일은 호주의 벨류와인으로 소프트하고 비단결 같은 느낌이라는 평가를 받는다. 진한 자두, 멀베리 향과 스파이시한 향이 느껴진다.

[고종원교수의 세계와인 문화이야기 _ Australia]

"도전과 창의성으로 무장한 신세계와인의 대표주자"

와인수출량이 7,580,000hl로 세계에서 네번째로 규모가 큰 와인 수출국이며 와인생산량이 14,300,000hl로 세계 6위 그리고 1인당 소비량은 22.5ℓ로 세계 16위에 해당하는 국가가 호주이다. 호주는 신세계와인의 대표주자의 국가 중 하나이며, 미국과 함께 빼 놓을 수 없는 신세계의 주요 국가이다. 호주는 대규모 와인생산력을 갖춘 와이너리를 중심으로 발전해 온 특징을 지닌다. 이러한 대형 기업형 와인회사는 중저가 와인을 대량생산하면서도 품질이 우수한 고가의 세계적인 와인도 생산하고 있다. 대형회사 외에도 중소규모의 대부분의 와이너리들이 호주와인 발전의 성장을 위해 받침대 역할을 하는 자원과 동력으로 보아도 될 것이다.

새로운 품종 결합의 시도

특히 호주는 와인 신세계국가의 특징인 도전과 창의성으로 발전한 국가라고 할 수 있다. 세계의 어떤 나라에서도 보기 힘든 새로운 품종 결합의 시도는 와인의 완성도를 높였다는 점에서 높이 평가하고자 한다. 예를 들면 쉬라즈-까베르네 소비뇽, 까베르네 소비뇽-쉬라즈, 세미용-샤르도네, 샤르도네-세미용, 쉬라즈 비오니에, 마르산느-비오니에-루산느, S.G.M & G.S.M 블랜딩 등 새로운 품종 블랜딩을 통해 호주와인의 완성도를 높이고 있다는 점이 돋보인다. 다른 나라처럼 정부가 규제하는 상황이 적어 와이너리가 자율적이고 자발적으로 와인의 품질개선과 발전을 위해 노력하고 있다.

가격대비 와인품질의 균질성과 우수성 돋보여

한편 호주와인의 성공요인은 가격대비 와인품질의 균질성과 우수성이라 생각된다. 호주와인의 수령은 보통 적어도 30년~50년 이상의 고목들이 많다. 그래서 중저가 와인이라도 이러한 포도나무로부터 생산되어 와인의 질과 수준이 뒷받침되고 있다는 점에서 장점으로 작용하고 있다. 와인을 잘 모르는 사람이라도 와인 구입시 판단이 잘 안설 때 저렴한 가격의 호주와인을 구입하면 대체로 실수 없이 괜찮은 품질의 와인을 구입할 수 있다는 것이 이러한 환경과 상황에서 가능하게된 것이다.

다양한 품종이 호주 전역에서 생산

호주는 지중해성 기후로 고온건조한 특성을 갖고 있어서 포도재배에 적합한 곳이다. 쉬라즈를 중심으로 까베르네 소비뇽, 메를로, 피노누아, 샤르도네, 세미용, 리슬링 등 다양한 포도품종을 생산하고 있다.

대략 90여 가지로 알려지고 있다. 게부르츠트라미너, 쉬냉블랑, 마산느, 피노그리 등 다양한 품종이 호주 전역에서 생산되고 있다. 주요생산지역은 가장 많은 생산량과 쉬라즈의 특화된 지역 그리고 대규모 양조장 밀집지역으로 평가되는 South Australia, 호주에서 가장 와인생산이 오래된 지역인 Hunter Valley 지역이 포함된 호주의 메독으로 불리는 New South Wales, 소규모 양조장들이 밀집한 Victoria, 기후가 보르도와 비슷한 마가렛 리버가 있는 Western Australia, 다양한 품종을 생산하는 Tasmania지역 등으로 구성되어 있다.

특히 주목해야 하는 몇몇 지역은 다음과 같다. 1825년부터 포도를 생산하고 쉬라즈, 샤르도네, 세미용 등을 주로 생산하는 Hunter Valley, 호주 최고급 와인생산지로 와인축제가 열리는 Barossa Valley, 호주 리슬링의 본산으로 평가되며 까베르네 소비뇽과 쉬라즈의 경쟁력을 보여주는 Clare Valley, 호주 최고의 쉬라즈 생산지역이며 까베르네 소비뇽, 그르나쉬, 메를로, 샤도네, 소비뇽블랑, 리슬링도 생산하는 McLaren Vale, 지하 석회암과 테라로사 토양으로 진하고 묵직한 장기숙성용 까베르네 소비뇽을 생산하는 Coonawarra, 서늘한 기후로 명성있는 피노누아와 샤르도네를 생산하며 좋은 쉬라즈와 까베르네 소비뇽 와인도 생산하는 Yarra Valley, 훌륭한 까베르네 소비뇽과 쉬라즈 그리고 소비뇽블랑을 생산하는 Margaret River지역이다.

세계 각국의 다양한 음식을 와인과 함께 즐길 수 있는 환경

호주 와인의 역사에 있어서 주목해야 하는 것이 펜폴즈 그랜지 와인이다. 150여년의 역사를 지닌 이 와인은 처음에는 의학용으로 시작되었으나 기존 호주와인의 인식과 평가를 뒤집은 명품으로 자리잡게 되었다.

남호주의 바로사 밸리에서 생산되는데 문화재로 등재된 호주의 국보급 명품이다. 1962년 시드니 와인박람회를 통해 1955년산 그랜지가 금메달을 획득함으로써 호주와인의 경쟁력을 세계에 알리게 됐다. 호주는 와인과 함께 음식이 풍부한 곳이다. 해산물, 열대과일, 소고기, 양고기가 유명하며 와인과 함께 즐긴다. 그리고 최근에는 호주에서 중국식이 선호되어 많이 이용되고 있는 추세이다. 중식도 와인과 잘 어울리는 음식이다. 기존에 영국의 영향으로 생선튀김에 감자튀김을 곁들인 피쉬 & 칩스를 호주인은 가장 선호하는 편이다. 호주의 독특한 현지음식으로는 캥거루, 버팔로, 크로커다일, 에뮤와 같은 야생음식도 이용되고 있다. 원주민들을 포함한 다양한 문화가 음식에도 반영된다. 고급레스토랑, 호텔, 가볍게 식사

할 수 있는 펍(pub), 비스트로, 카페, 패밀리 레스토랑 등 많은 장소에서 와인을 즐길 수 있다. 호주에서는 다문화 공동체로 세계 각국의 다양한 음식을 와인과 함께 먹고 마실 수 있는 환경을 갖추고 있다.

새로운 가치와 경쟁력을 추구하는 호주의 와인문화

최근에 와서는 정책이 다소 바뀐 것으로 알지만 호주는 근자에 까지 이민정책을 적극적으로 추진해 온 것으로 알고 있다. 호주의 친이민 정책처럼 다양한 인종이 서로 어울려 잘사는 나라를 추구한 바와 같이 호주 와인은 다양한 품종을 인정하고 한편으로는 새로운 블랜딩을 통한 새로운 가치와 경쟁력을 추구하는 방향으로 발전해 왔다고 볼 수 있다. 호주의 다양한 음식 이미지가 조화와 협력이란 느낌으로 오듯이, 와인으로 말하면 조화와 밸런스를 추구하는 것이 호주의 와인 문화가 아닌가 생각해본다.

오늘 시음한 호주의 뉴사우스웨일즈의 린드만사의 빈시리즈 샤도네는 진하고 다소 바디감도 있는 호주의 풍성하고 원만한 느낌을 주는 와인으로 다가온다. 그리고 얼마 전 시음한 남호주 맥라렌 베일의 다렌 버그사 더스템점프 화이트와인을 통해 호주만의 실험과 도전정신을 확인할 수 있었다. 뉴질랜드와 함께 호주는 스큐르캡을 사용하는 대표적인 국가로 와인에 대한 생산시점에서의 시음평가에 대한 자신감과 호주만의 독특하고 차별화된 변화의 모습을 확연하게 보여주는 사례라고 언급하고자 한다.

출처 : HOTEL & RESTAURANT 2015.03.

New Zealand

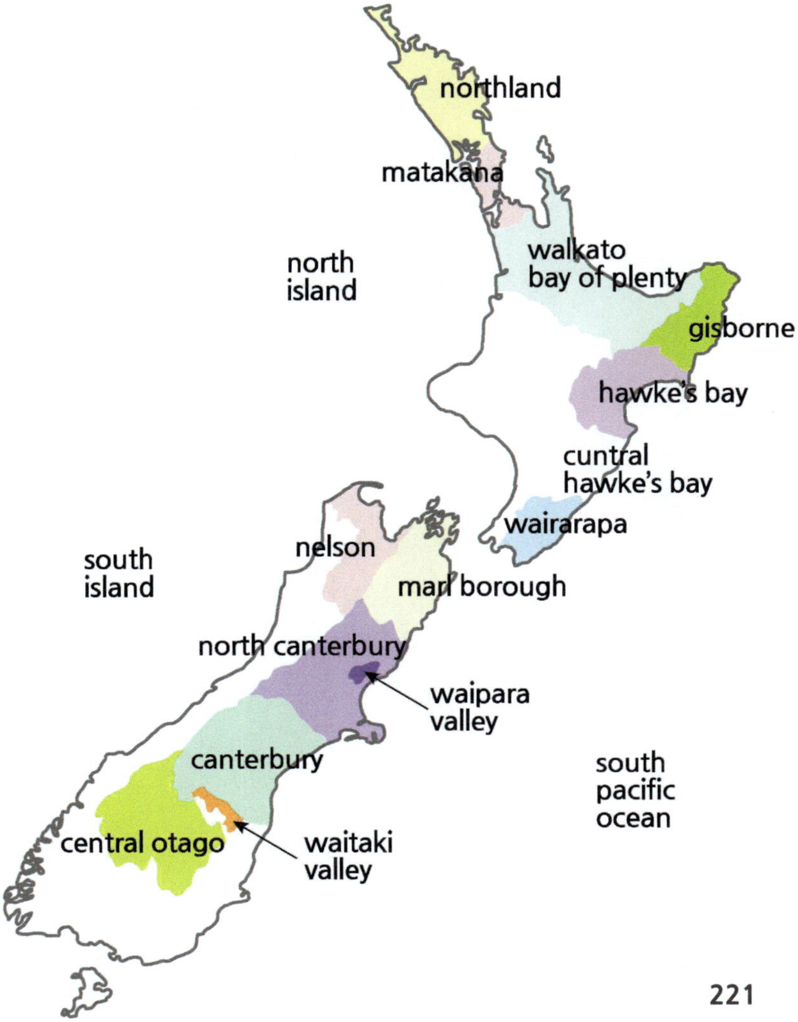
northland
matakana
north island
walkato
bay of plenty
gisborne
hawke's bay
cuntral hawke's bay
wairarapa
south island
nelson
marl borough
north canterbury
waipara valley
canterbury
central otago
waitaki valley
south pacific ocean

1. 와인 개요

뉴질랜드는 전세계에서 가장 남쪽에 위치한 와인산지이다. 날짜 변경선에 가까운 곳으로 지구에서 가장 해가 먼저 뜨는 곳이 이곳이다.

신세계 와인국가로 날씨가 서늘한 기후로 인상적인 소비뇽블랑, 피노누아, 리슬링 등을 생산한다. 신세계에서 가장 서늘한 연안에 포도밭을 형성하고 있다는 평가가 있다. 서늘한 지역에서 매칭되는 품종의 경쟁력을 보이는 산지의 국가이다. 남반부로 3~5월이 수확기이다. 순수하고 우아하며 풍미가 강렬하다는 평가를 받는 와인을 생산한다.

1980년 중반 이후 해외에서 알려지게 된다. 원래는 1819년 성공회 선교사에 의해 식재되었다고 전해진다. 1839년 스코틀랜드 제이스 버스비에 의해 포도밭이 만들어졌다고 한다. 1988년에서 1998년 10년 동안 와이너리가 3배 증가할 만큼 생산자가 증가하였다. 뉴질랜드는 서늘한 기후로 신세계에서 성공한 와인국가로서의 성공요인으로 여겨지고 있다.

2. 떼루아

호주에 비해서 강수가 많고 추운 날씨이다. 침수도 많은 편이다. 해양성기후로 서늘하다. 그래서 소비뇽블랑, 피노누아가 잘 재배된다. 호주가 대기업중심의 생산이라면 뉴질랜드는 소규모 농장형태의 가족경영 형태의 와인을 생산하는 곳이 많다.

3. 품종

뉴질랜드에서는 20여종의 품종이 생산된다. 1990년대말 기준으로 보면 화이트가 75% 정도이나 이후 피노누아가 확대되고 있다. 레드 보다는 화이트 생산이 많고 경쟁력을 지닌다.

(1) 화이트

① 소비뇽블랑

뉴질랜드의 가장 대표적인 품종[22)]이다. 서늘한 해양성 기후인 뉴질랜드에서 가장 이상적인 포도품종으로 평가된다. 신선한 산도, 미네랄, 야성적인 풍미, 바디감 등의 특징을 지닌다. 라임, 구즈베리, 녹색 채소류, 허브, 열대과일 등이 감지되는 특징 있는 품종이다.

일반적으로는 스테인레스스틸 탱크에서 양조된다. 뉴질랜드 소비뇽블랑[23)]은 이국적이고 강렬한 풍미가 특징이다. 그리고 최고급 포도는 손 수확을 원칙으로 한다.

참고 크라우드 베이

뉴질랜드 남섬의 말보로 지역의 소비뇽블랑 품종의 와인이다. 뉴질랜드 소비뇽블랑을 세계에 각인시킨 와인으로 주목받는다. 미네랄터치가 매우 훌륭하고 산도가 적절하다. 아스파라가스향이 많이 느껴지는 와인이다. 밸런스가 좋다. 산도와 알코올과 아로마의 균형미가 좋다. 경쾌하고 화사하며 절제된 뉘앙스의 뉴질랜드 최고의 소비뇽블랑으로 평가받는다. 구즈베리향이 특별히 느껴지는 품종의 와인으로 가치가 있다.

---

22) 소비뇽블랑의 대표적인 향은 왕귤(Grapefruit), 잔디향, 허브, 고양이 오줌향, 스페인에서 많이 먹는 그린올리브가 감지된다.

23) 서늘한 기후로 천연산도가 부여된다. 상큼한 와인이 생산되는 여건을 테루아가 부여한다.

와이파라 지역의 피노그리 와인

서늘한 와이라파 지역에서 생산되는 피노그리 와인으로 현지가격은 2만원~2만5천원대이다. 꿀향과 스파이시함 그리고 경쾌함을 주는 인상적인 와인이다.

말보로 지역의 피노누아 와인

남섬 말보로 지역의 피노누아 와인인 모아나 파크 2018년산이다. 뉴질랜드 피노누아는 소비뇽블랑을 중심으로 가성비가 좋다는 평가를 받는다. 할인매장에서 2만원 내외에 구입이 가능하다.

② 샤르도네

뉴질랜드 샤르도네의 품질도 좋다. 소비뇽블랑과 약간은 혼돈될 만큼 비슷함을 갖고 있다. 풀향과 미네랄 터치는 공유된 느낌이다. 레몬향, 바삭한 산도가 감지된다는 평가이다. 오크배럴[24]을 일반적으로 한다.

③ 리슬링

뉴질랜드도 서늘한 기후로 리슬링 재배에 좋은 여건이다. 라임향, 구운 살구와 꿀향이 감지된다.

④ 피노그리

이 품종도 뉴질랜드에서 많은 지역에서 생산되는 대표적인 품종이다. 드라이한 스타일부터 감도 있는 스타일까지 다양하게 생산된다. 사과향, 배향, 꿀향, 스파이시한 느낌이 감지된다는 평가이다. 남섬의 넬슨, 와이파라와 북섬의 기스본지역이 대표산지이다.

(2) 레드

① 피노누아

서늘한 날씨인 뉴질랜드에서 적합한 레드품종이다. 다른 나라보다 상대적으로 알코올 도수가 높고 바디감도 큰 품종이다.

말보로의 피노누아는 붉은 체리의 향과 맛에 오크숙성시 토스티함과 탄닌의 와인이다. 말보로 피노누아는 뉴질랜드의 천혜의 자연환경에서 생산하는 뛰어난 포도의 품질을 보여준다. 말보로 피노누아는 알코올 도수가 약 13도 정도로 프랑스 부르고뉴 와인보다는 도수가 높은 특징을 갖는다.

---

24) 오크숙성으로 토스티한 카라멜향과 바닐라향이 감지된다.

체리, 자두, 감초, 딸기, 라즈베리, 오크풍미 등이 감지되는 품종이다. 밝은 루비컬러의 색상을 나타낸다.

② 까베르네 소비뇽

뉴질랜드에서 생산량이 증가하고 있는 품종이다. 어느 곳에서나 잘 자라는 특성을 지닌 이 품종은 북섬의 혹스베이에서 많이 생산된다. 추운 남섬보다는 상대적으로 재배하기에 좋은 지역으로 보인다.

③ 메를로

북섬의 혹스베이 산지 등에서 생산된다. 재배가 늘어나는 품종으로 평가되고 있다.

4. 등급체계

특별한 규정은 없다. 그러나 라벨에 표기하는 해당 품종은 75% 이상을 구성하고 있어야 한다. 보통은 85~100%로 구성된다.

라벨에 표시되는 구역산지는 해당지역이 75% 이상을 포함해야 한다.

5. 와인산지

(1) 북섬

① 오하우

Ohau 지역은 서늘하여 피노누아도 잘 생산된다. 이 지역은 북섬의 가장 최남단에 위치해 있다.

마틴버러 피노누아 와인

펠리셔 에스테이트 피노누아는 뉴질랜드의 피노누아 가운데 좋은 평가를 받아온 제품이다. 아로마가 풍부하며 부드럽고 풍만한 체리와 신선한 허브향이 좋다는 평가이다. 소비자가는 13만원대이다.

② 와이라라파(Wairarapa)

마틴버러가 대표산지이다. 피노누아, 피노그리가 주요 품종이다.

서늘한 지역으로 피노누아 품종이 잘 자란다. 이 지역은 좋은 샤르도네, 소비뇽블랑도 생산된다.

③ 혹스베이

Hawke's Bay에서는 샤르도네, 소비뇽블랑, 피노누아, 리슬링 등이 주로 생산된다. Coasta Areas가 대표산지이다. 이지역은 레드의 경우 보르도 스타일을 지향한다. 수도 오클랜드 와인산지와 함께 북섬의 특징이기도 하다는 평가이다.

④ 기스본

Gisborne에서는 샤르도네, 피노그리가 주요 품종이다.

(2) 남섬

① 넬슨

소비뇽블랑, 피노그리, 리슬링이 대표적인 품종이다. 말로보지역과 함께 북섬의 최서북단 지역에 위치한다.

② 말보로(Marlborough)

남섬의 대표적인 산지이다. 최동북단에 위치한 산지이다. 뉴질랜드 와인의 세계적인 인지도를 끌어올린 소비뇽블랑의 산지이다. 강한 향취의 소비뇽블랑이 재배될 수 있는 가장 서늘한 기후대를 보이는 곳[25]이 뉴질랜드이며 이곳에서는 소비뇽블랑 외에도 샤르도네, 피노누아,

25) 남섬의 가장 최동북에 위치한 지역이다.

피노그리가 생산되는 곳이다. Awatere 지역은 말보로 동남쪽에 위치하며 약 30%의 포도밭을 차지한다. 가장 건조하고 서늘한 지역으로 벨류와인[26]을 생산하고 있다.

말보로 지역은 뉴질랜드 와인의 60% 이상이 생산되는 지역으로 뉴질랜드 와인을 전 세계에 알린 품종 소비뇽 블랑을 비롯하여 피노누아를 생산하는 뉴질랜드 최대의 와인산지이다(네이버 지식백과).

③ 와이파라 밸리(Waipara Valley) / 캔터버리(Canterbury)

크라이스처치가 주요도시인 지역이다. 피노누아, 리슬링, 피노그리[27]가 주요품종이다.

④ 센트럴 오타고

남섬의 최남단에 위치한다. 피노누아, 리슬링이 주요품종이다. 퀸즈타운이 이지역의 주요 대표도시이다.

센트럴 오타고의 피노누아 와인

센트럴 오타고 피노누아 와인 2011년산이다. 남섬의 서늘한 기후가 반영된 좋은 피노누아 와인이다.

---

26) Awatere 소비뇽블랑 2018 와인은 1만 5천원대의 와인이다. 시트러스향, 허브향, 라임향, 자몽향, 구아바향이 감지된다. 물론 미네랄향이 느껴진다. 가격이 낮으며 소비뇽블랑의 경쾌함과 화사함을 느낄 수 있는 와인으로 평가된다.

27) 이 지역의 피노그리는 서늘한 지역에서 생산되는 특징의 풍성한 느낌, 꽃향기의 아로마틱하며 살구, 꿀향의 우아한 와인을 생산한다.

United States of America

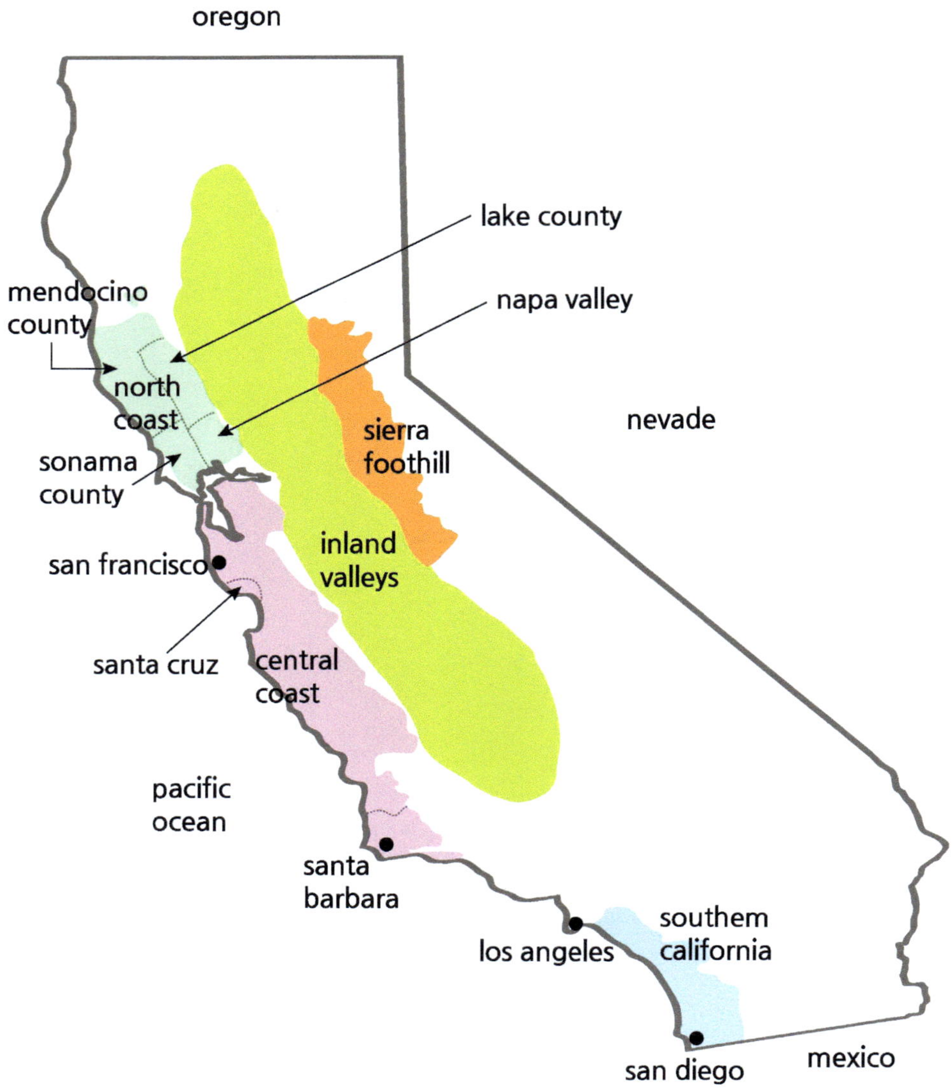

1. 와인 개요

미국은 생산량이 세계 4위, 와인소비 세계 3위의 국가이다. 50개주에서 와인이 생산되지만 캘리포니아지역에서 90%이상을 생산하고 있다. 특히 현대적인 양조방식과 천혜의 테루아[28]를 기반으로 좋은 와인을 생산하고 있다. 캘리포니아는 특히 지중해성 기후로 여름이 건조하며, 겨울에 비가 내린다. 이러한 특성으로 포도숙성에 좋은 기후를 형성하고 있다. 연간 400~600mm의 강수량을 보인다. 미국은 특히 프랑스를 중심으로 합작투자와 기술제휴를 강화해 오고 있다.

우리나라에는 미국과 FTA(자유무역협정)에 따라 와인이 그동안 부과되었던 과세가 낮아 짐에 따라 경쟁력 있는 가격에 수입되어 벨류와인을 경험할 수 있는 기회가 많아진 상황이기도 하다.

미국은 1769년 캘리포니아에 멕시코산 포도품종이 유입되었다. 1880년 캘리포니아 버클리대학과 UC Davis대학에서 포도재배와 양조에 대한 연구가 시작되었다. 1920년에는 금주령으로 와인산업이 붕괴되고 1933년 금주령이 해제되었고 2차 세계대전으로 어려운 시기를 보내게 되었다. 1950년대 와인산업이 본격적인 부흥을 시작하였다. 1966년 미국 와인산업의 아버지로 불리는 로버트몬다비 와이너리가 설립된다. 1976년에는 파리의 심판의 주역 와이너리인 샤토 몬테리나(Chateau Montelena)와 스테그 립 셀러(Stag's Leap Wine Cellars)가 1973년에 설립되었다. 1980년대 중후반 이후에 부티크 & 컬트(Boutique & Cult)와인이 등장하게 된다.

나파 밸리의 파리의 심판의 주역 스테그 립 셀러 와인 (Stag's Leap Wine Cellars)

스테그 립 셀러(Stag's Leap Wine Cellars) 까베르네 소비뇽은 1976년 파리의 심판에서 레드와인으로 1위를 차지했고 2006년 재대결에서도 2위에 올라 최고의 와인임을 입증하였다. 2006년 재대결시 빈티지는 1973년이었다. 오른쪽 맨끝 와인이 바로 스테그 립 셀러 와인이다. 오른쪽 두번째 와인이 끌로 뒤 발이다. 1976년도에 8위, 2006년 재대결시 1972년 빈티지로 5위에 올랐다. 모두 나파 밸리 와인이다. 끌로 뒤 발은 우리나라 MB정권시 대통령의 와인이라는 별칭을 지닐 만큼 애용되었다고 전해진다.

28) 일조량 등 테루아 자체가 좋은 미국와인은 와인의 알코올 도수가 상대적으로 높은 경향을 보여주고 있다. 그러나 높은 알코올 도수에도 불구하고 와인의 균형감은 매우 좋다고 할 수 있다.

2. 떼루아

캘리포니아의 서부해안은 남북으로 1,100km에 걸쳐 있는 만큼 다양한 기후대를 나타낸다. 캘리포니아는 포도재배에 이상적인 기후와 일조량을 나타낸다. 포도가 익는 시기에 적은 강수량을 나타내며 포도원은 높은 고도에 위치한다. 스프링클러와 튜브형태의 관개수를 사용한다. 포도열매가 아침의 강렬한 햇빛으로부터 보호해 주는 서늘한 아침안개가 형성하여 중요한 역할을 해준다는 특징이 보인다. 밤에는 대지를 식혀주고 습도를 제공한다. 이는 와인에 정교함을 주고 좋은 포도를 만들게 한다(한국와인문화연구원, 2013). 캘리포니아는 포도가 숙성되는 여름에는 거의 비가 오지 않아서 좋은 포도를 재배하게 된다.

미국와인이 프랑스와의 세기의 대결에서 1976년 파리의 심판[29)]이라는 제목으로 승리하고 2006년의 재대결에서도 이긴 것은 미국 캘리포니아 지역의 떼루아의 우수성이 기본적인 중요성으로 자리를 잡고 있다는 것을 놓쳐서는 안된다. 그만큼 좋은 떼루아를 갖추고 있다는 점이다.

3. 포도재배지역

미국에서는 지역별 또는 주에 따라서 특정 포도만을 원료로 사용한다. 주별로 또는 지역별로 규정된 포도재배지역을 AVA(Aemeican Viticultural Areas)라 한다. 미국 정부의 승인 포도 재배지역을 의미한다.

29) 미국 타임지의 제호가 '파리의 심판'이었다. 세계 최고로 인정받던 프랑스 보르도 와인이 미국의 캘리포니아 와인 까베르네 소비뇽, 샤르도네 품종으로 만들어진 와인에게 패함으로 충격을 준 사건이었다.

4. 미국 와인의 분류

(1) 버라이어털 와인

Varietal 와인은 미국의 고급와인이다. 포도품종 자체가 상표로 사용되며 해당품종이 75% 이상 와인에 사용되어야 한다.

(2) 메리티지 와인

Meritage 와인은 프랑스 보르도 생산방식으로 제조된다. 프랑스 보르도의 품종을 적당한 비율로 섞어 만드는 와인이다. 한 품종의 비율이 75%를 넘을 수 없다.

(3) 프로프라어터리 와인

Proprietary 와인은 최상급의 와인을 말한다. 잘 알려진 Insignia, Opus One, Dominus, Cask23 등이 예이다(고종원, 2013 : 211).

(4) 제네릭 와인

Generic 와인은 저렴한 와인을 말한다. 포도품종은 표기하지 않는다.

오퍼스 원 와인

미국 최고의 와인으로 평가되는 오퍼스 원이다. 미국 와인산업의 아버지로 칭송되는 로버트 몬다비와 무통로칠드 와인을 만드는 바롱 필립 드 로칠드가 합작하여 와인을 생산하였다. 2011년산 이다. 1970년에 하와이에서 만나 시작된 이 와인은 농익은 과실, 강한 알코올(보르도 와인보다 상대적임), 밸런스는 좋고 감칠맛 그리고 숙성 후에는 타바코 향과 강한 탄닌이 오래 지속된다. 숙성력이 좋은 최고의 와인이다. 로버트 파커 평점이 높다. 프랑스의 기술력이 접목되었다. 가격은 90만원대 이상(빈티지별 차이)이다. 구조감이 좋고 생기있다는 평가를 받는다.

5. 포도품종

(1) 레드

① 까베르네 소비뇽

캘리포니아의 대표품종으로 '파리의 심판' 주역 품종이다. 미국 와인의 주요 품종으로 프랑스의 블랜딩을 추구하는 미국 와인의 대표주자이다. 베린저 프라이빗, 덕혼, 조셉 펠리프, 로버트몬다비[30], 오퍼스 원 등의 주요품종이다.

만생종으로 자갈이 많고 고온 건조한 토양에서 잘 자란다. 와인에 탄닌과 골격을 부여하는 품종으로 평가된다. 붉은 과일, 후추향이 나타난다. 탄닌이 풍부하며 힘찬 성질을 나타낸다. 장기숙성 후에는 부드러워지는 특성을 보인다는 평가이다.

파리의 심판 주역인 레드와인 품종이기도 하다. 좋은 캘리포니아 지역의 이 품종은 피망향, 블랙커런트, 후추, 말린 자두향이 감지된다. 까베르네 소비뇽은 레드와인의 성분가운데 탄닌감을 주로 주며 골격같은 역할을 하는 품종으로 평가된다. 나파 밸리 지역의 까베르네 소비뇽은 풍부한 과일향, 모카, 라스베리, 구조감, 부드러움의 특징을 느끼게 해 준다는 평가이다.

---

30) 로버트 몬다비(Robert Mondavi)는 실로 미국와인산업의 아버지로 불린다. 1913~2008년 생애로 기술혁신과 마케팅으로 미국의 캘리포니아 와인산업을 세계적인 입지에 올린 당사자로 부모님은 이태리 마르케주에서 이민하였다. 그는 미네소타 출생이며 몬다비가는 캘리포니아 로다이에서 거주하였다. 스탠퍼드 대학 경제경영학부를 졸업하였다. 1961년 Charles Krug winery를 아버지와 남동생과 구입후, 1965년 독립(위키피디아)하여 자신의 이름을 딴 로버트 몬다비를 창업하여 미국의 가장 위대한 양조자로 역할하여 미국와인산업에 큰 족적을 남겼다. 전공의 영향인 듯 와이너리에서 음악회 등 공연과 전시회 등 남들이 생각하지 못한 마케팅방식으로 이목을 끌며 와인산업의 문화적인 차원에서 격을 높였다는 평가를 받고 있다. 와인투어를 최초로 시작한 것도 그로 인해서라고 전해진다.

② **메를로**

딸기, 체리, 바닐라, 오크, 코코아, 담배 등이 감지된다. 부드러우며 미국와인 특유의 감도도 있고 밸런스도 좋다. 캘리포니아 지역 그리고 워싱턴 지역에서 많이 생산된다.

부드러운 스타일로 까베르네 소비뇽과 주로 블랜딩된다. 뉴턴, 프란시스칸, 셰이퍼, 루나 등에서 주요품종으로 사용된다(고종원 외, 2018 : 107).

③ **진판델**(Zinfandel)

미국의 토착품종이다. 원래는 이탈리아 풀리아지방의 대표적인 품종인 프리미티보 품종이 미국에 전래되어 성공적으로 자리잡은 품종이다. 바디감이 있고 스파이시한 와인이다. 레이븐스우드, 세게지오, 리지 등의 주요품종으로 사용된다.

로버트 몬다비의 진판델도 대중적인 와인으로 상품을 출시하고 있다. 유럽에서도 좋은 평가를 받는 벨류와인이다. 시음적기의 진판델은 균형감이 좋다. 끈끈한 느낌도 갖게 된다. 알코올이 높은 특징도 지닌다.

풀바디한 스타일도 많다. 좋은 진판델은 복합적이다. 다크 바이올렛 색을 지니고 있다. 라즈베리, 감초, 아니스, 블루베리, 블랙베리, 건포도, 시나몬, 후추 향이 감지된다. 산도는 보통이며 탄닌이 원만하다. 건자두, 건포도의 피니쉬가 좋은 품종이다. 들장미가 난다. 긴 여운 그리고 우아하며 섬세한 복합미는 좋은 진판델에서 느껴지는 뉘앙스로 평가된다. 진판델의 경우도 고목에서 깊이 있는 향과 맛을 창출한다.

주로 캘리포니아의 북쪽 서늘한 해안지역에서 생산된다. 레드, 화이트, 로제와인까지 다양하게 만들어진다.

당분함량이 높아 알코올 도수가 15% 이상 나오는 경우도 많다. 라즈베리, 후추 아로마가 감지된다. 미국의 가장 대중적인 품종으로 평가되고 있다.

④ 피노누아

캘리포니아의 소노마 카운티, 몬터레이, 산타바바라 지역에서 주로 생산[31]된다. 오레곤 지역도 미국의 대표산지이다. 아르테사, 로버트몬다비 등에서 주요품종으로 사용된다.

체리, 라즈베리, 포도껍질의 안토시안 함유가 낮아 색의 투명도가 높다는 특징도 있다. 최근에는 신세계[32] 대륙에서 진하고 파워풀한 피노누아를 생산하고 있다.

⑤ 기타

쁘티 쉬라, 까리냥, 가메, 그르나쉬, 까베르네 프랑 등 다양한 품종이 생산되고 있다.

(2) 화이트

① 샤르도네

파리의 심판 주역 품종이다. 떼루아가 좋은 캘리포니아에서 좋은 품질을 나타낸다. 오크통 숙성, 스테인리스 스틸 탱크 등 다양하게 생산된다. 로스 카네로스, 나파 밸리, 산타바바라, 소노마 카운티에서 좋은 샤르도네가 생산된다. 베린저, 애로우드, 케이크브레드, 로버트 몬다비에서 주요품종으로 생산되고 있다.

양조방식에 따라 버터향이 나타난다. 버터향은 보통 오크숙성시 감지된다. 견과류향이 나타난다. 미네랄, 열대과일향도 느껴진다.

---

31) 피노누아는 서늘한 기후에서 생산되며 재배가 쉽지 않은 품종이다. 와인양조자가 잘 재배하여 좋은 와인으로 생산하고 싶어하는 최고의 품종 와인으로 평가된다.

32) 뉴질랜드의 피노누아는 검붉은색이 많다. 오래곤도 서늘한 기후로 피노누아가 잘 재배된다. 소노마카운티에서도 잘 생산된다.

참고 벨류와인 캘리포니아 나파 밸리 롱반 샤도네이

와인초보자들에게도 어필되는 가성비 좋은 와인이다. 2만원정도의 와인으로 샤도네이의 풍미와 바디감 등 균형을 잘 갖추고 있다. 사과향, 시트러스향, 바닐라, 오크가 느껴지는 와인이다. 긴 헛간이란 의미의 Long Barn은 이탈리아 베네토에서 온 3인이 2006년 나파 밸리에서 공동으로 시작한 와이너리로 품질이 매우 우수한 좋은 벨류와인을 생산해온 것으로 알려져있다. 2017년 대한민국 주류대상부문 화이트와인에서 대상을 수상할 만큼 최고의 가성비 와인으로 평가된 것이다. 헛간의 의미는 시골에서 농기구를 넣어 두는 만큼 소탈함을 배경으로 수수함 속의 와인의 만족감과 신선함을 추구하는 내용으로 볼 수 있다.

② 소비뇽블랑

퓌메블랑(Fume Blanc)으로도 불린다 세미용 품종과 블랜딩되기도 한다. 풀향기, 감귤향, 열대과일 향 등 다양한 향이 발산된다. 아스파라거스, 잔디 깍을 때의 향, 고양이 오줌향이 감지된다. 식전주로 적당한 품종이다.

③ 피노 그리(Pinot Gris)

피노 그리지오로도 불린다. 이탈리아의 대표적인 화이트 품종임에도 캘리포니아, 오레곤에서 가장 잘 자라는 품종으로 평가된다. 프랑스 알자스에서는 토케이(Tokay)로 불렸다. 조생종이다. 당도가 높고 산도는 중간이다. 이탈리아 피노 그리지오는 산도는 높다. 포도의 당도가 높아 알코올이 높고 풀바디한 스타일이다. 알자스 와인은 복숭아, 살구 향에 토스트와 버터 그리고 꿀의 풍미가 병숙성 가운데 감지된다. 귀부와인으로도 생산된다. 독일에서는 그라우 부르군더로 불린다. 헝가리, 캘리포니아, 뉴질랜드 혹스베이에서도 생산된다(widipekia ; 네이버지식백과).

캘리포니아 피노 그리(피노 그리지오) 와인

왼쪽이 빅하우스 버드맨 2011년산 피노그리지오 와인이다. 높은 산도와 가벼운 바디감 그리고 사과와 레몬의 풍미를 지니고 있다. 피노그리와 피노그리지오는 같은 품종이다. 오른쪽 와인은 칠레의 루이 펠립 에드워드 까베르네 소비뇽 와인으로 벨류와인으로 평가된다.

④ 기타

리슬링, 게부르츠트라미네, 쉬냉블랑[33], 세미용, 비오니에[34] 등 다양한 품종이 생산된다(고종원 외, 2018 : 108).

6. 캘리포니아 주요 생산자 및 와인산지

나파 밸리의 바소 와인

나파 밸리의 까베르네 소비뇽품종의 바소 2012년 빈티지와인이다. 로버트 파커가 인정한 다나 에스테이트의 바소(이탈리아로는 항아리 의미)는 G20정상회의에서 만찬주로 사용되었다. 아트레이블 5종중의 하나로 소비자가격이 15만원대로 판매된다. 검은 과일향과 좋은 밸런스가 특징이다.

(1) 나파 밸리

미국 와인산업의 아버지라고 명명되는 로버트 몬다비의 와이너리가 위치한 지역이다. 미국의 대표적인 와인산지로 대표성을 갖을 만큼 알려진 유명한 산지이다. 도시적인 면모와 느낌을 갖게 한다는 평가를 받는다. 나파 밸리의 경쟁력은 영화 와인미라클을 통해서도 알려지고 있다. 샤르도네, 까베르네 소비뇽[35] 품종의 경쟁력을 보여주는 내용으로 소개되고 있다.

미국의 대표산지로 면적은 5% 미만이지만 최고의 와인을 만드는 지역이다. 캘리포니아의 일조량이 반영되어 알코올이 높은 와인을 생산한다. 파리의 심판 주역의 와인을 생산하는 최고의 명산지[36]로 부각되고 있다.

나파 밸리에서는 오크숙성을 통해 강렬한 타입의 고급와인을 생산한다. 미국내 가장 훌륭한 양조장과 비싼 포도농장이 자리잡고 있는 지역이다.

(2) 소노마 카운티

200년이 넘는 와인의 역사를 지닌 캘리포니아의 시골적인 풍경을 갖는 곳으로 평가된다. 프랑스의 부르고뉴지역 같이 평가되는 전원적인 곳이다. 지대도 높고 서늘하다. 와인의 경쟁력도 지닌 곳이다.

고급 피노누아, 샤르도네, 소비뇽블랑, 리슬링 등을 생산한다. 와인에

---

33) 쉬냉블랑은 캘리포니아에서 가장 잘 자라는 품종으로 평가된다. 프랑스의 루아르지방의 쉬냉블랑도 가장 좋은 경쟁력을 보여준다.

34) 비오니에(Viognier)는 프랑스의 론지역이 가장 대표적인 지역이며 미국의 캘리포니아도 이 품종이 가장 잘 자라는 지역이기도 하다.

35) 안개로 인한 서늘한 기후를 통해 최고의 까베르네 소비뇽을 생산한다. 오전의 너무 뜨거운 기후는 포도의 숙성을 방해하므로 좋은 와인을 생산하는데 지장을 받게 되기 때문이다.

36) 이는 테루아(Terroir)를 의미한다. 일조량, 기후, 지중해성 기후로 여름에 비가 적다. 이는 포도의 완숙을 도모한다. 인간의 노력과 미국의 나사(NASA)의 기술력까지 접목되어 좋은 와인을 생산한다.

있어서 미네랄 풍미가 좋다는 평가이다.

이곳에서는 까베르네 소비뇽 품종이 잘 재배된다. 소노마 카운티에서는 까베르네 소비뇽을 중심으로 메를로 등이 블랜딩해서 생산하기도 한다.

(3) 센트럴 코스트

샌프란시스코에서 가까운 와인산지이다. 이곳의 까베르네 소비뇽은 강한 향을 지닌 짙은 와인이다. 과일향이 많다. 다크 체리향, 잘익은 자두, 블루베리, 달콤한 바닐라 뉘앙스가 좋다. 잼향이 느껴진다. 복합적인 와인으로 미국와인의 특징인 감도가 감지된다.

덕혼 디코이 와인

소노마 카운티의 디코이 까베르네 소비뇽 2017년 빈티지 와인으로 부드러우며 구조감이 좋다는 평가를 받는다. 소매가는 9만원대로 형성되어 있다.

(4) 멘도시노 카운티

샌프란시스코에서 4시간 정도 북쪽으로 올라가면 된다. 신선한 해산물, 아름다운 해안으로 유명하다.

참고 Jordan 까베르네 소비뇽

알랙산더 밸리에서 생산된다. 현지 가격이 2005년 빈티지가 12만원대로 최상위의 와인의 범주에 포함된다. 오크, 바닐라, 타바코, 블랙베리, 검은 과일, 자두, 체리, 붉은 과일, 딸기가 감지된다. 캘리포니아의 레드와인이 화이트의 샤도네와 함께 레드와인의 주역으로 평가되는 것처럼 이 와인은 저장성이 대단하다. 기본적으로 10년 이상을 보장한다. Alexander valley는 캘리포니아에서 주목하는 산지로 더운 기후에서 포도가 잘 자라는 지역이라는 평가이다.

센트럴 코스트 와인

윌리엄 힐 센트럴 코스트 까베르네 소비뇽 2015년산 와인이다. 3만원대 중반의 현지 가격이다. 블랙베리, 검은 과일향, 타바코, 오크, 붉은 과일향이 감지된다.

7. 오리건 지역

오리건 지역에서는 피노누아가 유명하다. 아델쉐인 빈야드, 아가일 와이너리, 아이리 빈야드가 대표적인 와인메이커이다. 샤르도네, 피노그리, 피노블랑이 주로 생산된다. 윌라메트 밸리[37], 엄프쿠아 밸리, 로구 밸리가 이 지역의 주요한 생산지역이다(고종원 외, 2018 : 112).

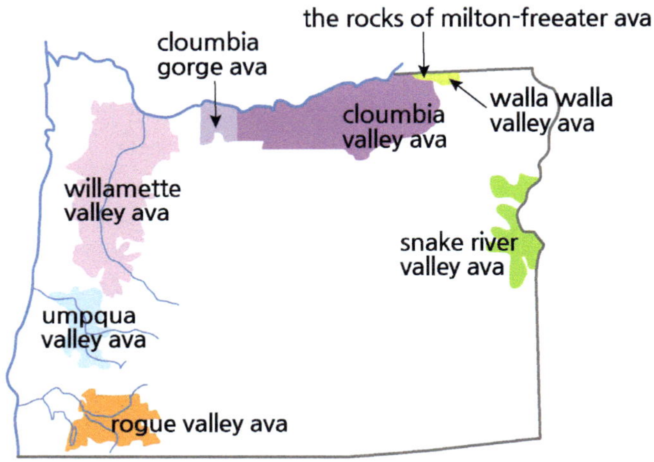

오리건 지역 윌라메트 (Willamette vally) 피노누아 와인

체할렘 피노누아 와인이다. 레이블에 수확한 포도가 잘 보여지고 있다.

(1) 윌라메트 밸리

피노누아의 유명산지이다. 과일향이 물씬 풍겨지고 신선한 산도도 나타내고 있다. 에라스 에스테이트 셀렉션 피노누아도 밸런스가 상당히 좋은 와인이다. 킹스 릿지도 벨류와인으로 피노그리 등을 생산한다.

이 지역 피노누아에는 레스베라트롤[38] 함량이 가장 높다고 알려지고

37) 피노그리, 피노누아 등 품종이 잘 재배되는 지역으로 오레곤 지방의 대표적인 산지이다. Willamette Valley Chehalem 피노누아는 적절한 산도를 지닌 밸런스가 좋은 와인을 생산한다. 원만한 스타일이다. 붉은 과일, 체리, 딸기, 후추, 블랙체리, 블랙베리, 블랙커런트가 표출(vivino)된다는 평가이다.

있다. 포도원 해발고도와 위도가 높아서 햇빛을 받는 각도가 다르고 자외선과 열함량에 따라 탄닌 양도 늘지만 탄닌의 질도 상당히 좋아진다(와인21닷컴 블로그)는 평가이다.

8. 워싱턴 지역

이 지역은 캘리포니아에서 두 번째로 생산량이 많은 지역이다.

컬럼비아 크레스트, 에콜41, 호그셀러, 워싱턴 힐스 헬라스, 샤토 생 미셀, 파워스 등이 주요한 와인생산자이다.

컬럼비아 밸리, 레드 마운틴, 아키마 밸리, 컬럼비아 고쥐, 월라월라 밸리[39], 홀스 헤븐 힐스, 퓻지 사운드가 주요한 생산지역이다(고종원 외, 2018 : 112~113).

청포도 비중이 적포도 와인 비중보다 높았으나 현재는 레드와인 생산량이 많다. 일조일수가 2,021시간(손진호, 2007 : 130)으로 많다. 샤르도네, 메를로, 까베르네 소비뇽이 주로 생산된다. 풍부하고 매끄러운 시라[40] 생산도 증가되고 있다. 고온 건조한 기후로 인공관계에 의해 물을 공급한다.

워싱턴주에는 리슬링[41], 머스캣, 까베르네 프랑, 게부르츠트라미네, 피노그리 등 다양한 품종이 생산되고 있다. 미국의 보르도를 지향하는 생산

컬럼비아 밸리 와인

컬럼비아 밸리의 Northstar 2013년 빈티지이다. 초콜릿, 검은과일, 가죽, 스모키 향이 감지된다. 이 와인은 저장성이 좋아 2020년 시음했을 때도 2~3년 이상은 더 보관 후 시음하는 것이 좋겠다는 생각이 든 와인이다. 비비노 평점이 4.1로 높다. 가격은 현지가격으로 4만원~4만원 중반대이다.

---

38) 폴리페놀의 일종이다. 포도에서 추출된다. 항암 및 강력한 항산화 작용, 혈청 콜레스테롤을 낮춰주는 역할을 한다.

39) 워싱턴주의 대표적인 와인산지이다. Dunham cellars는 미국 시애틀에서 현지 마트나 와인할인샵에서 20~30달러에 만나게 되는 평점이 높은 블랜딩 와인으로 밸런스가 뛰어나다. 까베르네 소비뇽, 메를로, 말벡, 까베르네 프랑 등이 블랜딩된 보르도 스타일의 와인으로 가성비가 좋다.

40) 호주와는 다른 프랑스 론지역을 지향하는 시라를 생산한다.

41) 워싱턴주 리슬링은 국내에서도 좋은 평가를 받고 있다. 생미셀 리슬링은 할인매장에서 2만 5천원대로 판매되며 와인카페나 레스토랑에서 4~5만원대로 판매되는데 나름 인기를 끈다. 복숭아, 사과, 배, 시트러스, 라임, 레몬, 꿀이 감지된다. 미네랄도 느껴지는 산도와 당도가 잘 조화된 와인이다.

을 보이고 있는 지역이 워싱톤주이며 특히 컬럼비아 밸리가 대표적인 지역으로 평가된다.

시애틀에는 도심에 와인 테이스팅 룸만 20곳 이상 있다. 매년 3월 시애틀에서 열리는 테이스트 워싱톤(Taste Washington)은 미국 최대규모의 단일 지역 와인 및 푸드 이벤트이다. 그랜드 테이스팅(Grand Tasting)기간 중 200곳 이상의 워싱턴 주 와이너리가 참가한다. 워싱톤 와인컨트리의 주요 와인 제조마을인 왈라왈라(Walla Walla), 야키마 밸리(Yakima Valley), 트라이 시티즈(Tri-Cities)는 모두 언덕과 포도밭을 내려다 보며 편안하게 와인테이스팅을 즐길 수 있는 곳(Visit seattle, 9 : 2019)으로 소개하고 있다.

미국 워싱턴주 생미셸 와이너리 입구 전경

참고 샤토 생미셸 와이너리 방문

1934년 워싱턴주에서 가장 먼저 생긴 와이너리라고 한다. 워싱턴주의 미국 와인산업을 발전시키는데 공헌한 와이너리이기도 하다.

워싱턴주에는 900개가 넘는 와이너리와 생산자는 350명이 넘어선다고 한다. 이미 15억달러가 넘는 매출규모가 된 지역이다. 리슬링, 샤도네이, 까베르네 소비뇽, 메를로, 시라 순으로 생산된다. 화이트와인의 비중이 높은 편이다. 40여종 이상의 품종이 생산된다(세계일보, 2017.2.15).

연간 300일이 넘는 일조량을 확보하고 캐스케이트 산맥으로부터 관계수를 조달받는 환경이다.

이곳 와이너리는 이름부터가 프랑스 스타일이다. 미국 컬럼비아 밸리에 위치한 미국의 와인산업에 이바지한 와이너리로 프리미엄와인, 벨류와인을 생산한다. 입장시 인원예약과 비용(25달러)을 지불하고 가이드의 안내에 따라 설명을 듣고 시음하게 된다. 시간은 대략 1시간이 안 걸린다. 포도밭 사진과 제조공정을 보게 된다. 와인을 포장하여 기계에 운반되는 공정시설을 볼 수 있다. 그리고 그동안 수상실적을 벽에 걸어 놓아서 이 곳 와이너리의 경쟁력을 보여준다.

이곳 와이너리를 소개하는 베테랑급 소개자의 설명과 함께 시음은 스파클링 와인, 까베르네 소비뇽, 머스캣 3종을 시음하게 된다.

설명 후에는 미국인들의 전략적인 마케팅에 따라 3병을 사게 되면 1병을 무료로 받는 할인을 받게 된다. 가격은 미화 10달러부터 100달러까지 다양하다. 벨류와인의 전형인 이곳 와이너리에서 구입은 20~40달러면 괜찮은 리슬링, 까베르네 소비뇽, 메를로, 블랜딩 와인을 구입할 수 있다. 직원들은 매우 친절한 편으로 구입시 화이트와인은 칠링된 것을 권유할 정도로 상냥하다.

미국 컬럼비아 밸리 생미셸 와이너리 안내자

이 날 World class tour and tasting에는 3종으로 다음과 같다.

- Domaine Ste Michelle Brut ($23)
- 2015 Cance Ridge estate Cabernet Sauvignon ($40)
- 2017 muscat Canclli ($20)

스파클링 와인은 벨류와인으로 샤르도네로 만든 빈티지가 없는 드라이한 와인이다. 두 번째 까베르네 소비뇽은 미국적인 대중성을 지닌 와인으로 밸런스가 좋고 질감이 부드러운 편이다. 마지막 머스캣은 디저트나 에피타이저용으로 스위트하다는 점에서 참가객들에게 인기가 있는 평가를 받았다. 개인적으로는 스파클링 와인이 상대적으로 인상적으로 다가왔다. 많은 품종을 재배하는 이곳 생미셸은 미국의 대중적인 와인의 경쟁력을 보여주는 곳으로 인상 깊게 다가온다.

샤토 생미셸의 경쟁력은 국제화의 노력으로 보인다. 독일의 닥터루젠과 제휴하여 에로이카(Eroica)라는 화이트와인을 만들고 이탈리아의 안티노리사와는 합작으로 콜 솔라레(Col Solare)를 생산한 것이 예이다. 와인스펙 테이터에서 세계100대 와인에 18번로 오를만큼 와인가격, 대중성, 퀄리티 등 경쟁력을 지닌 와인생산자로 벨류와인의 가치로 캘리포니아를 능가할 것이라는 평가도 받고 있다.[42]

생미셸 와이너리 와인판매 부스

참고 미국 와인의 주역

▸ **스택스 립 와인셀러** : 미국 캘리포니아 나파 밸리에서 생산된 까베르네 소비뇽을 기조로 메를로가 소량 블랜딩된 자두, 바닐라, 꽃향의 와인이다. 중간 산도로 풀바디하고 탄닌감이 좋은 와인이다. 2014년 대한민국 주류대상 '신대륙 레드와인 대상'을 수상하였다. 로버트 파커 91~93(2015빈티지)를 획득하였다. 붉은 육류 양갈비와 잘 어울린다는 평가이다.

완숙한 자두, 블랙커런트(까시스), 제비꽃 향이 감지된다. 카라멜의 느낌까지 풀바디하며 밸런스가 좋은 최고의 와인이다. 도발적인 과일향과 매우 정교하고 부드러운 탄닌감으로 나파 밸리 최고의 와인으로 평가된다.

특히 아르테미스는 그리스 신화 사냥의 여신의 이름으로 세계적 소믈리에 제라르 바셋이 2017 방한하여 시음한 시음주이다. 미국현지에서 가장 인기있는 까베르네 소비뇽이기도 하다.

무엇보다 1976년 파리의 심판[43] 주역으로 1973년 빈티지의 까베르네 소비뇽은 1위를 차지하며 세계적인 명성을 얻게 되었다.

스택스 립 와인셀러(Stag's Leap Wine Cellars)는 정치학을 전공하고 대학에서 그리스의 역사를 가르치던 웨랜 위니아스키에 의해 설립되었다. 1960년 부인 바바라와 함께 시카고를 떠나 캘리포니아로 이주한 그는 와인에 대한 경험을 쌓기 위해 샤토 수브랭과 로버트 몬다비 와이너리에서 어시스턴트 와인메이커로 일하기도 하였다.

재미있는 것은 와인 이름에 Stag은 사냥군을 조롱하며 절대 잡히지 않는 전설적인 사슴을 의미한다. 스택스 립의 까베르네 소비뇽은 탁월한 능력과 맛을 인정받으며 수집가치가 있는 미국와인으로 알려져 있다. 와인가격은 소비자가 40~50만원대를 형성하고 있다.

▸ **끌로 뒤 발 까베르네 소비뇽** : 9월초에서 10월초 사이 엄선된 포도만을 직접 손으로 수확하여 7일동안 발효시킨 후 20일 더 연장하여 과즙을 부드

---

42) Domaine Ste Michelle Brut : 생산지는 컬럼비아 밸리 Puget Sound이다. 샤르도네 63%, 피노누아 19%, 피노그리 18%가 블랜딩되었다. 사과, 감귤향 등이 난다. 미네랄 터치도 좋다. 힘차게 쏟아 오르는 기포도 눈이 간다. 산도와 바디는 미디엄 스타일이다. 2016년 대한민국 주류대상 '스파클링 와인부문 대상'을 수상하였다. 와인21닷컴 기자들이 선정한 스파클링&샴페인 베스트10과 2015 베스트 오브 베스트 와인에 선정되었다. 와인스펙테이터 89점을 받았다. 시음을 하면 가격에 비교해서 샴페인 이상을로 좋은 평가를 할 수 있는 좋은 스파클링 와인이다. 과일향, 밸런스 모두 좋다. 국내 가격은 4만원 내외이다. 도멘 생 미셸 브뤼는 프랑스의 샹파뉴 지역과 비슷한 북쪽 위도에 위치한다. 포도밭이 성장시즌에 일조량이 2시간 더 길어서 와인이 풍부하고 농축된 향을 발산한다. 일교차로 인해 산도도 좋고 경쾌하다(와인21닷컴 ; https : //terms.naver.com)는 평가이다.

럽게 한 후 프랜치 오크통 속에서 16개월 동안 숙성시켜 출시하는 와인이다. 진한 검붉은 자주색을 띠며 짙은 과일향, 오크향, 향신료, 다크 초콜릿향, 모카, 풀바디하며 목넘김이 매우 부드럽다. 제대로 열렸을 때는 파워감과 복합미와 농축미도 한몫을 한다.

이 와인에 주목하게 되는 것은 1976년 파리의 심판에서 최고점을 받은 스택스 립 와인 셀러의 캐스크 23에 이어서 10년 뒤 2006년 재매치 결과 1972년산 끌로 뒤 발 까베르네 소비뇽이 주역(1등)이 되었다. 프랑스의 부띠끄 와인(Boutique wine)과 비슷한 컬트와인(Cult wine)으로 특별한 소수를 위한 와인으로 주목을 받고 있다.

끌로 뒤 발의 로고는 정중한 오찬을 베푸는 3명의 여신으로 빛, 환희, 쾌활을 의미한다.

Clos du val은 작은 계곡의 작은 포도원의 의미이다. 1972년 보르도의 샤토 라피트 로칠드에서 어린 시절을 보낸 와인메이커 Bernard Portet와 John Goelet에 의해 설립되었다. 나파 밸리의 스테그 립 지구의 중심부에 위치한다. 대양의 바람과 샌파블로 만에서 발생하는 안개의 영향으로 낮에는 충분히 일조량을 확보한다. 밤에는 선선한 기후를 유지해서 좋은 레드와인을 생산한다. 까베르네 소비뇽을 중심으로 메를로, 까베르네 프랑, 쁘띠베르도 소량으로 블랜딩된다. 산도도 높아 저장성을 확보해 준다. 탄닌감이 좋고 육류 또는 치즈와 잘 매칭된다.

1972년 와이너리 첫 빈티지가 파리의 심판에서 화제의 와인으로 등극하게 된다. 제1회 파리의 심판에서도 8위에 올랐다. 구조감이 좋으며 풍부한 아로마 그리고 바디감도 좋다는 평가를 받고 있다. 밸런스가 좋고 복합미와 풍부한 과일향이 좋다는 회사의 설명이다.

9. 미국 와인의 대중성

미국에는 와인이 상대적으로 풍부하고 가격도 저렴한 것이 경쟁력이라

---

43) 모든 사람들의 예상을 깨고 미국의 캘리포니아 와인이 프랑스의 세계적인 지명도를 갖고 있는 보르도 특1등급 와인 등을 블라인딩 테스트에서 이겨 파란을 일으켰다. 1976년 5월 24일 프랑스 파리 인터컨티넨탈 호텔에서 시음회가 이뤄졌다. 프랑스 포도주와 미국의 캘리포니아 포도주의 대결이었다. 레드와인 1위는 Stag's Leap Wine Cellars, 화이트와인 1위는 샤토 몬텔레나로 이상 모두 미국의 캘리포니아 와인이었다. 대회에 참석한 미국의 Time지 기자 조지 M 테이버에 의해 잡지에 공개되었다. 이 내용을 소재로한 영화가 2008년 개봉된 와인미라클이다(Wikipedea).

고 생각된다. 특히 워싱턴주의 시애틀의 경우에 레스토랑에 가서 식사를 하더라도 20~30달러를 주면 레드와인이나 화이트와인을 밸류가격과 좋은 퀄리티의 와인을 만날 수 있다는 점에서 그러하다. 레스토랑에서 햄버거를 12~15불(미화)면 맛있는 현지식을 만나고 와인도 벨류와인을 만날 수 있어서 좋은 경험이 된다. 이러한 점이 와인에 있어서도 대중화에 기여하게 되는 상황으로 판단된다. 오히려 면세점이나 할인매장 그리고 현지 와이너리에서 판매되는 가격과도 큰 차이가 없어서 인상적이다. 우리나라처럼 레스토랑에서 원가의 2~3배의 가격으로 와인을 시음하는 것보다 대략 비슷한 가격에 레스토랑에서 시음하게 되는 미국현지의 가격정책이 미국인으로 하여금 와인을 많이 접하고 경험하게 하는 정책으로 여겨진다.

10. 미국의 컬트 와인

캘리포니아의 Cult wine은 와인에 열광하고 광신적인 양조자가 소량 생산하는 의미의 특별하고 가치있고 가격이 비싼 와인을 말한다. 까베르네 소비뇽을 중심으로 나파 밸리에서 생산하였고 이후에는 피노누아, 메를로 등을 통해서도 생산해 오고 있다.

Screaming Eagle[44]은 이메일로 웨이팅 리스트에 들어가 3년 정도 기다려서 3~6병 정도로 구입이 제한될 만큼 구하기 어려운 와인이다. 이 와인은 레스토랑에도 신중하게 공급을 결정할 만큼 소비자 선택에도 신중함을 보인다.

Sine Qua Non 와인은 프랑스의 무통로칠드처럼 매년 레이블이 바뀐다. 질이 좋은 포도를 구입해서 양조하여 좋은 와인을 만들고 있다.

44) 2007년 빈티지의 경우, 2013년에 구입시 5~6백만원에 팔렸다.

[고종원교수의 세계와인 문화이야기_ U.S.A]

구조감, 농축미, 밸런스를 갖추고 다채로운 맛을 펼치다!

미국와인은 2012년 3월 15일 한미 FTA가 발효돼 관세가 철폐되면서 가격인하 등의 효과로 인해 관심이 더욱 커지고 있는 상황이다. 특히 미국농업무역관(USATO)의 Korean Wine Market Brief에 의하면 수입금액에 따른 국가별 한국 와인 시장점유율에 있어서 프랑스 27.85%, 이탈리아 17.3%, 미국 10.8% 순으로 2011년 상반기 자료에 나타났다.

2011년 상반기 국가별 수입량에 있어서도 칠레, 스페인, 미국 순으로 나타나고 있다.(http : //www.wineok.com) 이러한 수치는 미국와인이 국내에서 수요증가와 함께 인기가 높아지고 있음을 보여주고 있다.

'파리의 심판'이 안겨준 미국 와인의 명성

미국와인은 신세계에서도 대표주자로 프랑스에서 말하는 테루아(Terroir)의 경쟁력을 갖추고 있는 곳이기도 하다. 미국의 대표산지인 캘리포니아만 보더라도 포도재배의 최적한 기후인 지중해성기후지대이다. 포도가 완숙할 수 있는 더운 기후 그리고 병충해를 막게되는 건조한 기후 그리고 적절한 강수량이 장점으로 작용한다. 정부의 와인산업에 대한 적극적 지원도 발전에 한몫을 하고있다. 그리고 최근 추가되는 경쟁력으로 꼽히는 미국의 최첨단 정보시스템이 가미되어 경쟁력을 한층 높이고 있다는 평가를 받고 있다. 미국와인이 더욱 세계의 주목을 받게 된 것은 1976년의 파리의 와인 구매상 Steven Spurrier가 주관한 '파리의 심판'으로 잘 알려진 프랑스와 미국 캘리포니아 와인의 비교시음대회이다. 이 대회에서 모든 사람의 예상을 뒤엎는 의외의 결과가 나왔다. 화이트와인은 미국의 'Chateau Montelena'의 1973년산 Chardonnay가 프랑스 브르고뉴의 최고의 화이트와인인 'Meusault Charmet'을 제치고 우승했다. 레드와인도 미국의 'Stag's Leap' 1973년산 와인이 프랑스 보르도 최고의 와인인 'Chateau Mouton Rothschild'를 이기는 이변을 낳게 된 것이다. 이 사건을 통해 미국의 캘리포니아 나파 밸리(Napa vally) 와인은 국제 와인비평가와 전문가들에게 주목을 받게 되고 세계의 최고 와인 생산지역으로 인정받게 되는 계기가 된다. 파리의 심판 이후 30년이 지난 2006년 5월 24일 블라인드 테이스팅이 캘리포니아 나파 밸리와 런던에서 전문가들에 의해 다시 진행됐다. 프랑스의 부상을 기대한 결과는 미국와인의 재심판의 결과를 가져왔다. 두 곳에서의 집계 결과는 미국의 1971년산 'Ridge Monte Bello'가 1위로 나타났다. 놀라운 것은 1위에서 5위까지 모두 미국와인이 선정되었다는 것이다. 이러한 결과는 미국와인의 경쟁력을 분명하게 보여준 역사적인 사건이자 기록으로 평가할 수 밖에 없는 내용이라 하겠다.

테루아 경쟁력과 자본, 기술력을 배경으로 성장

그러면 이러한 미국와인의 경쟁요인은 무엇인가라는 질문을 하게 된다. 캘리포니아는 특히 광활한 면적과 강한 햇살과 고온건조한 날씨를 지닌 기후가 포도의 숙성에 최적의 조건을 제공한다는 점, 그리고 서늘한 밤의 환경과 해풍 및 해안가의 서늘한 안개가 천혜의 포도산지 환경을 갖추고 있다. 자연환경 외에도 캘리포니아의 자본력 있는 경제환경은 풍부한 자본과 소비시장으로서 역할을 하고 있다. 과학적인 연구기술 환경도 중요한 견인차역할을 한다. UC Davis, Fresno주립대학의 연구개발 수준이 세계적이고 연구와 산학협동을 강화시키고 있다. 정보력을 바탕으로 한 과학적인 기법을 도입하여 재배하며 관계용 저수지를 사용하기도 한다. 미국와인의 대표적 품종은 화이트와인으로 샤르도네, 소비뇽블랑, 슈냉블랑, 피노그리/그리지오, 말바시아 비앙카, 비오니에 등이며 레드와인은 까베르네 소비뇽, 진판델, 메를로, 시라, 피노누아, 바르베라, 쁘띠 시라 등이다. 미국에서도 현재 100여종의 품종이 재배되는 것으로 알려지고 있다. 미국와인의 새로운 현대화의 기원을 연 최고의 장인 로버트 몬다비는 주목해야 하는 인물이며 미국와인 발전의 주역이다. 1966년 가문의 불화로 인해 새롭게 독립하여 캘리포니아 와인의 품질혁명을 주도했다. 그는 품질혁명을 통한 와인의 경쟁력 뿐만아니라 훌륭한 견학을 제공하는 와인투어 프로그램, 음식을 매치시켜 주는 와인시음회, 캘리포니아 역사를 잘 대변해주는 건축양식으로도 유명하다. 재즈와 클래식 콘서트, 미술전시회, 음식 관련한 행사 등을 꾸준하게 진행했다. 로버트 파커도 그의 공로를 인정하여 “명품와인을 향한 문제의식을 전파시키고 미국 가정의 식탁에 와인문화를 꽃피우는 데 가장 결정적인 영향력을 행사한 진정한 선구자”라고 찬사를 보냈던 것이다.

세계 4위의 생산국, 나파 밸리, 소노마 등 인지도 높아

미국은 와인소비에 있어서 세계 3위이며 생산은 세계 4위의 국가이다. 포도밭 면적은 400,000ha로 세계 4위의 면적을 갖고 있다. 미국은 공식 포도재배지역(AVA : American Viticultural Area)으로 관리하고 있다. 와인레이블에 AVA지역 명칭이 표시되면 해당 지역에서 생산된 포도를 최소한 85% 이상 사용하여야 하는 규정이다.

캘리포니아의 주요산지는 인지도가 가장 높고 최고의 와인을 생산하는 나파 밸

리(Napa vally), 200년이 넘는 역사와 전통의 소노마(Sonoma), 좋은 피노누아를 생산하며 엄격한 와인규정을 적용하는 오리건(Oregan), 일조시간이 길고 포도 숙성시 일교차로 주목받고 있는 워싱톤(Washington) 등이다. 미국은 신세계국가로 변화의 중심에서 다양한 품종을 재배하며 경쟁력을 키워오고 있다. 주로 해안과 내륙이 교차하는 지역이 와인재배의 최적의 주요재배지역으로 파악된다. 또한 건조한 기후로 인해 병충해도 막아주고 있다. 아울러 미국의 와인은 마케팅적인 우위요소를 지니고 있다. 바로 미국 컬트와인의 부각이다. 희소성과 모험정신의 결과물이 컬트와인이다. 컬트와인은 1990년 나파 밸리에서 생산된 최고급의 명품와인(블루칩와인)으로 보통 300~600 상자만을 생산하고 사전 예약제로 구입할 수 있다. 경매로도 판매되며 수집의 대상이 되고 있는 성공적인 와인마케팅의 산물이다. 스크리밍이글, 할란, 마야, 쉐이퍼 등이 유명하다. 신세계와인의 자유와 도전 그리고 새로운 시도로 인한 결과물이다. 컬트와인은 미국 와인의 위상을 한층 올려주는 계기를 마련하는 역할을 하게했다 .

다양한 품종과 변화로 경쟁력을 키우고 있다

실용적이며 상업적인 캘리포니아 특유의 자유로운 분위기와 좋은 날씨를 바탕으로 형성된 미국 와인문화는 유럽에 비해 대중적이라고 할 수 있다. 캘리포니아의 대형 슈퍼마켓 등 할인마켓에 가면 다양한 와인을 쉽게 저렴한 가격으로 선택할 수 있는 곳이기 때문이다. 어찌 보면 대중적인 문화가 아닌가 생각된다. 캘리포니아 와인의 풍요로움 속에 대중화로 표현할 수 있겠다. 캘리포니아는 농작물 생산 규모가 상당하다. 이러한 풍요와 대량생산이 캘리포니아 지역의 특징이기도 하다.

미국은 인구수에 비해 와인소비가 유럽국가처럼 많은 편은 아니다. 맥주와 버번위스키 그리고 칵테일을 더 즐기는 나라이기도 하다. 그러나 저렴한 가격에 좋은 품질의 와인을 마실 수 있는 나라가 미국이란 점에서 소비층은 다양하게 형성되어 있다. 각국의 주요 매체에서도 미국의 와인 소비가 세계 최대국이 될 것으로 전망해 왔다. 이는 그만큼 미국 와인소비가 증가되고 소비시장이 확대된다는 평가로 볼 수 있다. 미국와인은 품질대비 가격경쟁력이 있다. 그리고 프랑스 와인을 능가하는 구조감, 농축미, 밸런스 등의 품질경쟁력도 갖추고 있다. 단적으로는 둥글고 묵직하고 풀바디감을 지니고 감도가 있는 대중적인 스타일로 표현할 수 있다. 미국 와인을 이제는 어느 누구도 단순한 신세계의 와인국가로 평가하지 못하는 것이 현실이다. 미국 와인의 가치가 높이 평가되는 것은 자체기술력과 우수한 인력이 미국의 정체성있는 와인을 만들기 때문이다. 그리고 구세계와인에 비교해서 빈티지별 기복이 적고 당도도 상대적으로 높아 소비층에게 편하게 다가선다는 점이 장점으로 평가되는 것도 미국와인의 경쟁력이라 하겠다.

결론적으로 다양한 품종의 무대인 캘리포니아 중심의 미국와인은 다채로운 맛을 내는 특징을 지니고 있다. 미국와인은 다양한 인종들이 모여 민주적인 다문화를 꽃피운 것처럼 저가부터 고가에 이르기까지 다양한 성격과 성향의 와인을 선택하고 소비하는데 자유롭다고 생각된다. 또한 로버트 몬다비 같은 와인혁명가가 미국와인의 발전을 위해 노력해서 기여했고 미국인 세계 최고 권위의 와인평가자인 로버트 파커와 세계최고의 와인평가잡지인 미국의 WS13(Win e Spectator : 와인 스펙테이터)의 역할도 빼놓을 수 없지 않은가 생각해 본다.

출처 : HOTEL & RESTAURANT 2015.03.

Chile

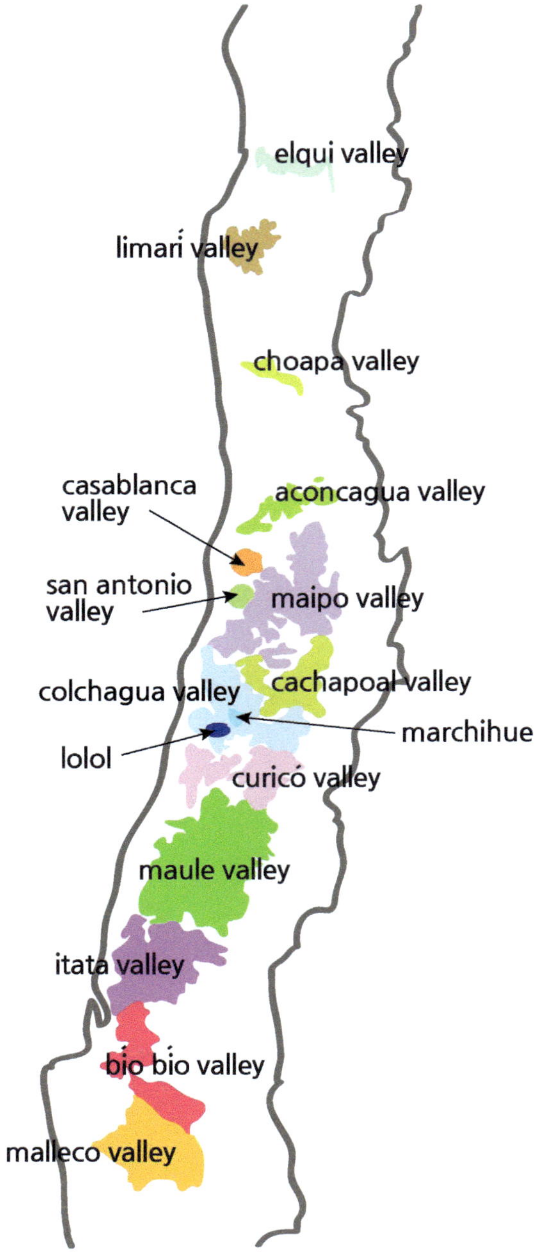
elqui valley
limarí valley
choapa valley
casablanca valley
aconcagua valley
san antonio valley
maipo valley
colchagua valley
cachapoal valley
marchihue
lolol
curicó valley
maule valley
itata valley
bío bío valley
malleco valley

1. 개요

남미의 와인에 영향을 미친 것은 스페인이다. 스페인의 정복과 함께 와인이 전파되었다. 1540년에 스페인으로부터 칠레에 와인이 전파된 것으로 려지고 있다. 스페인의 270년간의 정복기간 동안 와인은 자연스럽게 전파되었고 영향을 미치게 되었다.

17세기 후반 칠레는 아메리카 대륙의 최대 와인생산국으로 부상하였다. 18세기 수출국으로서의 입지를 확고히 하였으나 값싼 와인의 대량판매라는 한계점을 보여주고 있었다(이정훈 외, 2017 : 176)고 평가되었다.

1851년 오차가비아가 프랑스 와인메이커와 비티스 비니페라종을 수입하여 포도를 심고 재배함으로써 아메리카 대륙에서 칠레가 최초로 국제품종을 기반으로 하는 와인산업을 발전시키게 된다.

프랑스의 기술에 영향을 받게 되고 칠레는 와인의 현대화, 상업화가 시작되며 1877년에는 유럽으로 수출(이정훈 외, 2017 : 176) 하기에 이르는 성장을 하게 된다.

이후 100여년 동안 영국의 경제 지배와 국내의 쿠데타와 군사 독재 그리고 사회주의 정권 등으로 암흑기로 걸어오다가 1990년 이후 와인산업의 성장[45]이 시작되었다. 해외투자가 활기를 띄며 국내의 정치와 사회적 안정에 영향을 받고 발전하게 되었다.

1985년 Vinexpo에 처음으로 참가했고 세계의 발전지역을 연구하고 품질혁신에 나서게 되었다. 1995년에는 칠레 농산물 관련 법령으로 포도재배에 대한 규정, 레이블 가이드 라인 등 제도적인 내용이 마련되었다. 이후 2000년대에 들어서는 그동안의 세계의 유수한 합작회사 및 기술제휴 등으로 발전을 지속하며 세계 5위의 와인 수출국이 되었다(이정훈 외, 177).

---

45) 1851년 프랑스의 품종이 도입되어 발전의 초석이 이뤄졌고 시장경제의 도입과 해외의 와이너리 투자와 신기술의 도입으로 발전의 시대로 나아가게 된다.

칠레는 신세계 와인국가들에서도 우리나라에 가장 많은 와인을 수출하는 나라이다. 즉 우리나라 사람들이 칠레와인에 대한 선호도[46]가 높아서 인기있게 소비되고 있는 와인으로 평가할 수 있다.

칠레는 생산에 있어서 임금이 저렴하여 가격경쟁력을 갖는다.

2. 떼루아

칠레는 포도재배에 이상적이라는 평가를 받는다. 일교차가 크다. 그리고 안데스산맥의 빙하에서 녹아내리는 청정한 물이 있고 구리성분이 토양에 많아 병균에 강하다는 평가이다. 그래서 피록셀라의 피해에도 칠레의 포도밭은 전혀 피해를 보지 않은 점을 주목할 수 있다. 지리적으로 바다가 인접하고 안데스산맥이 길게 위치하여 포도 병충해의 피해를 받지 않았던 천혜의 위치를 갖고 있는 것이다.

Humbolt 해류로 부터의 찬 공기와 태평양의 찬 홈볼트 해류가 칠레의 해안산맥을 넘으며 해안의 안개를 형성하게 되면서 미세기후를 이루게 된다. 낮은 해안산맥을 통해 중앙유역으로 관통된다. 눈이 일년 내내 산정상을 덮고 있는 안데스산으로부터 밤에 찬 공기가 중앙계곡으로 유입되며 일교차로 인해 밤에는 포도생육이 중단되며 산도와 색깔, 아로마가 증대된다. 이상과 같이 천혜의 기후와 자연조건을 갖추고 있다. 안데스산맥과 바다가 칠레에 피록셀라의 피해도 막아주었다.

46) 선호도는 가격이나 가성비와 소비자가 느끼는 벨류와인 차원에서 평가를 말한다. 가격대비 알코올 도수 그리고 강렬한 느낌 등 한국소비자는 칠레와인에 대해서 좋은 평가로 소비가 크다고 하겠다.

3. 포도품종

(1) 화이트

① 소비뇽블랑(Sauvignon Blanc)

칠레 품종은 뉴질랜드 소비뇽블랑과는 달리 다소 완만한 느낌이다. 루이스 펠리페 에드워즈[47] 소비뇽블랑 같은 경우는 산도가 경쾌하면서 완만한 느낌의 소비뇽블랑으로 인기를 끌고 있다. 최근 아시아나 항공의 이코노미클라스에서 기내식 와인으로 서비스되고 있다.

② 샤르도네(Chardonay)

칠레에서 많이 생산되는 품종이다. 국내에서 누적판매량 1위를 나타낸 몬테스 클래식 샤도네이[48]는 밀짚향이 나고 알코올 도수 13.5%를 나타내는 벨류와인이다. 바디감이 좋고 칠레 특유의 강한 뉘앙스가 특징이다.

칠레의 샤르도네는 미네랄터치, 열대과일향, 상대적으로 높은 알코올 도수를 보이고 있다.

(2) 레드

① 까르미네르(Carmenere)

칠레에서만 생산되는 와인품종으로 독특함과 개성으로 주목받고 있

몬테스 알파 까르미레르 와인

콜차구아 밸리에서 생산되는 몬테스알파의 까르미네르 와인이다. 2017년산 빈티지이다. 2018 대한민국 주류대상 신대륙 레드와인 부문 대상을 수여하였다. 몬테스 알파는 천사의 세계라는 의미로 한국의 와인 시장에서 초창기에 많이 알려지고 판매가 많이 되었던 와인으로 주목받았다. 소비자가격은 4만원 후반대이다.

47) 우리나라에서 벨류와인으로 인기가 있다. 카르미네르, 쉬라, 메를로 등 레드와인과 화인트 품종인 샤르도네도 있다.

48) 샤르도네는 불어식 표현이며 샤도네이는 영어식 표현으로 보면 된다. 700만병이 팔린 스터리셀러 와인으로 가치가 있다. 가격은 편의점에서 17,900원에 판매된다. 수입사는 나라셀러이다.

다. 칠레의 토착품종으로 가치가 있다는 평가를 받는다. 일반적으로 색이 짙고 약간의 허브와 민트 뉘앙스도 있고 스파이쉬한 향취와 강건한 느낌을 받게 하는 와인품종이다. 베리류의 향과 초코렛향도 감지된다. 까베르네 소비뇽과 블랜딩되는 경우도 있으며 부드러운 느낌을 주기도 하는 품종이다. 이 품종은 장기숙성 보다는 단기숙성 후 시음하는 것이 좋다는 평가이다.

칠레의 까르미네르 품종은 미디엄바디가 일반적이다. 과일향이 많이 난다. 탄닌이 원만한 편이다. 깊은 진홍색 또는 자주색 색상을 지닌다. 베리향, 붉은 과일향, 스파이시향, 스모크, 토양에서 감지되는 향이 느껴지는 품종으로 평가된다(vivino).

이 품종에서는 잼, 꿀향이 감지되기도 한다.

하라스 엘레강스 와인

칠레에서 가장 영향력 있는 1998년에 창간된 와인 가이드북인 데스콜차도스가 선정한 최고의 와인에 선정되기도 한 하라스 와인이다. 마이포 밸리에서 까베르네 소비뇽 품종으로 이탈리아의 안티노리사와 제휴하여 만들었다. 소비자가격은 8만원대이다. 레이블이 인상적이다.

② 빠이스(Pais)

칠레의 토착품종으로 주목받고 있는 품종이다. 포도 경작지의 과반을 차지할 정도로 많이 재배하였던 품종이나 크게 경쟁력이 없어서 주목은 받지 못하고 있다.

③ 까베르네 소비뇽(Cabernet Sauvignon)

칠레의 대표적인 품종의 하나이다. 특히 마이포 밸리의 이 품종은 보르도와 같은 일조량과 일교차 등으로 좋은 와인품종을 생산하고 있다. 칠레의 대표적인 산지로 좋은 까베르네 소비뇽[49]을 생산한다. 산도의 형성을 상대적으로 저장성이 좋은 와인을 생산하게 한다. 좋은 까베르네 소비뇽의 경우 검은과일, 흑연, 블랙커런트의 향이 풍성하다. 그리고 구조감과 질감이 좋고 잔향이 오래 남는다.

④ 메를로(Merlot)

---

49) 까베르네 소비뇽은 힘과 구조감을 지닌다. 특히 좋은 품종의 경우에 그러하다.

마우레 밸리에서 메를로가 잘 생산된다. 국내의 벨류와인인 트리오의 메를로 베이스의 레드와인은 메를로 52%, 까르미네르 45%, 시라 3%로 블랜딩 되었다.

참고 콘차이토르 벨류와인 트리오

까베르네 소비뇽을 베이스로 하여 까베르네 프랑, 시라가 블랜딩된 와인이다. 센트럴 밸리에서 생산된다. 콘차이토로는 1883년에 설립되었다. 세계의 147개국에 수출되는 만큼 세계시장을 선도하는 와이너리로 평가된다. 알바비마, 까시에로 델 디아블로 등의 브랜드가 알려져 있다. 로버트 파커 90점을 받기도 하였다. 가격은 14,900원~3만원대로 판매되고 있다.

Concha y Toro는 프론테라 등 합리적인 가격의 와인을 생산하면서 1997년 프랑스의 샤또 무통 로쉴드의 바롱 필립 가문과 협력하여 알마비바를 출시하여 칠레의 프리미엄 와인의 장을 연 와인브랜드로 평가되고 있다.

⑤ 말벡(Malbec)

칠레의 콜차구아 밸리에서 생산된다. 아르헨티나의 대표품종이지만 이곳에서도 생산된다. 짙은 레드 바이올렛 컬러색이다. 좋은 말벡[50]은 체리와 자두잼과 같은 과일 아로마를 나타낸다. 미묘한 바닐라 향이 표출되며 부드러운 질감에 미디엄 바디를 갖고 단단하고 균형 잡힌 구조감을 지닌다.

⑥ 피노누아(Pinot noir)

칠레의 서늘한 기후를 지닌 산안토니오 밸리, 레이다 밸리에서 생산된다. 남부지역 밸리 그리고 최남단 오소르노 밸리에서 생산된다.

50) 루이스 펠리페 애드워드 패밀리 섹렉션 그랑리저브 말벡은 2만원~2만 5천원대의 와인으로 좋은 말벡의 특징을 보여준다.

4. 주요산지

(1) 마이포 밸리

Maipo vally는 까베르네 소비뇽이 잘 자라는 프랑스의 보르도와 같은 지역으로 평가된다. 일교차로 인해 포도가 잘 숙성된다. 칠레의 가장 대표적인 와인생산지로 알려져 있다. 이곳에서는 프랑스의 보르도 대표적인 품종들을 생산하고 있다.

특히 까베르네 소비뇽 품종의 경쟁력이 좋은 지역이다. 해발 고도 800m로 형성되어 있고 레드와인의 좋은 산지로 알려져 관심을 받아온 대표적인 칠레의 와인산지로 알려져 있다.

마이포 밸리
알마비바 와인

프랑스 바롱 필립 드 로칠드사와 칠레의 콘차이토로가 합작으로 만든 2005년산 알마비바 와인이다. 메이포 밸리에서 생산되는 와인이다. 카시스, 블랙베리, 미네랄, 바닐라, 오크, 커피향이 감지된다. 소비자가격은 30만원대이다. 풀바디의 원만한 밸런스와 균형감이 있다. 18개월 뉴 프렌치 오크 숙성하였다. 까베르네 소비뇽을 중심으로 까르미네르, 까베르네 프랑이 블랜딩되었다. 신의 물방울에 소개된 와인이다. 알마비바는 스페인어로 넘치는 영혼의 의미이다. 모차르트의 오페라 피가로의 결혼의 주인공인 알마비바 백작에서 유래된 브랜드로 알려진다.

마이포 밸리 까베르네 소비뇽과 까르미네르 블랜딩 와인

투에트 인토미타 프리미엄 와인이다. 4만원 중반대의 현지가격이다. 오크,향, 검은 과실, 흙향의 뉘앙스가 있다.

참고 와인투어 콘차이 토로

안데스산맥의 기슭인 피르케지역(마이포 밸리)에 위치한다. 1875년에 건축된 돈 멜초르의 여름저택, 아름다운 호수와 정원을 감상할 수 있다. 100년의 역사가 넘는 유명한 '악마의 셀러'를 볼 수 있는 곳이다. Dasillero del Diablo('악마의 창고'라고도 불림)는 잘 알려진 전설로도 유명하다.

와인창고는 모래, 석회, 달걀흰자의 혼합물인 칼레도(Caledo)기법을 사용한 벽돌로 지어져 오랜시간 잘 보존될 수 있었다고 한다. 지하 4m에 위치한 지하저장고는 오크통에 와인을 저장하기에 최적의 조건이라는 평가를 받는다.

투어시간은 월요일부터 일요일까지 진행되며 오전 10시부터 오후 5시10분까지이다. 와이너리 투어시작은 입구에서부터 진행된다. 시작포인트 앞에 돈 멜초르 공원이 있다. 지하와인숙성실 뒤에 악마의 셀러가 위치한다. 포도품종의 밭[51]이 외부에 있다. 내부에는 와인샵과 와인바가 있어서 시음과 구입이 가능하다. 돈 멜초르 경이 머물던 여름별장과 내부정원은 호수 옆에 위치하며 와인생산공장과 포도밭 등 투어의 중심장소의 건너편에 위치한다.

다양한 포도품종은 포도밭에 26개 품종에 대해 배울 수 있게 조성해 놓았다. 다음은 1~26개 순서대로의 포도품종이다.

Chenin Blanc, Sauvignon Blanc, Sauvignon Vert, Semillon, moscatel de Alejandria, Tonontel, Chardonnay, Gewurztraminer, Riesling, marsanne, Viogner, Pinot Blanc, Carmenere, Pinot Gris, Pinot Noir, Merlot, Syrah, Mourvedre, Grenache, Cabernet Franc, Petit Verdot, Cabernet Sauvignon, Malbec, Carignan,

Aspirant Bouschet, Pais이다. 주로 프랑스 품종을 중심으로 되어 있고 칠레의 토착품종인 까르미네르, 파이스가 포함되어 있다. 프랑스와의 협력으로 국제적인 명성을 얻은 와이너리로서 위상과 면모를 갖추고 있다고 평가하고자 한다.

콘차이토로 와인

콘차이토로가 만든 콜차구아 밸리의 그랑 리제르바 샤르도네 와인으로 가성비가 좋다. 열대과일, 미네랄이 감지된다. 구운 헤이즐넛향, 복합미, 질감을 지닌 노란빛의 와인으로 소비자가격은 5~6만원대이다.

(2) 센트럴 밸리

센트럴 밸리(Central valley)는 카차포아(Chachapoal) 밸리, 콜차구아

51) 칠레에서 생산되는 여러 품종들을 한곳에 모아놓은 곳이다. 대표품종인 까베르네 소비뇽의 포도종자는 19세기 중반 프랑스에서 칠레로 들어왔고 현재 최고의 떼루아로 여겨지는 마이포 밸리의 Pirque에서 고품질의 와인으로 생산된다. 26가지의 포도품종을 비교하며 색상과 잎, 크기, 모양 등 차이점을 확인할 수 있다.

(Colchagua) 밸리로 구성된다. 북쪽의 카차포아 밸리, 남쪽의 콜차구아 밸리는 다음과 같은 특성을 갖고 있다.

① 콜차구아 밸리

1990년대에 개발된 산지로 칠레에서 가장 기술이 집약 발전된 곳으로 평가된다. 월드 클래스의 레드와인을 생산하는 최적의 산지(이정훈, 2017 : 186)이다. 몬테스 알파의 산지이기도 하다. 라포스톨레, 산타리타를 생산하는 산지이기도 하다. 레드품종이 주를 이루고 있다. 기후가 따뜻하며 해양에서 불어오는 신선한 바람으로 포도를 식혀주는 역할을 한다.

보르도 품종이 이곳에서 잘 재배된다. 끌로 아팔타도 성공적인 결과물로 보면 된다. 까베르네 소비뇽, 메를로, 카르미네르[52], 시라, 말벡, 샤르도네 등이 생산되며 점토와 석회의 충적토와 화강암의 토양이다. 주요생산자로는 로스 바스코스, 루이스 펠리페 에드워즈[53], 산타 헬레나, 뷰 마넬 등이 포함된다(그랑 라루스 와인백과 ; 네이버지식백과). 국내에도 이 지역 레드와인이 많이 수입되어 판매되고 있다.

샤르도네는 이 지역에서 생산되며 미네랄, 열대과일향이 좋다. 1883년 시작된 콘차이토로사에서 좋은 샤르도네 와인을 생산하고 있다.

(3) 쿠리코 밸리

Curico valley는 좋은 와인을 생산하는 지역이다. 칠레 중심부의 와인

52) 몬테스알파는 우리나라에 와인이 초창기에 수입되었을 때 가장 호응도가 좋았던 와인으로 평가된다. 몬테스알파의 까르미네르 품종은 오크향, 초코릿, 바닐라, 블랙베리, 자두, 검은 과일향, 후추, 민트, 시나몬향이 감지된다. 가격대비 가성비가 좋은 와인이다. 현지에서도 30달러 정도의 가격대이다.

53) 아시아나 항공의 유럽노선 등의 일반석에서 루이스 펠리페 에드워즈 샤르도네 와인을 제공하고 있다. 1년이 넘게 제공하고 있는 와인으로 향이 다채로우며 부드러운 밸런스를 지닌 와인이다.

산지이다. 습도가 높은 해양성 기후이다. 일교차가 포도 생장기에 15도가 넘는다. 와인생산 지역가운데 강수량이 많은 지역에 속한다. 비옥한 지역과 해안지역의 경사진 곳에 포도밭이 형성되어 있다. 서늘한 지역인 동쪽 몰리나, 북쪽의 테노지역에서는 비오니에, 페드로 히메네즈, 진판델 등이 재배된다(와인21.com). 쿠리코 밸리에서는 좋은 까베르네 소비뇽[54]도 생산된다.

(4) 카사블랑카 밸리

Casablanca valley는 피노누아가 생산되는 상대적으로 서늘한 지역이다. 샤르도네도 이곳에서 생산된다. 국내 벨류와인인 트리오의 경우, 카사블랑카 밸리에서 생산된 샤르도네를 베이스로 피노블랑, 피노 그리지오가 블랜딩되었다.

레이다 피노누아 와인

레이다 피노누아 2011빈티지 와인은 아콩가구아 산 안토니오 밸리 지역과 카사블랑카 밸리 지역에 걸쳐 생산된다. 태평양 해안지역의 서늘한 바람(봄, 여름)에 의해 피노누아가 생산된다.

(5) 아콩가구아 밸리

Aconcagua valley는 북부에 위치한 산지이다. 수도인 산티아고의 북서쪽에 위치한다. 온화한 지중해성 기후 지역이다. 중앙지역은 가장 무더운 산지이기도 하다. 주로 까베르네 소비뇽, 메를로, 까르

에라주리즈 돈 막시미아노 와인

에라주리즈의 돈 막시미아노 2005년산 와인이다. 아콩구아 밸리에서 생산된다. 보르도 스타일로 블랜딩된다. 대한민국 주류대상 신대륙 레드와인부문 대상을 받은 2015년산은 까베르네 소비뇽, 까르미네르, 프티 베르도, 까베르네 프랑으로 만들어졌다. 알코올 도수는 14도, 22개월간 프렌치 오크 숙성(68%는 새 오크통)되었다고 한다. 2005년산은 베이징 테이스팅과 암스테르담 테이스팅에서 1위 그리고 코펜하겐 테이스팅에서 2위를 차지하였다. 소비자가격은 2015년산 기준 20만원 정도이다. 풀바디와 탄닌감이 많다. 진한 느낌의 밸런스가 좋다.

54) 스페인 와인명가 토레스가 칠레에 설립한 와이너리 미구엘 토레스 칠레에서 만든 만소 데 벨라스코(시중가 7만원대)는 수령이 100년 이상으로 쿠리코 시를 설립한 Manso de Velasco 장군의 이름을 따서 만든 와인이다. 토레스는 17세기부터 가족경영체제로 스페인의 명가 와이너리이다. 1979년 파리 올림피아드 대회에서 검은 전설로 불린 마스 라 플라나 와인(시중가 9~10만원대)이 샤토 라투르를 제치고 1등을 차지하여 주목을 받은 와인이다.

미네르, 산지오베제 등을 생산하며 미국의 로버트몬다비와 칠레의 에라주리즈가 합작으로 만든 고급와인 세냐(Sena)[55]의 생산지이기도 하다. 세냐는 세계대회에서도 높은 점수로 수상한 칠레의 대표적인 와인으로 평가된다.

산페드로 사 칸카나 델 엘퀴 솔라 와인

산페트로사가 만든 칸카나 델 엘퀴 넘버 10 시라 2011년산 와인이다. 평가는 세계와 칠레의 상위 1%에 속하는 것으로 나타났다(비비고). 현지 소비자가격은 7만원 후반대이다. 카시스, 블랙베리, 검은 올리브, 오크, 담배, 초코릿, 화석, 미네랄, 버섯향이 감지된다. 이 와인은 시라품종이다. 원래 시라품종은 더운 기후에서 잘 생산된다. 칠레의 시라는 스파이시하고 검은 과일주스가 많이 느껴지며 복합미가 있다는 평가를 받는다.

(6) 엘퀴 밸리

Elqui valley는 코큄보 지방에 속해 있다. 칠레의 북쪽 와인산지이다. 태평양과 안데스산맥의 시원한 바람이 포도의 열기를 식혀준다. 연간 강수량은 70mm미만의 사막과 같은 기후(이정훈, 184 : 2017)로 건조한 곳이다. 시라, 말벡, 까르미네르, 쁘띠 베르도 등이 생산된다.

(7) 리마리 밸리

Limari vally는 코큄보 지방에 속해 있다. 칠레의 북쪽에 있는 산지이다. 리마리 밸리는 가뭄을 느낄만한 비가 여름에 상대적으로 적은 지역이다. 차가운 해안의 영향을 받고 토양은 좋은 미네랄을 함유하고 있다(이정훈 외, 184)는 평가를 받는다.

그래서 이 지역에서는 피노누아도 생산되며 탄닌감과 바디감 그리고 알코올 도수도 높은 피노누아를 만날 수 있다. 시원한 기후로 피노누아, 쉬라, 샤르도네, 소비뇽블랑 등이 주로 생산된다.

(8) 라펠 밸리

Rapel vally는 마이포 밸리의 남서쪽에 위치한다. 해안가에 접해 있다.

55) 프랑스의 보르도 스타일의 블랜딩 와인이다. 빈티지에 따라 차이가 있지만 2015, 2016년 와인은 로버트파커 96점, 97점을 받을 만큼 최고의 평가를 받고 있다. 소비자가격은 45만원(2017년 빈티지)을 형성하고 있다.

해안의 영향으로 서늘한 기후분포를 보인다. 콜차구아 밸리, 카차포아 밸리로 구성된다.

까베르네 소비뇽, 메를로, 쉬라, 까르미네르, 샤르도네, 소비뇽블랑 등의 품종을 재배한다. 까베르네 소비뇽의 경우 마이포 밸리의 경우 구조감이 좋다면 라펠 밸리는 들장미향, 블랙베리, 나무딸기 향이 난다는 평가이다. 다소 습도가 높은 해양성기후, 연평균 기온 14도, 강수량 700mm 정도이다(wine 21.com).

(9) 마우레 밸리

Maule vally는 최근에 주목받는 숨은 진주인 칠레의 파이스(Pais)[56]가 전통적으로 재배되어 온 지역이다. 까베르네 소비뇽, 메를로, 소비뇽 블랑, 샤르도네 등이 생산된다.

메를로 와인도 밸런스가 좋은 생산을 하고 있다. 미국의 캔달잭슨이 이곳에 최초로 정착한 산지로 칠레의 여러 생산자들과 합류한 곳이기도 하다. 현재 칠레의 최대 와인산지로 부상하였다. 화이트 보다는 레드와인의 평가가 좋고 칠레의 토착품종으로 칠레만 있는 까르미네르 품종도 생산되고 있다.

센트럴 밸리의 가장 남쪽에 위치한다. 해안과 안데스산맥 사이의 협곡과 같은 지형에 형성된 구릉이 이어져 있는 평지에 포도밭들이 있고 습도가 높은 해양성 기후를 보인다. 겨울에는 비가 많다. 강수량은 730mm 이다. 연평균 14℃이며 관개는 필요하지 않은 지역이다(www.wine21.com)라는 설명이다.

56) 파이스는 칠레의 전통적인 토착품종이다. 벌크와인으로 평가가 절하되어 왔다. 그러나 최근 새롭게 칠레의 독특한 품종으로 재평가 되어 관심을 끌고 있는 품종이다.

홈플러스 칠레 최고 가성비 와인 추천

까시에로 델 디아블로 리저브 에스페셜 쉬라즈

악마의 셀러라는 의미의 브랜드명이다. 붉은 토양과 햇빛을 풍부하게 받는 마울레 밸리에서 키운 포도로 만든다고 한다. 레드커런트, 블랙체리 등과 후추, 토스트 향 등 향신료가 더해진다. 탄닌은 부드럽다. 산도도 적절하다. 피니쉬도 오래가는 편이다. 소고기와 잘 어울린다는 평가이다. 돼지고기, 양고기, 양꼬치, 중국요리 중 오향장육과도 좋다는 평가이다(wineok.com). 가격은 15,000~20,000원대에 구입할 수 있다. 기본적인 까시에로 델 디아블로에 비해 훨씬 퀄리티가 좋은 콘차이토르사의 와인으로 평가하고자 한다.

5. 유명 생산자

(1) 라포스톨(Lapostolle)

전 세계에서 유일하게 와인 스펙테이터[57] 1위부터 3위까지 오른 끌로 아팔타(Clos Apalta)를 생산하였다. 프리미엄 브랜디인 그랑 마르니에(Grand Manrnier)의 생산자인 마르니에 라포스톨 가문에 의해 1994년에 설립되었다. 설립년도가 얼마 안되었지만 국내시장에서 라포스톨은 가격대비 품질 좋은 벨류와인으로 인식되어 있다.

프랑스의 우수한 와인생산 기술과 칠레의 뛰어난 떼루아가 잘 조합된 세계적인 와이너리로 평가받고 있다.

(2) 콘차이 토로(Conchy Toro)

1883년에 시작된 칠레의 주요생산자이다. 프랑스의 바론 필립 로쉴드

57) 미국의 세계적인 와인평가잡지이다. 매년 1~100위까지의 와인을 발표한다. 좋은 품질, 가격, 소비자에게 와인이 전달되는 접근성 등 여러항목으로 와인을 평가하여 순위를 정한다. Wine Spectator는 현재 와인평가의 기준이 될 만큼 유명한 와인평가지로 보면 된다.

와 제휴하여 알마비바(Almaviva), 돈 멜초(Don Melchor)의 최고급 와인과 마르케스, 트리오, 선라이즈 등의 벨류와인을 출시하였다. 칠레의 마이포 밸리에서 좋은 와인을 생산해온 칠레의 대표주자로 볼 수 있다. 플래그십 와인인 까르민 데 페우모는 로버트 파커 최고 점수인 97점을 받았다.

그리고 콘차이토로의 아이콘 와인인 돈 멜초는 와인스텍테이터 100대 와인에 8번 선정될 만큼 와인의 우수성과 대중성을 함께 갖추고 있다고 평가된다.

(3) 산 페드로(San Petro)

1865년에 설립된 와인회사로 전세계 80여개국에 수출된다. 특히 국내에 1865[58])와인이 마케팅에 힘입어 19홀에 65타수라는 해석으로 돌풍적인 인기를 구가해 왔다. 연간 이 와인은 29만병이 판매되고 있다. 이 브랜드는 국내에서 가장 잘 팔리는 10대 와인으로 꼽힌다. 가격은 2만원 중반~4만원대로 할인매장에서 구입할 수 있다.

시라, 까베르네 소비뇽, 까르미네르 등 품종을 선택할 수 있다. 마케팅뿐만 아니라 품질과 밸런스가 좋은 와인이다. 브랜드에 따라 메이포 밸리, 라펠 밸리, 카차포알 밸리, 센트럴 밸리 등에서 생산된다. 가또 네그로, 35사우스, 아미고, 에피카 등의 브랜드로 출시하고 있다.

1865 와인

18홀에 65타수 라는 마케팅으로 유명한 1865 와인(2007빈티지)이다. 까베르네 소비뇽 품종이다. 쉬라, 까르미네르 등 여러 종류가 있다. 품질도 좋다. 가격은 3만5천원~4만원대를 형성한다.

58) 최근에는 골프외에도 18세에서 65세까지 즐기는 와인이라는 의미로 해석되고 마케팅 되기도 한다.

참고 최근 와인시장의 트렌드

와인이 많이 수입되고 일반화되면서, 가성비 좋은 와인을 추구하는 경향이 높아졌다. 이왕이면 가격이 저렴하고 성능이 좋은 와인을 구입하고 시음하려는 경향이다. 아무래도 와인가격 자체가 높고 다소 부담스러운 면도 있다 보니 이러한 성향과 경향이 높아지고 있다.

그래서 최근에는 잔 단위로 와인을 판매하는 와인대중적인 레스토랑과 와인빠가 등장하여 인기를 누리는 모습도 보게 된다.

한편 기존에 와인을 많이 취급해 오던 와인전문 레스토랑에서 와인판매의 부진현상이 보여지는바, 이는 경기침체의 영향도 포함되는 결과로 보여 진다. 그래서 콜키지 차지를 받지 않고 식사비용으로 수익을 내기 위한 차원에서 영업을 하는 곳들도 많이 늘어난 것으로 보인다.

또한 내추럴 와인에 대한 관심과 수요가 증가되고 있다. 이는 새로운 포도품종과 생산방식에 대한 세분화 현상으로 평가된다.

와인수입사들의 변화도 목격된다. 큰 수입사가 파산을 하는 결과도 보여지고 업체간의 매각, 대형수입사의 공격적 수입과 마케팅 등의 현상을 보게 된다.

Argentina

jujuy
salta
catamarca
la rioja
san juan
mendoza
buenos aires
la pampo
rio negro

1. 와인 개요

아르헨티나는 신세계에 속한 와인 생산국이나 현지의 육류소비와 매칭되는 와인 소비량이 많다. 와인의 경쟁력도 가성비가 좋은 벨류와인을 생산하는 국가로 높이 평가된다. 특히 안데스산맥의 멘도자 지역은 해발 1300~1800m[59]로 청정하고 좋은 일조량으로 알코올 도수가 높은 밸런스 좋은 와인을 생산한다. 높은 일교차도 좋은 산도를 만들어 아르헨티나의 와인의 경쟁력을 제고시키고 있다. 특히 아르헨티나 와인에 주목하는 것은 제2의 파리의 심판이라는 경기가 진행된다면 미국와인에 이어서 프랑스와 대결한 나라로 먼저 손꼽히는 와인생산국으로 주목받을 만큼 우수한 와인을 생산하고 있는 나라이기도 하다. 연강수량도 200~250mm로 적은 편이다. 태양빛이 강렬하고 일조량이 풍부한 여건을 지니고 있다. 대부분의 와인생산지가 반 사막지대로 건조하여 포도재배에 좋은 여건으로 볼 수 있다. 강수량은 적지만 안데스산맥의 만년설의 수자원과 정비된 관개수로로 인해 포도농사를 하기에 무리가 없는 여건이다. 1990년대 이후 양조기술의 발전과 외국자본의 유치로 발전을 이뤄오고 있다.

프랑스, 미국의 대규모 와인회사의 투자와 함께 현대화를 이어가고 있으며 그동안 내수시장에서의 소비가 컸으나 와인수출도 늘어나고 있는 상황이다. 내수가 많은 세계 5위 규모의 와인생산국이다. 프랑스의 모엣샹동, 파이퍼 하이직, 멈 등 유명 샴페인 제조사들이 자회사를 두고 스파클링 와인을 생산하기도 한다. 프랑스 보르도 등 전문가들이 많이 유입[60]되어 아르헨티나 와인의 수준을 높이고 발전하는데 기여하였다.

레드와인의 생산량이 60% 정도로 화이트와인보다 상대적으로 많이 생산한다.

59) 주요생산지는 중서부로 해발 1500m에 달하는 안데스산맥 구릉지대에 산재한 세계에서 가장 고지대의 와인생산지로 특색을 보이는 곳이 아르헨티나이다.

60) 1855년 프랑스의 품종이 도입되며 발전을 이뤄가게 되었다.

2. 테루아

아르헨티나는 남미의 칠레보다 햇빛이 많다. 즉 일조량이 많다. 그래서 폴리페놀, 안토시아닌이 많다. 이는 포도껍질을 통해서도 알 수 있다. 토양은 미네랄이 풍부한 안데스산맥의 충적토, 물의 흡수가 좋은 사토 그리고 석회질 및 진흙으로 구성되어 있다.

대륙성 기후로 날씨는 무척 건조하다. 안데스산맥의 관개를 통해 수맥을 이용하고 있다. 포도 생장에 가장 좋은 조건을 확보하고 있는 곳이라는 평가이다.

3. 와인 품종

(1) 화이트

① 토론테스(Torrontes)

아르헨티나의 이국적이고 독특한 품종이다. 이국적이며 화려한 아로마가 특징이다. 프란치스코 교황이 원래 아르헨티나 추기경시절에 즐겨 시음하던 와인으로 알려져 더욱 인상적인 품종으로 평가된다. 가격도 현지에서는 5천원대로 진정한 벨류와인으로 평가하고자 한다. 국내에서는 대형 마트가 15,000원 내외의 가격에 판매된다. 그만큼 가격대비 품질이 우수하다.

토론테스는 조생종이다. 이 품종은 남미의 우루과이에서 생산되기도 한다. 산도는 상대적으로 높다. 바디는 가벼운 편이나 밸런스가 좋고 향이 독특하며 강렬하다. 복숭아, 오렌지 껍질, 파인애플, 장미향 등 아로마틱한 향이 풍겨진다. 색상은 그린-옐로우이다. 향의 여운이 길다. 가볍지만 상쾌하며 매력적인 미감을 갖췄다는 평가이다. 향신료가 있는 음식과도 매칭이 잘 된다. 이 품종은 뮈스카, 게르부츠트라미너를 연상시킬 만큼 비슷한 느낌도 갖게 된다.

참고 안델루나(Andeluna)1330 토론테스

고도 1300m의 토론테스 품종을 안델루나(생산자)가 만든다. 아르헨티나의 대표산지 멘도사(Mendoza) Uco 밸리에서 생산한다. 알코올 12.5%로 디켄터(Decanter) 매거진에서 매우 높게 추천하며 실버메달을 수상하였다. 미셸 롤랑의 양조 컨선턴트를 받았다. 멘도자 우코 밸리의 투풍가토의 기온차가 커서 와인이 진한 향과 맛을 내며 자연적으로 집중도가 높은 포도로 장기숙성이 가능하다는 평가이다. 산도가 높다. 이국적인 향으로 여운이 긴 독특한 품종으로 인상적이다. 아르헨티나의 토착품종으로 그들이 자랑스러워 하는 품종으로 알려져 있는 와인이다.

아르헨티나 레이트 하비스트 와인

트리벤토[61]사가 만든 늦게 수확한 레이트 하바스트 와인 2015년산이다. 가격은 소비자가격 3만원 내외로 소비뇽블랑과 비오니에가 블랜딩 되었다. 디저트 와인으로 좋다.

② 샤르도네

샤르도네가 고원지대인 멘도사에서 잘 자란다. 이곳의 샤르도네는 프렌치 오크 숙성을 시키는 경우가 많다. 그래서 품질이 좋다. 수작업으로 수확된 포도는 스테인리스 탱크를 통해 생동감 있고 균형 잡힌 맛을 느끼게 해준다.

③ 기타

소비뇽블랑, 비오니에, 슈냉블랑 등의 품종을 생산한다.

---

61) 1996년도 멘도사에 설립된 콘차이 토로가 글로벌 프로젝트의 일환으로 런칭한 브랜드이다. 트리벤토는 세 번째 바람이란 뜻이다. 이 와인은 잔당감이 좋고 꿀과 마른 과일향의 풍미가 좋다.

(2) 레드

① 말벡

Malbec이 대표적인 레드품종으로 아르헨티나의 대표적인 주자이다. 원래는 프랑스의 남서부의 오쎄후아 품종이 이곳에 전해져서 성공한 품종이다. 말벡은 색상이 가장 진한편이며 탄닌도 가장 많은 품종이지만 알코올, 산도, 탄닌의 밸런스가 매우 좋은 품종이다.

아르헨티나의 준사막성기후에서 프랑스의 남서부[62]보다도 경쟁력을 보여주는 품종으로 더운 곳에서 더 잘 자란다는 평가가 있다. 오히려 아르헨티나에서 좋은 결실을 얻은 품종이다.

보랏빛 진한 레드 색상으로 무화과, 붉은 체리, 자두, 초콜릿, 커피향이 감지된다. 특히 이 품종은 탄닌이 많은 것이 특징이다. 무게감, 짙은 과즙, 유연한 질감, 탄닌도 원만하고 감도도 있다는 평가도 있다. 산딸기, 까시스[63], 바닐라 향도 캐치되며, 블루베리, 담배향도 감지된다.

아르헨티나 말벡 와인

오른쪽 사진이 알타비스타 말벡 2012년 와인 사진이다. 말벡은 아르헨티나 대표 품종으로 탄닌이 많아 색도 진한 스타일이다. 아르헨티나 와인은 품질적으로 경쟁력을 지니고 있다는 전문가들의 평가가 있다. 참고로 왼쪽은 프랑스 보르도 블랜딩 와인이다.

② 시라(Syrah)

아르헨티나에서도 생산된다. 핀카 라스모리스 배럴 시라가 국내에 벨류와인으로 판매된다.

③ 까베르네 소비뇽

아르헨티나의 이 품종은 최고품질일 경우 프랑스의 보르도의 최상품과 구분하기 어려울 정도라는 평가를 받는다. 말벡 외에 가장 주목 받고 있는 품종이기도 하다. 산후안과 멘도자 지역에서 많이 생산된다. 진한 검은 산딸기, 모카, 담배잎 향이 느껴지며 후추향과 산도가 있다

62) 프랑스 남서부에서는 말벡 품종이 블랜딩의 품종으로 많이 사용되어졌다.
63) Cassis는 블랙커런트와 같다. 카시스는 프랑스의 보르도 와인에서 가장 전형적인 향이다.

는 평가를 받는다. 살타지역의 이 품종은 고산지대 1,700m 이상의 산지에서 카시스, 블랙베리, 블랙페퍼, 스파이시 향이 감지된다.

④ 메를로

말벡과 블랜딩시 많이 사용하는 품종이기도 하다.

⑤ 보나르다(Bonarda)

이탈리아의 피에몬테, 크로아티아, 아르헨티나에서 생산된다. 색이 짙고 자두 풍미가 있는 부드러운 품종이다. 잘 익으면 검은 과실풍미가 있고 허브, 식물향이 감지된다. 미국 캘리포니아의 샤르보노(Charbono)와 같은 품종으로 평가된다. 샤르보노는 이탈리아 돌체토(Dolcetto)품종과도 관련되었다고 평가된다. 보나르다 품종은 만생종으로 더운 기후에서 잘 자란다(wine21.com)는 평가이다.

4. 주요산지

(1) 멘도사(Mendoza)

수도 부에노스아이레스의 동쪽에 위치한다. 프랑스 보르도 보다 규모가 더 크며 아르헨티나의 생산량의 약 70%를 차지하는 중요한 대표산지이다.

이 지역 포도밭은 안데스산맥의 동쪽 해발 900m 정도 이상의 고지대에 걸쳐 있다. 높은 고도와 큰 일교차로 인해 산도가 뚜렷하며 향도 강렬한 뉘앙스를 지니고 있다.

멘도사 지역은 우코 밸리, 마이푸, 루한 데 쿠요로 나뉜다. 이중에서 가장 높은 고도에 위치한 지역이 우코 밸리(Uco vally)로 북쪽에 있는 투퉁가토(Tutungato)는 포도밭이 해발 1300m[64]에 위치하고 있다. 고도가 높아서 건조하고 비가 적게 오므로 관개시설을 이용하여 안데스산맥에서 흐르는 물을 포도재배에 사용하고 있다.

지표면을 보면 자연배수가 좋은 모래와 돌로 구성되어서 포도재배에는 긍정적이다.

아르헨티나의 와인생산량의 70%를 생산하며 양조장이 360개로 최고의 품질과 최대생산을 하는 와인산지(손진호, 2010 : 157)이다.

샤르도네, 말벡, 까베르네 소비뇽, 까베르네 프랑 등 전통적인 품종들이 재배된다.

(2) 우코 밸리

Uco valley는 멘도사 남쪽 약 80km에 위치한 주요한 와인산지이다. 해발고도가 850~1100m로 높다. 일교차가 커서 당과 조화를 이루는 산미, 페놀계 화합물의 숙성이 잘 되는 곳으로 평가된다. 최고의 샤르도네, 토론테스, 말벡[65]이 생산된다(www.wine21.com).

또한 피노누아도 생산된다.

(3) 살타(Salta)

가장 북쪽에 위치한 산지이다. 아르헨티나의 최북단의 산지로 고도는 15,000~3,000m에서 생산된다. 일교차도 있고 일조량이 좋아서 알코올 도수도 상대적으로 높은 와인을 생산한다.

이 지역에서는 토론테스, 말벡이 대표적인 품종이다. 까베르네 소비뇽,

---

64) 1,300m 고지의 안데스산맥은 천혜의 자연환경으로 복잡한 맛과 향의 와인이 만들어지는 지역으로 평가된다.

65) 우코 밸리의 말벡은 꽃향을 내는 특징이 있다(와인21닷컴)는 평가이다. 우코 밸리의 좋은 밭에서 생산하는 올드바인의 말벡은 프랑스산 오크에서 18개월 숙성하고 추가적으로 12개월 병 숙성을 진행하여 좋은 구조감과 복합미를 낸다는 평가이다.

타나, 샤르도네, 쉬넹 등이 생산된다. 카파야테시 인근 칼차키에스 계곡은 포도밭이 1,500~1,700m에서 생산된다. 가장 높은 곳은 3,000m로 세계에서 가장 높은 와이너리이다. 사질의 토양과 대륙성기후를 나타낸다. 일교차가 커서 와인의 산도가 좋다(그랑 라루스 와인백과 ; m.terms.naver.com). 알코올 도수가 높은 와인을 생산하는 지역이기도 하다. 레드와인은 진하며 탄닌감도 꽤 있는 편이다.

(4) 산후안(San Juan)

멘도자와 함께 아르헨티나의 주를 이루는 산지이다. 여름철에 40도가 넘을 정도로 매우 덥다. 이는 오히려 품질을 낮게 하기도 한다. 높은 수확량으로 재배되어 포도농축액이나 브랜디의 기본원료로 사용된다.

(5) 라리오하(La Rioja)

고도가 높고 매우 덥고 건조한 지역이다. 토론테스 품종이 잘 자라는 곳이다. 벨라스코 산맥의 기슭에 위치한다.

5. 주요생산자

Trapiche, Catena Zapata, Norton, Alta Vista, Trivento, Cheval des Andes, Vina Hormigas 등이 국내에 수입되어 판매되고 있다.

참고 이스까이(Iscay)

트라피체의 벨류와인이다. 아르헨티나의 경쟁력있는 말벡품종과 메를로를 블랜딩한 와인으로 가성비가 매우 좋고, 경쟁력있는 와인[66]을 내놓고 있다. 복합미, 파워감, 밸런스 등을 두루 갖춘 와인으로 추천하고자 한다. 최근에는 말벡과 까베르네 프랑, 시라와 비오니에를 블랜딩한 상품도 출시되고 있다. 최근에는 가격이 매우 낮게 책정되어 저렴하게 구입하면 5~6만원대에 구입이 가능하다. 멘도사 지역에서 1883년 설립된 아르헨티나 와인을 세계시장에서 잘 알려진 브랜드로 위치하게 한 트라피체사가 만드는 명품와인으로 평가된다. 이스까이는 잉카어로 '둘'이라는 의미이고 결혼이나 동업을 하는 지인에게 선물하면 좋다고 한다.

숙성 잠재력이 있어서 10년 이상 보관 후 시음하면 좋은 퀄러티의 와인을 만날 수 있다.

2008년 이스까이는 말벡과 까베르네 프랑이 블랜딩되었고 말벡은 1,250m의 멘도사 지역에서 숙성기간에 서늘한 기후로 이상적인 숙성이 되었다는 설명이다. 암석층의 미사질[67] 토양에서 자란 까베르네 프랑은 농도를 높여주고 세밀한 탄닌감을 더해 준다는 포도재배자의 평가이다.

말벡은 깊은 보랏빛 레드 색상을 나타내며 잘 익은 붉은 과일향, 제비꽃 향을 나타낸다. 그리고 약간 매운향과 부드러운 탄닌을 갖추고 있다. 까베르네 프랑은 검은 과일향, 발사믹향, 입에서의 어느 정도의 구조감을 지닌 탄닌감을 제공한다는 설명이다. 두가지 품종의 결합은 매우 좋은 향취와 집중도, 우아함, 복합미, 깔끔한 피니쉬를 제공한다는 와인메이커의 설명이다.

트라피체 말벡 와인

트라피체 오크 캐스크 말벡 2018년 산 와인이다. 체리, 미네랄, 오크향이 감지된다. 일반 소비자 가격은 3만원대이다. 가성비가 좋은 와인이다. 실제 구입가는 1만5천원~2만원 선이다.

---

66) 트라피체사는 2000년 중반까지 세계적인 와인컨설턴트이며 평론가인 미셸롤랑과 합작으로 메를로, 말벡 두 품종으로 블랜딩하여 경쟁력 있는 이스까이가 만들어졌다. 이후에는 계약이 끝나서 새로운 품종의 블랜딩으로 상품이 출시하고 있다.

67) 실트질이 50~80%, 점토질이 20~30%, 사질이 0~30%로 구성된 흙이다(네이버 사전).

Canada

yukon
northwest territories
nunavut
newfoundland and labrador
british columbia
alberta
manitoba
quebec
ontario
nova scotia
saskatchewan
bear river
niagara peninsula

1. 와인 개요

캐나다 와인은 아이스와인이 유명하다. 영하 8도 이하의 온도에서 수확한 와인을 가지고 디저트와인을 생산한다. 보통 375ml의 와인이다. 고귀한 생산으로 가치를 더하는 와인이다. 캐나다는 레드보다는 화이트와인 생산량이 많다. 아이스와인은 지구온난화의 영향으로 생산량이 향후 확보되기 어렵다는 점에서도 매우 귀한 와인으로 평가되며 가격도 다른 와인에 비해서 상대적으로 높다.

캐나다에서는 Bear River지역 나이아가라 반도에서 주로 생산하고 있다.

캐나다 아이스 와인

고귀하고 귀한 와인인 캐나다의 아이스와인이다. 필리터리 에스테이트 2000년산 비달 품종이다. 가격은 15만원대 내외이다. 고급스러운 금빛, 파인애플, 복숭아, 오렌지, 레몬, 오렌지 등 열대과일향과 산도의 조화로운 균형이 좋다. 약간 높은 산도와 바디감이 꽤 있다.

2. 품종

(1) 화이트

아이스와인은 주로 비달 품종으로 생산한다. 샤르도네, 리슬링, 피노그리, 게뷔르츠츠트라미너 품종도 생산한다.

(2) 레드

까베르네 프랑으로 아이스와인을 많이 생산한다. 까베르네 소비뇽, 메를로, 가메, 피노누아가 생산된다.

South Africa

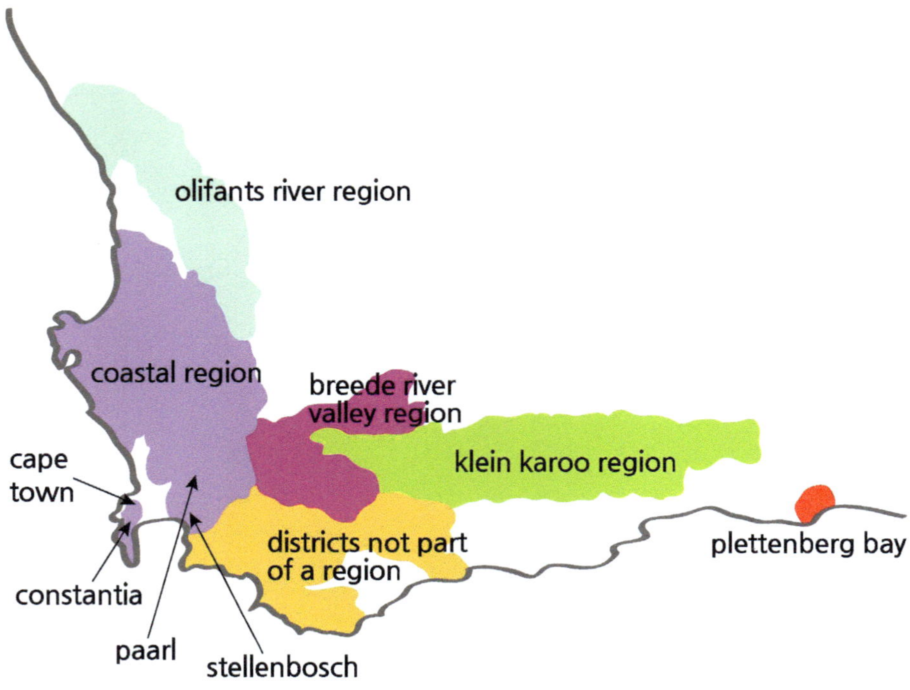

1. 와인 개요

남아프리카공화국의 와인은 프랑스의 영향을 받았다. 대표품종인 피노타쥬(Pinotage)는 프랑스의 피노누아와 쌩쏘가 결합된 품종으로 이 두가지 품종도 프랑스의 품종이다.

남아프리카공화국의 날씨가 더운 아프리카의 남부로 풀바디하고 풍미가 있는 레드와인과 과일향이 풍부한 화이트와인을 생산한다. 남아공와인은 가격대비 품질이 우수한 벨류와인으로 인식되고 있다. 전반적으로 남아공은 지중해성기후이다. 해안가 지역의 강수량은 보통이며 내륙지역은 건조하다. 그리고 해안가 지역은 한류의 영향으로 서늘한 편이다.

남아프리카공화국의 와인산지는 2010년 기준으로 1973년 Wine of Origin제도가 생겨서 4개지방, 21개 지구, 64개 구역으로 구분(손진호, 2010 : 166)된다. 와인생산량은 세계의 10위권으로 평가되고 있다.

2. 주요산지

(1) 케이프타운(Cape Town)

아프리카에서 가장 오래된 와인생산지인 컨스텐시아 와이너리가 유명하다. 세계적인 수준의 와인을 생산한다는 평가이다. 330년이 넘는 아프리카 와인역사를 엿볼 수 있는 곳이다. 레드와인의 경쟁력을 화이트 보다 높게 평가한다.

(2) 펄(Paarl)

남아프리카공화국의 대표산지이다. 쉬냉블랑, 비오니에, 세미용, 까베르네 소비뇽, 시라, 피노타쥬가 대표적인 품종이다. 그르나쉬 블랑, 로산느 품종도 재배된다. 피노타쥬는 모카향, 베리향, 다크 초콜릿향이 감지된다. 바베큐 요리와 어울리며 훈제 돼지요리와도 어울린다는 평가를 받는다.

(3) 스텔렌보쉬(Stellenbosch)

남아프리카공화국의 주요한 산지이다. 까베르네 소비뇽, 시라, 피노타쥬, 보르도 스타일[68]의 블랜딩와인이 주로 생산된다. 남아공의 핵심산지로 평가되고 있다. 100여개의 양조장이 밀집된 곳(손진호, 2010 : 167)이다.

(4) 워커 베이(Walker Bay) / 케이프 아굴라스(Cape Agulhas)

아프리카의 최남단지역이다. 케이프 아굴라스는 희망봉으로 불리는 지역이기도 하다. 피노타쥬, 샤르도네, 시라를 주로 생산한다. 워커베이는 서늘한 곳으로 피노누아, 샤르도네 외에도 소비뇽블랑을 생산한다.

(5) 브리드크루프(Breedekloof) / 웰체스터(Worcester)

두 지역 모두 브랜디(코냑)을 위한 포도재배를 한다. 즉 Brandy grapes를 생산한다. 브리드크루프에서는 쉬냉블랑, 샤르도네를 생산한다. 웰체스터에서는 소비뇽블랑이 주로 생산된다. 그리고 웰체스터는 내륙산지이며 최대생산지이기도 하다.

---

68) 보르도의 블랜딩와인을 만든다는 것은 프랑스의 스타일, 즉 보르도의 블랜딩인 까베르네 소비뇽, 메를로, 까베르네프랑을 중심으로 쁘티베르도, 무드베드도, 말벡 같은 품종을 소량 블랜딩하고 프렌치 오크통 숙성을 하는 방식을 말한다.

참고 니더버그 와인마스터스 피노타지

웨스턴 케이프지역에서 생산된다. 알코올은 14.5%로 풀바디하다. 자두, 체리, 스파이시하며 탄닌이 부드럽다. 피니쉬가 긴 벨류와인이다. 소비자가격은 3만원선이다. 화강암 토양에서 해발 100m 이내 위치한 경사진 포도밭에서 생산된다. 색이 진한 루비색이다. 1994년 넬슨 만델라 대통령 취임식에 만찬주로 사용되었다고 한다. 200년 역사의 와이너리이다.

3. 품종

(1) 화이트

① 쉬냉블랑

남아프리카공화국의 화이트 대표주자이다. 쉬냉블랑은 피노타쥬 못지 않게 남아공을 대표하는 품종이다. 프랑스의 루아르지역의 쉬냉블랑의 느낌이다. 여러 가지 스타일의 와인을 만들어 내고 있다. 신선하고 과일향이 많거나 풍미있고 오크숙성은 하지 않거나 스위트하거나 매우 스위트하고 스파클링 스타일까지 만들고 있다.

그만큼 쉬냉블랑을 통해 여러 가지 스타일을 만든다는 것은 인기를 보여주는 것이라 하겠다. 펄지역, 스텔렌보쉬, 스워트랜드 지역이 주요산지이다.

② 샤르도네

시원한 남부지역에서 잘 자란다. 해충의 영향을 받고 있는 지역이다. 사과향, 레몬향, 오크숙성을 통한 바닐라향이 좋다. Walker Bay, Elgin지역이 주요산지이다.

③ 세미용

레몬향을 지닌 풍미가 있는 풀바디한 와인을 만든다. 이 품종은 사과향, 헤즐렛향도 갖추고 있다는 평가이다. 스텔렌보쉬, Franshhoek가 주요산지이다. 프랜쉬호크는 스텔렌보쉬의 연결된 작은 지역이다.

④ 소비뇽블랑

해안가의 서늘한 기후의 영향으로 이 품종이 잘 자란다.

⑤ 기타

비오니에, 그르나쉬 블랑 등의 품종이 있다.

참고 페어뷰 고트 두 롬 화이트 (Fairview Goats Do Roam White)

빈티지에 따라 품종의 차이가 난다. 쉬냉블랑, 세미용, 비오니에 품종 등으로 2008년 빈티지를 만들었다면 2017년 이후에는 그르나쉬 블랑 23% + 로산느 28% + 비오니에 49%로 블랜딩하고 있다. 펄지역에서 생산된다. 아로마가 좋고 이국적인 향취가 좋은 벨류와인으로 식전주에 적합하다. 가격은 2만원 내외 정도이다.

(2) 레드

① 시라/쉬라즈

스파이시하고 후추향이 있고 감초, 딸기, 자두가 느껴진다는 평가를 받는다. 스텔렌보쉬, 펄, 스와트랜드가 주요산지이다.

② 까베르네 소비뇽

강한 허브향과 블랙페퍼, 카시스, 토양에서 오는 얼씨한 향[69]이 감지된다는 평가이다. 스텔렌보쉬, 펄지역에서 주로 생산된다.

69) 점토와 흑연에서부터 올라오는 뉘앙스를 말한다.

③ 피노타주

남아프리카공화국을 대표하는 품종이다. 프랑스의 피노누아와 쌩쏘가 교배되어 만들어진 품종으로 남아프리카공화국의 토착품종으로 자리 잡고 있다. 블랙베리, 라스베리, 담배향이 있는 서양 자두 뉘앙스 그리고 스파이시 하다는 평가를 받는다. 과일향이 많고 색깔도 진한편이며 미디엄-풀바디 스타일의 와인품종이다.

펄, 스텔렌보쉬, Swartland[70] 지역에서 주로 생산된다. 펄 지역의 경우 가성비가 좋은 커피와 모카향이 많이 나는 알코올 14% 정도의 벨류와인[71]도 국내에 수입되고 있다. 스파이시하고 피니쉬도 길다는 평가이다.

남아공 피노타주 와인

국내에 많이 유입되어 판매된 네덜버그사의 피노타주 2018년 와인이다. 가성비가 좋다는 평가를 받는다. 소비자가격 3만원 내외이다.

② 피노누아

서늘한 해안가를 중심으로 생산된다. 워커베이, Overberg 지역에서 생산된다.

③ 메를로

기본적인 레드품종은 모두 생산되고 있다.

4. 주요생산자

남아프리카공화국의 와인 주요생산자는 Golden Kaan, Nederburg, Neil Ellis, Beyerskloof, Kanonkop, Stark-Conde, Vergelegen 등으로 평가되고 있다.

---

70) 이 지역에서는 까베르네 소비뇽, 시라, 피노타쥬가 주요품종이다. 펄지역의 북서방향으로 약간 위쪽에 위치한 지역이다.

71) 더 그라인더 피노타쥬로 레뱅드메일에서 수입되고 있고 가격은 1만5천원 내외로 캐나다, 미국에서 인기가 높은 가성비 좋은 벨류와인이다.

Chapter 07
아시아 와인

Korea

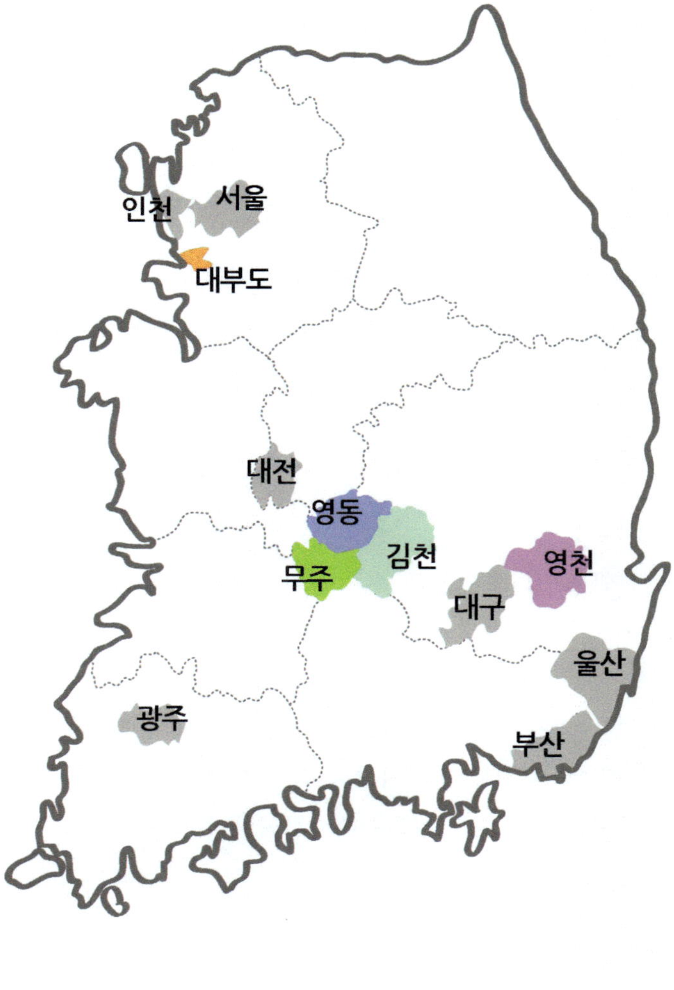

1. 와인 개요

한국은 식용포도를 중심으로 많은 노력을 기울여온 나라라고 할 수 있다. 현재 세계와인대회에 출품하여 나름대로 한국의 와인을 알리는 등의 노력을 해오고 있다.

한국에서는 포도 외에 감, 오미자, 머루나 산머루, 사과 등을 사용해서 만들어 오고 있다. 우리나라의 대표적인 산지는 대부도, 영동, 영천, 김천, 무주 등이 주요산지로 평가되고 있다.

2. 와인의 역사

고려시대부터 생산한 것으로 평가된다. 고려시대에는 쌀머루주[1)]가 생산되었다고 전해진다. 1969년 사과와인 파라다이스가 한국와인의 시초로 여겨진다. 이후 1974년 해태에서 생산한 노블와인에 이어서 롯데주류(당시 두산주류)의 마주앙, 대선주조의 그랑주아, 진로의 샤토 몽블르가 출시되었다. 90년대 충북 영동, 경북 영천을 중심으로 와인산업이 발전해오고 있다.

국내와인 전문가인 광명동굴의 최정욱 소믈리에에 의하면 국내와이너리는 약 150개로 추정되며 국내에는 500~600종의 와인이 존재하는 것으로 평가하고 있다(최정원, 119 : 2019).

한국와인의 생산은 다양하게 이뤄지고 있다. 감, 오미자, 매실, 머루, 오디, 다래, 사과 등 다양한 과실을 통해 생산된다.

한국의 최정원 소믈리에는 한국와인과 국산와인의 차이에 대해 언급하고 있다. 수입한 원액으로 만든 와인도 국산와인이라고 하는데, 한국와인

---

1) 머루를 쌀과 누룩으로 빚어 발효시킨 술(최정원, 119 ; 2019)이다.

은 한국땅에서 재배한 과실을 파쇄 및 발효한 술로 정의한다(최정원, 121 : 2019).

화성의 오놀로그 로제와인

캠벨얼리 품종으로 만든 화성시 송산지역의 와인이다. 딸기, 체리의 붉은 과실향, 드라이하며 신선한 산도를 지닌 와인이다. 소비자가격은 2만원 중반대이다.

3. 와인품종

캠밸 얼리(Campbel Early)가 가장 일반적인 품종이다. 포도향이 진하게 느껴진다는 평가이다. 탄닌은 약하고 바다감은 라이트 하다. 적당히 높은 당도를 갖고 있고 피니쉬는 짧다는 평가이다.

Muscat Bailey A(MBA), 산머루(Wild Grape)품종이 있다. 산머루는 암흑색으로 꿀향, 산목향, 적당한 당도와 산도를 지니며 쌉싸름한 피니쉬가 좋다(와인21)는 평가이다.

영천 오계리 와인

영천의 오계리 와인이다. 국내 와인대회 수상 실적도 있다. 거봉 품종으로 만들었다. 레몬, 체리향이 감지된다.

MBA는 머루포도로 고온에서 발효되며 2차 젖산 발효를 거치면 풍부한 아로마틱한 향이 나타난다. 오크숙성을 통해 오크향, 부드럽고 과일향(와인 21)이 표출된다는 평가이다.

거봉으로 불리는 Kyoho 품종은 레몬향이 나며 풍부한 산과 달콤한 과일향이 나타난다. 저온에서 2차숙성과 젖산발효를 통해 빵향, 풀잎향이 느껴진다(와인 21)는 평가이다.

리슬링[2]품종도 국내에서 생산되고 있다.

무주의 머루 와인

무주의 루시올뱅 와인이다. 품종은 머루로 생산한다. 머루는 무주의 주요 특산물로 특화하여 와인을 생산하는 상황이다.

2) 영천의 씨엘 우아미 와이너리에서 리슬링 품종으로 국내에서 와인을 생산하고 있다. 유럽품종을 사용해 생산한다는 차원에서 특별하다고 평가하고자 한다.

4. 와인재배 지역 및 생산자

와인을 생산하는 주요지역은 대부도에 위치한 그랑꼬또가 잘 알려져 있다. 대부도는 해양이 가깝고 일조량이 좋고 우리나라에서 포도재배에 가장 좋은 환경을 지닌 지역으로 평가되고 있다.

영천이 최근에 가장 활성화를 위한 노력을 지역에서 기울이고 있다. 영천도 분지지역으로 좋은 포도재배 환경을 지닌 지역이다. 고도리, 씨엘 등의 와이너리가 알려져 있다.

그리고 영동, 김천 지역도 포도재배에 좋은 지역으로 평가되고 있다. 영동와인열차는 코레일과 와인투어 상품을 만들어 활성화 노력을 기울여 왔다. 샤토마니, 여포의 꿈, 샤토 미소와인 등이 알려져 있다.

그랑꼬또 청수 화이트와인

그랑꼬또에서는 캠벨얼리 품종으로 주로 와인을 만든다. 그러나 국내 육성 품종인 청수로 만든 이 와인은 2019년 대한민국 우리술 품평회에서 대상을 차지하였다. 소비자가는 9만원선이다.

무주의 와인동굴 와인판매점

무주에서는 와인재배와 판매 그리고 와인동굴 운영으로 지역에 경제적인 효과를 높게 창출하고 있다. 머루품종으로 만든 와인들이 판매점에서 전시되어 판매된다.

머루와인으로는 무주, 임실, 파주가 알려져 있다. 감와인은 청도, 사과와인은 의성과 영주[3], 오미자 와인은 문경에서 생산하고 있다.

한국의 마주앙은 경산에서 생산된다. 까베르네 소비뇽을 품종으로 만들어진 와인이다. 미디엄바디의 블랙베리, 꽃향, 스파이시하다는 평가이다. 1977년 출시하여 국내 누적 판매량 1위를 기록(롯데와인)하고 있다.

김천의 크라테 와인

김천의 수도산 와이너리(15년의 역사)의 산머루 와인 크라테 와인이다. 유기농 산머루를 가지고 오크 숙성을 시켜 완성한 와인으로 독특한 개성과 완성도로 좋은 평가를 받고 있다.

영천 와인사업단(우리나라의 와인산업의 메카를 지향한다).

3) 영주는 사과 중에서도 부사로 만든다.

[고종원교수의 세계와인 문화이야기 _ 대한민국]

도전정신이 키운 다채로운 시도, 한국 와인

한국에서 와인은 이제 낯설지 않은 많은 사람들에게 익숙해진 하나의 문화와 생활이 되고 있다. 외국인들이 우리나라에 와서 놀라는 것이 레스토랑에서 와인을 시음하는 사람들이 소믈리에처럼 잔을 정식으로 잡고서 진지하게 와인잔을 스월링하면서 향을 맡고 시음하는 모습이다. 한국에는 소믈리에들이 너무 많거나 지나칠 정도로 진지하게 시음하는 광경을 보게 된다는 것이다. 물론 대부분 시음와인이 와인의 주요 생산국인 프랑스, 이탈리아, 스페인, 독일, 미국, 호주, 뉴질랜드, 칠레, 아르헨티나, 남아프리카공화국 등의 국가에서 수입되어 접하고 있다. 그러나 한국에서 와인이 생산되어 소비되고 있다는 것을 잘 알지 못하는 사람들도 많은 듯하다. 한국의 와인은 상기의 국가들이 양조용으로 대부분 와인을 생산하는 것과는 달리 대부분 식용포도로 생산한다는 점에서 차이가 있으나 나름대로 한국적인 새로운 면모를 볼 수 있다는 점에서 흥미롭게 다가온다.

당도 높은 캠벨얼리 등 대부분 식용포도로 생산

가장 대표적인 품종이 캠벨얼리로 국내 식용포도 가운데서는 가장 당도가 높은 국내산 포도품종으로 평가되며 황금빛의 화이트품종이다. 안산의 대부도의 그랑꼬토에서 가장 대표적으로 생산하고 있다. 캠벨얼리는 국내에서 생산되는 포도품종의 약 70%를 차지하고 있다. 큰 언덕이란 의미를 지닌 그랑꼬토에서는 적포도인 캠벨얼리로 화이트와인을 생산하여 좋은 평가를 받고 있다. 국내 산지 가운데 가장 많이 알려진 곳은 포도재배가 많이 되는 충북 영동의 와인코리아이다. 영동지역은 전형적인 내륙 고원 분지형으로 일조량이 많고 밤낮의 일교차로 포도성숙에 최적의 조건을 갖추고 있다는 평가를 받고 있다. 또한 이곳은 토양이 석회질로 배수가 잘되며 자갈, 모래 등으로 형성되어 있다. 척박한 토양으로 좋은 포도를 재배할 수 있은 지역으로 평가되고 있다. 포도밭 면적이 150ha로 샤토마니 포도농장은 1995년부터 기암절벽의 명산인 마니산 기슭에 자리를 잡고 와인양조를 시작해서 경영해 오고 있다. 한국의 가장 대표적인 와인생산지로 알려져 있다.

배, 사과, 복분자, 머루, 양파, 감와인 등 다채롭게 생산

한국에서 주목해야할 와인산지를 살펴보면 여러 곳이 있다. 강원도 횡성의 디오니캐슬은 다래와인, 배 와인, 복분자 와인을 생산하고 있다. 영동의 와인코리아 처럼 설비시설을 제대로 갖추고 와인을 생산하고 있는 곳이다. 다양한 와인을 생산한다는 점에서 주목할 만한 곳이다. 한우가 유명한 횡성에 위치하여 음식과의 조화도 강조하고 있다. 사과와인으로 유명한 곳도 있다. 예산의 은성농원은 애플 아이스와인도 생산하고 있다. 사과와인은 효모로 발효시켜 만든다. 예산 사과축제 때 사과를 따고 와인을 직접 만드는 행사도 진행한다. 미국대사관에서 크리스마스 때 주문해서 주한미국대사가 공식선물로 사용할 정도로 유명세도 탔다. 의성의 애플리즈와이너리도 사과와인을 생산하고 있다. 프랑스의 사과증류주로 유명한 아르마냑 지방에서 경험한 노하우를 갖고 대표가 고향 의성에 와서 프랑스 방식을 도입하여 와인을 제조하고 있다. 지역의 특산품의 소비를 촉진하여 지역경제에 일조하고자 하는 오너의 의지가 반영되어 경영되는 곳으로 주목된다.

무주와 임실지역에서는 머루와인이 유명하다. 임실의 금화양조에서는 설비를 갖추고 머루와인을 생산하여 좋은 평가를 받고 있다. 치즈로 유명한 이곳에서는 와인과 치즈의 마리아주로 중요한 홍보가 되고 있다. 함양의 산머루와인도 유명한데 2007년 서울 국제와인대회에서 동상을 수여해서 주목받았다.

고창지역의 복분자와인도 주목할만하다. 고창의 선운산에서 생산되는 선운당 복분자와인은 전통적인 와인도수 12도를 유지하면서 드라이하면서 부드러운 탄닌감을 느낄 수 있는 와인으로 만들어 시판되고 있다. 선운산지역에 위치한 여러 곳에서 복분자와인을 생산해 출시하고 있다. 창원 우포의 아침에서는 양파로 와인을 만들어서 새롭게 주목을 받았다. 그리고 전북 부안의 뽕나무 열매인 오디로 만든 강산명주가 있다. 오디는 백발을 검게하고 노화방지를 돕고 오장육보에 이로운 천연강장제로 효능을 광고한다. 부안에서는 전국의 20%인 2,000여의 오디를 생산한다. 연간 3만병 정도 생산하고 있고 청와대 만찬용으로도 공급되었다.

개인적으로는 청도의 감와인이 국내의 와인가운데 가장 인상적이다. 대통령 취임식 건배주로도 사용되었다. 경북 청도는 감생산으로 유명한 곳으로 경부선 열차가 지나던 1015m의 터널안에 연간 섭씨 15도를 유지하는 와인숙성의 최적지로 평가되고 있다. 2003년 효모와 발효기술을 개발하여 2003년 첫 와인을 생산했다. 화이트와인임에도 불구하고 탄닌감이 좋고 훌륭한 아로마 등 경쟁력있는 와인으로 평가되고 있다. 터널안에는 10만병 정도의 감와인이 보관되어 있다고 한다. 한국인의 입맛에 맞는 와인으로 국내의 최고의 와인으로 평가하고자 한다. 청도에서는 감 아이스와인도 생산하고 있다.

국내에서 가장 외국적인 스타일 와인은 마주왕 와인이다. 1977년 동양맥주에서 출시했다. 기술력과 마케팅으로 소비자들의 주목을 받으면서 국내 와인시장을 장악해왔다. 지금은 원액을 수입하여 병입하거나 현지회사에 주문식 제조로 수입하고 있다. 까베르네 소비뇽, 리슬링 등의 와인이 출시되고 있다. 가격대비 벨류와인으로 평가할 수 있는 와인이다.

한국와인의 도전정신과 미래

외국의 와인은 오랜 역사와 경험과 수요로 인해 많은 경쟁력을 구축해 왔다. 우리나라 와인은 상대적으로 역사와 전통이 부족한 것이 사실이다. 그럼에도 불구하고 나름대로 새로운 품종의 시도와 차별화로 새로운 와인을 생산하고 있다는 사실에 주목하게 된다. 어떻게 보면 도전 정신과 한국와인산업의 발전을 위해 노력한 분들의 공로와 시도가 있었기 때문에 가능한 결과물이라고 생각된다.

상기에 언급된 와인들을 시음하면서 한국적인 노력의 현실을 보며 새롭고 차별화된 도전의 산물들을 경험하는 것도 좋은 시간들이 될 것이다. 특히 이러한 곳들을 방문하여 새롭게 주제가 있는 여행을 하는 것도 즐겁고 뜻깊은 경험이 아닌가 확신하여 독자 분께도 추천하는 바이다.

출처 : HOTEL & RESTAURANT 2015.03.

China

1. 중국 와인 개요

중국은 많은 생산량을 내고 있는 나라이다. 세계 10위권에 속한다. 그러나 중국에서의 소비가 많아서 수출은 거의 제한적이라고 할 수 있다. 연태, 청도를 중심으로 와인이 많이 생산된다. 저렴한 스타일부터 고급와인까지 생산하고 있는 상황이다.

2. 연태

(1) 봉래 군정[4] 와이너리

산동성 봉래시는 50만명의 인구를 갖고 있다. 20년의 역사를 갖고 있는 와이너리이다.

고급와인 브랜드로 인식되고 있다. 이탈리아로부터 포도를 이식받아 재배해 오고 있다. 봉래군정 와이너리의 영어식 명칭은 Chateau Jun Ding 이다. 이곳 와이너리의 저장고[5]를 방문하면 70%는 프랑스 오크, 30%는 미국산 오크를 수입하여 사용하고 있다. 일반적으로 1개의 오크에서 300병의 와인이 출시된다고 한다. 오크통의 경우, 유통기간은 5년이며 150~180만원의 비용이 소요된다고 한다.

봉래 와이너리는 가족기업으로 화이트와인은 이탈리아, 독일 스타일의 와인을 생산한다. 레드와인과 스파클링 와인은 프랑스 스타일이다.

총생산은 70만병이며 생산량은 500톤이라고 한다. 이곳 와이너리에서는 빈티지를 중시한다고 한다. 좋은 빈티지의 해와 그렇지 않은 해의 빈티지의 경우 최소 5배차이가 난다는 설명이다. 좋은 빈티지는 2005, 2007,

4) 군정은 君頂으로 군자가 산꼭대기에서 멀리 바라본다는 의미를 지닌 것이라고 한다.
5) 지하 11m에서 와인이 저장고에 숙성된다.

2009, 2018을 추천하며 2013, 2014, 2016은 수확상황이 좋지 않았다는 관계자의 설명이다.

사실 연태의 경우 고량주가 생산이 많고 수익이 크다고 한다. 봉래의 와인은 11~13.8도의 와인을 생산한다. 봉래와인은 브랜드가 70개에 이른다.

면적은 13.7㎢이다. 약 400ha의 규모이다. 코르크[6]의 경우, 이탈리아, 스페인으로부터 주로 수입한다. 봉래의 연간 강수량은 약 530mm로 서안해양성 기후의 강수량과 비슷한 규모이다. 이곳 와이너리에서 20분 거리에 바다가 위치한다. 해풍이 포도를 식혀주는 역할로 산도를 생성하고 있다.

와인테이스팅 룸에서는 가장 기본적인 레드와인과 화이트와인을 시음하게 된다. 레드와인의 평가는 저자와 와인투어 방문단에게 어필하지 못했고 화이트는 리스링이 좋다는 평가를 내렸다. 아마도 독일과 이탈리아의 영향을 많이 받은 결과로 보인다.

판매부스에는 와인관련 기념품, 코르크 오프너, 와인장식품 등을 판매하고 있다.

(2) 장유와이너리

100년의 역사를 갖고 있는 중국의 와이너리이다.

브랜드와 인지도에 있어서 중국 최고의 와이너리라 할 수 있다. 광동성 출신이며 말레이시아 등에서 무역으로 성공한 장필사[7] 라는 인물이 와인공장을 세우고 투자하였다. 청나라의 권력을 배경으로 사업에 나서게 되었다. 조카인 장유에게 경영을 맡기게 된다. 장유는 미국 등을 다니며 활

---

6) 와인병을 막는 역할을 하는 코르크를 말한다. 포르투칼 보다는 수입국이 다른 2개국가에서 수입하고 있다.

7) 18세에 출가하여 30년여 만에 천만부호가 된 자수성가한 대표적인 인물이다. 1919년 이곳 와이너리를 방문한 손문은 높은 덕과 품격을 지닌 장필사라고 칭한 기록이 와이너리에 기록되어 있고 와인은 꿀과 같은 맛으로 표현하였다.

홍콩의 아이콘호텔 내 와인 자판기 사진

이러한 잔 판매방식은 우리나라 와인 카페나 레스토랑에서도 보여 지고 세계적인 현상이기도 하다. 합리적인 판매와 수요방식이다.

동한 국제적인 안목을 갖고 있던 사람이었다.

봉래에는 70여개의 와이너리가 있다.

장유와인박물관을 견학하면 주요 인사의 방문기록이 있다. 와인을 재배한 전경에 대한 사진과 전시물이 있다.

테이스팅 룸에서는 와인테이스팅을 실시하는데 가장 기본적인 화이트와 레드와인을 시음하게 해준다. 설명하는 관계자가 다소 와인에 대한 해박한 지식과 설명은 부족하다는 느낌을 받게 된다. 친절한 설명은 주목된다.

판매부스에서도 현지의 토착품종이라는 설명 외에는 특별한 소개가 없다. 저자와 와인투어 방문자들에게 리슬링 등이 양호하다는 평가이며 까베르네 소비뇽도 생산하는 것을 확인하였다.

와인의 역사가 오래된 와이너리인 만큼 와인을 증류한 코냑(브랜디)이 좋은 평가와 시상을 받은 것을 보게 되며 이곳의 브랜디는 좋은 평가를 내리게 된다.

중국의 화동 와인

중국의 와인은 생산량도 많지만 내수 소비가 많아 수출되기 보다는 자국내 소비가 주로 되는 것으로 알려지고 있다.

(3) 청도의 화동와이너리

화이트와인 생산이 많다. 화이트와인의 경쟁력이 있는 곳으로 소개된다. 샤르도네, 리슬링이 1년에 30톤 생산된다고 한다. 레드와인은 주로 까베르네 소비뇽, 가메 등이 생산된다. 이곳 와이너리의 와인은 시진핑이 청도를 방문한 외국의 정상[8]이나 VVIP등을 대접할 때 시음했던 와인으로 알려져 있다.

이곳 와인은 리슬링이 300위엔[9] 양호하며 로제와인은 평가가 좋았고 레드와인은 300위엔 정도의 와인이 양호하게 평가된다.

---

8) 세계정상 모임에 만찬주로 사용한 기록이 있고 특히 푸틴이 포함되어 있다.
9) 한화로 계산하면 54,000원대 이상 와인을 말한다.

참고 청도 맥주박물관

이곳은 청도의 관광객이 가장 많이 방문하는 곳이다. 맥주의 제조과정을 포함한 공장견학을 할 수 있는 코스로 준비되어 있다. 역사적인 사진과 영상물 그리고 맥주의 제조과정, 테이스팅과 쇼핑을 할 수 있다. 맥주의 발효탱크와 맥주가 병입되는 제조과정 등 공장의 프로세스를 볼 수 있다.

특이한 점은 테이스팅을 두 번 할 수 있다는 점이다. 독일의 영향을 받아 독일 스타일의 청도맥주를 시음할 수 있다. 쇼핑은 주로 기념품과 땅콩을 많이 구입하는 것을 볼 수 있다. 칭다오맥주는 우리나라에서도 인기가 있는 세계적인 브랜드로 발전한 중국의 맥주로 1903년부터 시작된 오랜 역사를 지니고 있다.

Japan

1. 와인 개요

일본의 대표적인 화이트 품종은 코슈(Koshu)이다. 레드 포도품종은 머스캣 베일리 에이(Muscat Bailey-A)이다.

일본은 문호가 유럽에 의해 일찍 개방된 만큼 와인에 대한 경험과 와인인구가 저변에 확대되어 있다. 일본만화 신의 물방울의 저자가 일본인 기바야시 신, 기바야시 유코로 와인에 대한 해박한 지식과 표현[10]으로 한국에서도 많은 인기가 있었다는 점에서 인상적이다.

특히 일본인들은 피노누아에 대한 애정과 관심이 많다고 평가하고자 한다. 매니아들과 전문가들을 통해 확인해 보면 프랑스와인 피노누아를 중심으로 선호도가 높다. 그리고 일본에서는 스페인 와인에도 가성비 차원에서 좋은 선호도가 있는 것으로 평가된다.

2. 품종

(1) 화이트

깨끗한 맛과 단맛을 함께 즐길 수 있는 품종으로 평가된다. 밝고 연한 레몬색의 와인이다. 복숭아, 과일, 시트러스, 꽃향이 나타난다. 일본의 야마나시현[11]에서 나는 일본 토착 포도품종이다.

10) 신의 물방울은 와인을 의미한다. 일본사람이 프랑스의 와인을 잘 평가하고 표현했다는 점에서 저자는 우리나라 된장이나 고추장을 서양사람이 너무 잘 분석하고 많은 것을 안다는 차원에서 놀랍고 대단하다는 느낌을 받았던 와인만화로 평가하고자 한다.

11) 일본 토착품종인 코슈로 만든 화이트와인과 뮈스카 베일리 A(MBA), 까베르네 소비뇽, 메를로 등으로 블랜딩한 와인이 영국의 와인잡지 디켄터에서 좋은 점수를 받아 일본와인의 경쟁력을 나타내 보이고 있다.

(2) 레드

① 뮈스까 베일리

야마나시현에서 수확하는 품종이다. 루비빛의 체리, 라즈베리 등 붉은 베리향이 난다. 뮈스까 베일리 A는 베일리와 머스캣 햄버그 두 품종을 교배해 만든 일본의 포도품종이다. 편안하게 마시기에 좋은 와인으로 평가된다.

② 야마나시

뮈스까 베일리 A(MBA), 까베르네 소비뇽, 메를로 블랜딩하여 좋은 와인을 생산한다. 화이트 품종인 코슈를 생산한다.

3. 주요 지역

(1) 북해도

① 북해도 와인[12] 개요

북해도는 일본에서도 기후자체가 포도를 재배하는데 좋다. 여름에는 장마나 태풍의 영향이 적고 습도가 낮고 밤낮의 일교차가 커서 좋은 여건이 된다. 겨울에도 춥지만 비가 거의 오지 않아서 건조한 날씨인 점도 긍정적이다. 일조기간이 길고 포도의 성숙기인 가을에 일교차가 있고 당도가 높아진다. 좋은 와인의 조건인 당도와 산도의 균형을 맞추기 위한 최적의 조건을 지녔다고 하겠다.

샷포로 시내 와인전문 레스토랑

일본의 와인 역사는 나름 오래 되었고 특히 피노누아를 선호한다.

---

12) 현지에서 일반샵에서는 3000엔 정도에 판매가 된다. 일반적인 블랜딩 화이트나 레드 와인은 2000엔 정도에 판매된다. 요이치와인은 캠벨 어얼리로 스위트한 와인을 만들고 있다.

이곳은 겨울이 춥고 눈이 많아서 눈 피해를 적게 하기 위해 수확이 후 빠르게 가지치기를 해서 포도밭을 덮어줘야 하고 야생동물의 피해를 줄이기 위한 노력을 기울여야 한다는 평가이다.

북위 42~45도에 위치하여 유럽의 북위 49도 지역과 비슷해 포도재배시 가장 시원한 지역에 속한다. 그래서 동유럽이나 독일, 프랑스의 북단에서 재배되는 서늘한 지역을 선호하는 품종이 잘 생산되고 있다.

② 북해도 와인 품종

1960년대 독일, 오스트리아, 헝가리에서 들어온 품종과 기존에 토착품종 등이 북해도의 주요한 품종[13]으로 자리잡고 있다.

③ 북해도 와인 생산지역

북해도는 와인의 역사가 100년이 넘게 되었다고 한다. 홋카이도는 우리나라 남한면적의 2/3의 크기로 면적이 넓다. 삿포로, 소라치, 시리베시, 후라노, 도카치, 하코다테, 오쿠시리, 치토세, 유바리, 도야 등의 지역에서 생산된다.

④ 북해도 주요 와인생산자

현지에서 좋은 와인으로 인식되는 몇 개의 와이너리가 있다. 토카치와인[14]은 홋카이도의 이케다지역의 와인으로 1963년이래 와인을 생산하고 있다. 레드와인과 화이트와인을 생산한다. 레드는 까베르네 소비뇽, 화이트는 샤르도네 등을 생산하고 있다.

요이치와인[15]에서도 와인을 생산한다. 화이트 브랜드, 레드도 블랜

---

13) 나이아가라, 델러웨어, 케르너, 쯔바이겔트, 바쿠스, 뮐러트루가우, 렘베르거 등이 주요한 품종이다. 식용포도로 들어온 나이아가라, 독일 품종인 케르너, 시원한 곳에서 잘 자라는 뮐러트루가우 등이 현지기후와 매칭되어 포도가 생산된다.

14) 매우 추운 곳으로 강추위에 잘 견디는 품종을 발굴하는 등의 노력을 기울여서 발전하였다. 그래서 탄행한 것이 키요미 품종이다. 이케다지역의 산포도와 교합해서 추위에 강한 키요마이, 야마사치 품종이 개발되었고 국제적인 대회에서도 입상한 수상실적을 지니고 있다.

딩하여 출시하고 있다. 가격도 상대적으로 저렴하다. 요이치와인은 1974년이래 와인을 출시하고 있다. 스파클링와인은 캠벨얼리로 만든 것이 감도가 있다.

그리고 나이아가가 스파클링와인은 프루티하며, 가격은 상대적으로 저렴하고, 북해도에서 많은 인기가 있다.

놀라운 것은 북해도에서 생산하는 와인품종이 즈바이겔트, 게브르추트라미네, 피노블랑도 생산한다. 이러한 와인은 5,000~7,000엔 이상 많게는 10,000엔대 이상의 상대적인 고급와인이다. Kerner품종은 조심스럽게 손수확한다. 겨울초까지 수확을 기다려 당도가 높게 한 와인이다.

일본 와인

일본 홋카이도 뮐러트루가우와 머스캣 품종의 2018년 빈티지 와인이다. 현지에서는 2만원대의 와인이다. 스위트하며 과일향이 표출된다. 일본 와인대회에서 수상한 와인이다.

후라노와인은 풀바디의 레드와인과 리프레싱한 화이트와인이 있다. 라벤다로 유명한 후라노 지역의 와인은 1972년 포도과수연구소를 설치하고 와인생산을 시작한 것으로 알려지고 있다.

오타루와인은 토착품종을 사용한 레드와인으로 드라이하다. 시리베시 지역의 북해도 와인(주)가 만든다. 1974년 설립되었다. 일본에서 가장 큰 와인생산자이기도 하다. 포도생산자로부터 대량의 포도를 매입하는 등 도멘이자 네고시앙으로 홋카이도 와인업계에서 영향력이 큰 생산자로 평가된다.

핫켄잔 와이너리는 조잔케이 부근에 있는 와인너리로 산림이 우거진 지역이기도 하다. 온천으로도 유명한 곳이다. 까베르네프랑, 쯔바이겔트, 뮐러트루가우 등의 품종을 재배한다.

북해도 와인은 현지음식과 매칭되는 개성 있는 와인으로 평가할 수 있다. 특히 게 등 해산물이 많고 유명하며 화이트와인과 잘 매칭 된다. 그러한 이유 등으로 북해도에서는 화이트와인의 생산이 많고 레드와인에 비해 경쟁력을 갖고 있다고 평가되고 있다.

15) 케르너, 뮐러투루가우, 나이아가라 등의 화이트 품종과 식용품종인 캠벨로 포도를 생산한다.

부 록

와인의 향(Wine Aroma & Bouquet / Le parfum ou La odeur du Vin : Le nez du Vin)

- 와인의 향은 가장 중요한 시음의 항목과 요소를 평가된다. 와인의 품종과 와인에 적합한 잔을 선택해서 시음하는 것이 중요하다. 오스트리아 리델 잔(RIEDEL Glass)[1]이 고가임에도 이러한 와인 글라스를 사용하는 사람들의 경우에는 이러한 중요성을 잘 인식하고 있다고 보면 된다.
- 90년대 이전에는 화이트와인이 세계와인시장에서 대세였다. 화이트와인의 경우에는 아로마(Aroma)가 매우 중요하다. 이는 화이트와인의 다채로운 향이 경쟁력이라는 점에서 중요성을 제기하고자 한다.
- 와인의 향을 제대로 느끼기 위해서 스왈링(Swirling : 와인 잔을 흔들어 공기와 접촉시켜 향을 충분히 잘 느끼는 것)이 매우 중요하다. 이는 공히, 화이트와 레드와인에 적용된다.
- 와인 테이스팅 진행시 주위의 소음, 진한 냄새(매칭되지 않은 강한 음식향, 향수 등)은 주의해야 한다. 시음시 주의해야 할 것은 콜키드(Corked) 와인[2]과 산화된 와인 그리고 햇빛에 노출되었던 와인을 주의해야 한다.

---

1) 와인글라스의 기준이 될 만큼 유명하다. 265년 역사의 크리스탈 와인글라스 브랜드이다.

이러한 와인들은 제대로 된 향이 표출되지 않고 색이 변한 만큼 향도 표출이 안된다. 맛의 경우에도 연결되어 쓴맛을 느끼게 되는 등 문제가 발생한다.

- 가끔 제대로 된 환경이 아닌 상온에서 보관되거나 보관기간이 지난 와인의 경우, 화이트와인은 병안에서 침전물이 보이기도 한다. 육안으로도 식별이 되기도 한다.

■ 와인의 1차(Primary) / 2차(Secondary)향

- 와인에서 감지되는 1차향은 다양한 과일향과 꽃향 그리고 식물향, 광물질향 등의 향을 말한다. 포도의 알코올 발효를 통해 감지되는 향이다.
- 2차향은 와인을 공기와 접촉시키면서 1차향에서 느끼지 못했던 두 번째 감지되는 향이다. 보통 효모에 의해 젖산이 발효되며 나타난다. 그리고 오크숙성과 병입 후 숙성되면서 생기는 향을 말한다. 예를 들면 샴페인 등에서 나타나는 견과류향, 토스트향, 과자류등이다. 그리고 오크향, 구운(토스트)향, 매운향, 숲향, 동물향 등 다양하며 복합적인 향이라고 할 수 있다.

■ 과일향(Fruit)

- 감귤류향(Citrus), 붉은 과일향(Red fruit), 검은 과일향(Black fruit), 열대 과일향(Tropical fruit), 말린 과일향(Dried fruit)으로 크게 구분되는 것이 일반적이다.
- 대표적인 과일은 파인애플, 파파야, 바닐라, 레몬, 라임, 귤, 오렌지, 자몽, 체리, 딸기, 산딸기, 구즈베리, 블랙베리, 블랙체리, 블랙커런트(까시스)[3], 블루베리, 자두, 망고, 리치, 석류, 바나나, 파인애플, 서양배, 배,

---

2) 코르크가 와인에 접촉하면서 와인에 나무의 향이 베게 되어 신문지 젖은 냄새, 장마철의 습한 냄새, 곰팡이 냄새 같은 현상이 있는 증상을 말한다. 콜키드(Corked), 콜키(Corky)라고 부른다. 혹은 와인 부쇼네라고도 명명한다. Bouchonne는 코르크가 박테리아에 감염되어 생기는 고약한 향이다. 맛으로 나타내는 현상이기도 하다. 와인에서 곰팡이향과 코르크에서 나는 썩은 향(냄새)를 의미한다. 이는 보관상에서나 유통과정에서 그리고 선박을 통한 오랜 항해를 통해 오랫동안 와인을 이동시키는 가운데 발생하는 것으로 알려져 있다.

3) Black current는 영어식 표현이다. 프랑스어로는 Cassis로 불린다. 레드와인의 가장 대표적인 향으로 프랑스의 보르도지역 와인에서 가장 특징적인 향이다.

사과, 멜론, 복숭아, 살구, 모과, 아몬드, 호두, 무화과, 대추야자, 건포도, 코코넛 등

■ 꽃향(Floral)

- 장미, 아카시아, 제비꽃, 재스민, 카네이션, 라일락, 국화, 들국화, 백합, 개나리, 진달래, 목련, 벚꽃 등

■ 나무향 / 숲향(Wood / Forest)

- 삼나무, 소나무, 오크, 참나무, 송진, 향나무, 아카시아나무, 자작나무, 뽕나무 등
- 흙, 돌, 화강암, 진흙, 자갈, 규석, 모래, 사암, 석회암, 석회석 등

■ 광물질향(Mineral)

- 바다향, 조개향, 휘발유, 경유향, 벤젠, 철, 광물성향, 무기질, 나트륨, 구리, 염소 등

■ 식물향(Plants / Vegetation)

- 건초, 피망, 유칼립투스, 라벤더, 민트, 파프리카, 차나무, 수풀, 들풀, 아스파라거스, 고추, 버섯, 송이버섯, 송로버섯, 양송이, 이끼, 낙엽, 부식토 등

■ 동물향(Animal)

- 사향(무스크), 고양이, 가죽, 동물향, 털, 들짐승향, 노루향, 동물 오줌향 등

■ 향신료향(Spice)

- 계피, 후추, 정향, 카레, 고수, 생강, 마늘, 육두구, 감초, 로즈마리, 타바스코, 사프란, 파프리카 등

■ 구운향 / 볶은향(Toast / Roast)

- 커피, 헤즐럿, 식빵, 타르, 모카, 토스트, 카카오 등

■ 기타(The others)

- 초코렛, 카라멜, 젤리, 마시멜로, 잼, 꿀, 요구르트, 비스켓, 아이스크림, 버터 등

와인 테이스팅

- 시음일 ________________
- 국가 ________________
- 지역 ________________
- 와인명 ________________
- 등급 등 ________________
- 품종 ________________
- 빈티지 ________________
- 시음장소 ________________
- 가격 ________________
- 기타 ________________
- 특이점 ________________
- 비교사항 ________________

■ 시각적 관찰(Look / Color)

- 칼라를 구분
- 투명도 및 선명도
- 색의 진함 정도
- 스파클링 와인의 경우 기포의 수 및 힘찬 정도

■ 후각적 관찰(Smell)

- 1차향(처음 감지되는 향)
- 2차향(두번째 감지되는 향)
- 주위 환경의 영향

■ 맛 평가(Taste)

- 단맛(Sweetness)
- 신맛(산도 : Acidity)
- 탄닌(쓴맛 : Tannin)
- 짠맛(Salty)와인에서 맛 평가시 짠맛은 실제로 느껴지는 부문이 거의 없어서 잘 언급되지 않는다. 그러나 인간의 혀 구조에서는 가운데 부분으로 짠맛을 감지하게 된다.

■ 알코올 도수 감지

- 와인의 눈물(글리세린Glycerin /Legs)로 평가 : 와인의 눈물은 와인 잔 벽을 따라 흘러내리는 투명한 와인 방울로 알코올 함량과 당도에 비례하여 커진다. 그리고 알코올 도수가 높을수록 빠르게 흐른다. 일정량으로 굵기와 흐름이 같이하면 좋은 와인으로 평가한다.

■ 무게감 / 비중감(Body)

- 와인을 시음했을 때 입안에서 느껴지는 와인의 무게감(비중감)을 말한다. 특히 레드와인의 경우 와인의 바디를 통해 와인의 품종, 지역 등 와인 성격을 가늠할 수 있는 척도가 된다.

■ 균형감(Balance)

• 와인의 밸런스는 화이트와인인 경우, 산도, 당도, 아로마(Aroma), 알코올 도수 등의 요소의 균형을 평가하고 레드와인의 경우에는 산도, 탄닌, 부케(Bouquet), 알코올 도수 등 와인의 균형을 판단하여 평가한다.

■ 지속성(Finish / Caudalie)

• 와인의 지속성, 즉 피니시나 프랑스어로는 꼬달리(잔향)이라고 말한다. 시음 후 입안에 남는 시간과 지속성 그리고 감흥 등을 평가하는 것이다. 지속성이 오래되는 와인은 좋은 평가를 받게 된다.

■ 평점(Score / Grade) - 100점 만점

• 시각적 평점(총 15점)
• 후각적 평점(총 40점)
• 미각적 평점(총 25점)
• 기타 부문 평점 : 밸런스 / 잔향 / 바디감 / 복합성 / 아로마 및 부케 / 음식과 조화 등(총 20점)

■ 전체적인 평가

• 상기의 요소들은 전반적으로 고려해서 평가를 상, 중, 하 또는 상상, 상중, 상하, 중상, 중중, 중하, 하상, 하중, 하하 등 세부적으로도 평가를 할 수 있다.
• 와인의 평가는 전문가들에 의해 객관적인 평가도 이뤄지지만, 소비자의 관점에서 주관적인 요소가 많으므로 평가에 있어서는 주관적인 요소도 중요하다고 할 수 있다. 다시 말해 개인적인 평가가 이뤄질 수 있다는 점이다.
• 와인의 평가는 사실상 시각, 후각, 미각 적인 평가가 이뤄지는 가운데, 실제적으로는 후각적인 평가가 와인을 평가하는데 70% 정도를 기본적으로 차지한다. 이는 세계적인 소믈리에들의 경우도 와인평가를 위해서 모든 와인을 충분히 시음하면서 평가하기 보다는 향을 통해 와인에 대한 평가가 대부분 이뤄진다는 점에서 그러하다. 물론 미각적인 평가가 와인의 정확한 평가를 위해 진행되며 필요하다는 점은 간과해서는 안 될 것이다.

참고 문헌

- 고종원 외, 워크북 와인, 도서출판 신화전산기획, 2018.
- 고종원, 세계와인문화이야기, 호텔앤레스토랑 2015.3.12.
- 고종원 외, 세계와인과의 산책, 대왕사, 2013.
- 고종원 외, 세계의 와인, 기문사, 2011.
- 그랑 라루스 요리백과, 강현정, 김미선, 라루스
- 그랑 라루스 와인백과
- 김준철, 와인, 백산출판사, 2009.
- 나무위키
- 네이버 지식백과
- 더 와인 바이블
- 마이클슈스터, 와인테이스팅의 이해, 와인북스, 2007.
- 마이클슈스터, 와인테이스팅의 이해, ㈜바롬웍, 2007.
- 문화원형백과 와인문화
- 문화콘텐츠닷컴
- 박한표, 와인 아는 만큼 즐겁다, 대왕사, 2007.
- 비노클럽 뮈지니 블로그
- 손진호, 손진호의 명가의 와인, 호텔앤레스토랑, 2020년 3월호.
- 손진호, 손교수와 함께 배우는 와인의 세계, 손진호 와인연구소, 2007.
- 손진호, 손교수와 함께 배우는 와인의 세계, 손진호 와인연구소, 2010.
- 손진호, 바바 피에몬테, 호텔앤레스토랑, 2018년 12월호, p186.
- 아시아경제, 2020.6.5.
- 윤화영 외 2인, 그랑 라루스 와인백과
- 이정훈 · 고종원, 와인의 세계, 기문사, 2017.
- 와인지식연구소
- 와인지식연구소 ; 네이버지식백과
- 와인 21닷컴 공식 블로그
- 조선 위클리 비즈, 2019.7.5.~7.7
- 조정용, 올댓와인 2 : 명작의 비밀, 해냄, 2009.
- 최영수 외, 와인에 담긴 역사와 문화, 북코리아, 2005.

- 최정원, 포도에서 참다래까지 한국과육 머금은 한국와인의 맛, 호텔앤레스토랑, 2019년 9월호.
- 최현태 기자의 와인홀릭, 세계일보, 2017.2.15.
- 최현태 기자의 와인홀릭, 포르투갈 와인이 몰려온다, 세계일보, 2016.7.15.
- 최훈, 와인리뷰-포르투갈 와인의 세계, 2019년 6월호, pp22~31
- 한국교직원 신문, 2017.3.6.
- 한국와인문화연구원, New World Wine, 2013.
- 한국컨텐츠진흥원
- 허용덕 외, 와인&커피 용어해설, 백산출판사, 2009.
- 캐런맥닐, 더 와인바이블, ㈜바롬웍, 2010.
- 21세기외식정보연구소, 외식용어해설, 백산출판사, 2010.
- conseil des vins du medoc
- hellohungary.com
- https : //blog.naver.com/ysyu2625
- https : //blog.naver.com/ysyu2625
- https : //terms.naver.com
- http : //www.wine21.com
- https : //terms.naver.com
- Kevin Zraly, Complete wine course, sterling, 2008.
- Les vins du medoc bordeaux
- Madeline Puckette & Justin Hammack, Wine Folly, AVERY, 2015.
- m.terms.naver.com
- Visit Seattle, 2009.
- www.google.com
- www.hotelrestaurant.co.kr
- www.medoc-bordeaux.com
- www.keumyang.com
- www.kocca.kr
- www.segye.com
- www.wine21.com

저자 소개 고 종 원

- 경희대학교 국제경영 전공(경영학박사)
- 서울대학교 보건대학원 식품외식경영자 과정 이수
- 중앙대학교 와인 마스터 과정 수료
- 세종대학교 관광대학원 CHA과정 이수
- 연세대학교 세계와인과정 이수
- 일본 OGM 와인전문과정 수료
- 미국호텔협회 총지배인(CHA)/와인소믈리에 자격증 취득
- 미국레스토랑협회 외식경영전문가(FMP) 자격 취득
- 숭실대 경영대학원 식음료경영학과 와인과정 최우수강사 선정
- 안양 과천 상공회의소 와인특강 초청 교수
- 한국외식업중앙회 경지도지회 와인자격취득과정 주임교수(2018)
- (사)한국평생능력개발원 식음료자격취득검정위원회 심사위원장
- 한국커피와인문화연구원 심사위원장
- M이코노미, 트래블데일리, 호텔앤레스토랑 와인칼럼리스트
- 한국외식음료협회 와인소믈리에, 커피바리스타 심사위원
- 한국산업인력공단 국가기술자격 조주기능사 실기심사위원
- 프랑스 Kov Commanderie(와인기사작위)
- Kov 한국와인기사단 기획이사
- 한국와인문화협회 이사
- 한국와인소믈리에학회 편집이사, 이사
- 미국 와싱턴주, 중국 연태·봉래·청도 와인투어 등
- CCB(Asia) 홍콩 Wine Dine Festival 참가
- 현, 연성대학교 호텔관광과 교수(학과장)
- 학과 동아리 아쿠아비트 지도교수
- 연성대 평생교육원 와인소믈리에과정 22기 과정 진행(주임교수)
- 연성대 와인마스터 과정 4기 진행(주임교수)
- 세계의 와인(기문사, 2011), 세계와인과의 산책(대왕사, 2013),
- 와인의 세계(기문사, 2017), 와인워크북(신화, 2018) 등 저술
- 와인관련 논문, 와인칼럼 등 다수

와인테루아와 품종

인쇄 2021년 2월 26일
발행 2021년 3월 2일

저 자 고종원
발행인 임영철
발행처 도서출판 신화전산기획

주소 / 서울특별시 성동구 마조로 3나길 28
전화 / (02) 833-5145~6
팩스 / (02) 848-2498

등록 / 301-2010-034
홈페이지 / www.shj.co.kr

값 22,000원 ISBN 978-89-5534-259-8 93570